I

II

UDL Schreibteam Göttingen

Familie

Zusammengestellt von

Ruth Finckh,

Manfred Kirchner

und den Autorinnen und Autoren dieses Buches

Buchgestaltung: Manfred Kirchner

Diese Anthologie entstand im Rahmen der von Ruth Finckh geleiteten Schreibwerkstatt des Dritten Lebensalters an der Universität Göttingen (UDL).

Herstellung und Verlag:

BoD - Books on Demand, Norderstedt

ISBN

9 783748 183907

Illustrationen und Bilder lt. Bildunterschrift

Umschlagsbild Christine Herbold-Ohmes

Zu diesem Buch haben beigetragen

Nevena Radeva
Iris Nicola Haferland
Helga Margenburg
Martina Maly
Hans-Jochen Hüchting
Albrecht Thiel
Eva Jänecke-Lauke
Lore I. Lehmann
Ruth Finckh
Christoph Große
Katharina Nolte
Manfred Kirchner
Brigitte Rosetz
Petra Mielcke
Claire Seibt
Gerhard Diehl
Mareile Steinsiek
Carmen Lotzmann
Wilfried Seitz
Hansi Sondermann
Sylvia Kerl
Martina Scheible

Für Anregungen und Bilder danken wir Ingrid Hüchting und der Ateliergemeinschaft „Farbenkreis"

Collage: Lore I. Lehmann

Inhalt

Kapitel 1

Erinnerungen

Ursula Buchhorn

Nevena Radeva
Meine Familie

„Wo gehen wir denn hin?"

„Immer nach Hause."

Novalis

Ich möchte dir keine traditionelle Familiengeschichte erzählen,
denn für mich erschöpft sich der Begriff Familie nicht nur in den
verwandtschaftlichen Beziehungen. Für mich ist Familie etwas
mehr, ein weit umfassender Begriff. Ein Gefühl. Eine Weltwahr-
nehmung.

Wenn man geboren wird, bekommt man eine Familie. Ge-
schenkt. Es kommt aber die Zeit, wo man sich von dieser Familie
trennt, um seinen eigenen Weg einzuschlagen. Von da an beginnt
die Suche nach neuen Familien. Sie können nie die eigentliche
ersetzen. Sie erleichtern nur den Weg ohne sie.

Und damit dies nicht so abstrakt klingt, lass mich bitte
eine kurze Geschichte erzählen.

Es ist schon dunkel an diesem herbstlichen Tag. Es nieselt. Ich
bin auf dem Weg nach Hause. Das gelbrote, warme Licht eines
Hauses zieht meine Aufmerksamkeit auf sich. Dieses Licht... Vor
meinem inneren Auge taucht das kleine, helle, warme Zimmer
auf, wo wir versammelt waren. Drei Generationen vermochte
dieses Zimmer in sich aufzunehmen, ohne dass jemand sich ein-
geengt fühlte. Der Kamin brannte. Der Geruch von verbranntem
Holz steigt mir in die Nase. Und die Wärme... Diese Wärme ver-
gesse ich nie. Gelbrote Lichtstreifen eines vorbeifahrenden Au-
tos blenden mich. Mir ist kalt. Der Rauch verblasst, der Kamin
erlischt. Ich sehe Passanten, die eingehüllt in ihren warmen

Jacken an mir vorbeigehen. Sie lächeln mich nicht an. Sie schauen mich nicht einmal an. Da habe ich mich wohl geirrt!

Ich bin auf dem Weg nach Hause und immer noch auf der Suche nach meiner Familie. Ob ich sie finde?
Bestimmt!

Ursula Buchhorn

Iris Nicola Haferland
Warten auf Marian

Da bog der rote Omnibus mit der leuchtend orangen 450 auch schon um die Ecke und entlockte ihr einen erleichterten Seufzer. Gleich würde sie ihren Marian die alte knarrende Holztreppe hinaufgerannt kommen hören, seinen türkisfarbenen Tornister mit Seepferdchenmuster eilig abwerfen und zu ihr laufen, um die Ärmchen um sie zu schlingen. „Wie schön, dass du wieder da bist", würde sie sagen, ihm liebevoll über die stoppelige Kurzhaarfrisur streichen. „Wie war es in der Schule?"

Sie hörte, wie sich der Schlüssel im Schloss drehte und die Wohnungstür geöffnet wurde. „Hallo Marian", rief sie mit brüchiger Stimme, indem sie sich in ihrem am Fenster stehenden Sessel zu drehen versuchte. Plötzlich nahm ihre Miene kindliche Züge an. „Ich habe das Essen noch nicht fertig." Ihre Stimme klang erschrocken wie die eines schuldbewussten Schulmädchens.

„Ich bin's doch, der Jan", sagte der junge Mann etwas zu laut.

Sie schwieg verwirrt und kramte nach Sätzen, mit denen sie Fehler zu überspielen gelernt hatte.

Jan bemühte sich, der alten Dame den Eindruck zu vermitteln, er habe weder ihren Fehler noch ihre Verwirrung bemerkt. „Ich bringe Ihnen Ihr Essen, Frau Reisler. Leckere Erbsensuppe gibt's heute." Jan hob den Deckel von dem Tablett und stellte es auf den Tisch, der vollgekramt mit gerahmten Fotos, Steinen, die wahrscheinlich voller Erinnerungen steckten, und geriatrischen Medikamenten war. Eigentlich hatte er nur fünf Minuten für die Essensauslieferung. Zwei davon musste er schon für Parken und die Treppen in den zweiten Stock abziehen. Aber er brachte es nicht fertig, gleich wieder zu gehen. Wahrscheinlich war er noch nicht lange genug als Bufdi tätig, dachte er entschuldigend.

„Ihr Sohn ist doch schon erwachsen, Frau Reisler, nicht wahr?", versuchte er, geschickt ein Gespräch zu beginnen, indem er sich gegen die Fensterbank lehnte und die alte Dame prüfend ansah. Man konnte nie wissen, ob es ein guter oder ein schlechter Tag war. Er hatte in dem einen Jahr, in dem er ihr jetzt das Essen brachte, oft genug beides unvermittelt hintereinander erlebt. Diesmal aber hellte ihr Blick sich bei seiner Ansprache auf und sie nickte dankbar. „Ja, sicher", sagte sie schnell. „Ich dachte nur gerade, es ist noch gestern und Marian ist wieder klein. Ich habe immer hier am Fenster gestanden und er hat immer gewinkt, wenn er morgens zum Bus ging und wenn er mittags heimkam."

Jan kannte ihre Geschichte. Er wusste, dass ihr einziger Sohn weit weg lebte und in der Pathologie beschäftigt war. Sein Vorgänger bei der Essensausgabe hatte ihm das einmal erzählt. Zum Geburtstag und zu Weihnachten schickte dieser Marian Päckchen mit Bananenchips, die seine Mutter früher gemocht hatte, und mit Nüssen, die sie schon lange nicht mehr beißen konnte. Sie baute die Tüten dann immer wochenlang vor sich auf, bis sie an einem schlechten Tag vergessen hatte, von wem sie waren. Dann wurden sie unauffällig von der Diakonie entsorgt. Jan hatte sich nie getraut zu fragen, ob jemand dort die Sachen aß.

„Marian hat so viel Arbeit. Aber bald kommt er und dann fahren wir an die See."

Jan nickte unsicher, blickte verstohlen auf seine Handyuhr, blieb aber am Fenster lehnen. „Da sind Sie früher immer hingefahren?"

Die alte Dame schloss die Augen und lächelte. „Marian liebt das Wasser. Als mein Mann uns verließ, da war Marian drei, da fuhren wir zum ersten Mal zusammen ans Meer, an die Ostsee, und dann jeden Sommer wieder." Und sie fügte hinzu: „Auf Usedom haben wir oft gezeltet, direkt am Strand, wissen Sie, nur wir beide."

Während sie von diesen Zeiten erzählte, glaubte Jan, ihren kleinen Jungen im Wasser planschen zu sehen und mit seiner Kinderstimme sich mit den Möwen um die Wette gegen die Wellen behaupten zu hören. Er staunte stumm, wie viele Worte und Bilder im Kopf der meist so einsilbigen Frau gespeichert zu sein schienen. Heute war definitiv ein guter Tag, dachte Jan und entschied spontan, einen Rüffel von seinem Vorgesetzten für den nicht eingehaltenen Zeitplan in Kauf zu nehmen.

„Marian ist so ein guter Junge", hörte er die alte Frau da sagen, „so mitfühlend. In einem Sommer gab es ganz viele Hummeln an der Steilküste, wo wir unser Zelt aufgeschlagen hatten. Da hat Marian im Sand eine verletzte gefunden. Ich hatte Angst, dass sie ihn beißt, aber er hat Blätter und Blüten zusammengetragen und ihr ein Krankenlager gebaut. Eine halben Nachmittag hat er damit zugebracht, sie gesund zu pflegen, wie er das nannte. Er hat ihr Wasser aus einem nahen Flussbett gebracht und dafür gesorgt, dass sie stets Schatten hatte." Die Augen der alten Frau waren jetzt geschlossen und während sie versonnen lächelte, wirkte ihr Gesicht jünger und lebendiger als sonst.

„Deshalb ist Ihr Sohn ja wohl Arzt geworden", sagte Jan schließlich, weil er das Schweigen nicht siegen lassen wollte. Im Stillen fragte er sich, wie ein Kind von der Hummelpflege wohl zur Pathologie gekommen sein mochte.

Frau Reisler schwieg weiter. Und ihm lief die Zeit davon.

„Wissen Sie was, Frau Reisler...", sagte Jan da, einer spontanen Eingebung folgend, „ich habe morgen meinen freien Tag. Was halten Sie davon, wenn ich mit Ihnen nach dem Essen zum Blauen See rausfahre? Den kennen Sie doch?"

Der Augen der alten Dame begannen zu strahlen. Sie nickte. „Da hat Marian schwimmen gelernt." Ihr Blick glitt über das vollgekramte Tischchen und sie nahm zielsicher einen glatten hellen

Kieselstein in die Hand, der - mit etwas Fantasie betrachtet - die Form eines Herzes hatte. „Den hat er beim Tauchen gefunden und mir ans Ufer gebracht... ‚Weil ich dich lieb habe, Mama.'" Die letzten Worte hatte sie ganz leise hinzugefügt, aber Jan hatte verstanden. Er legte seine Hand auf die ihre, die den Stein fest umschlossen hielt.

„Dann bis morgen Nachmittag, ja?", sagte er betont fröhlich. „Vielleicht finden wir ja auch einen Stein." Etwas unschlüssig stand er auf. „Und nun denken Sie an Ihre Suppe, bevor die ganz kalt ist." Er ging zögerlich zur Wohnungstür und zog sie leise hinter sich ins Schloss.

Von der Straße sah er noch einmal zu dem Fenster im zweiten Stock hoch, aber er konnte die alte Frau nicht sehen.

Christine Herbold-Ohmes

Helga Margenburg
Das Cello

„Nicht", schreit Uli verzweifelt, als die Männer das Cello seines Va-
ters packen. „Nicht das Cello, es gehört meinem Papa!" Ulis
Stimme ist kräftig, obwohl er zierlich und erst sieben Jahre alt ist,
sie überschlägt sich fast, doch die beiden Russen, die es zum Fens-
ter schleifen wollen, lachen nur und erklären in gebrochenem
Deutsch „Papa weg. Nix wiederkommen." Einer der Männer tritt
zu ihm und will ihm über das kurzgeschnittene semmelblonde
Haar streichen, doch Uli duckt sich unter der groben Hand weg.
Diese Hand soll ihn nicht berühren. Keine der fremden Männer-
hände soll das. Sie haben bereits seine Schwestern und seine Mut-
ter angefasst, er hat es genau gesehen, und außerdem haben sie
ihre Möbel angefasst und sein Spielzeug. Alles liegt jetzt unten im
Hinterhof des Mietshauses, in dem sie wohnen, auf einem großen
Haufen, übereinander und nebeneinander, zerbrochen auf den
harten Pflastersteinen.

Einfach hinunter geworfen, aus dem vierten Stock, haben sie
all ihre Sachen! Auch das, was seinen älteren Schwestern Inge,
Christel und Rosi gehört. Gehört hat. Rosis Farbpalette und Chris-
tels Stoffe und die Nähmaschine. Von Inges Sachen kann er nichts
entdecken.

Er kann es einfach nicht begreifen. In ihrem Zuhause sollen
jetzt diese fremden Menschen wohnen? Nein, er will nicht sehen,
was sie angerichtet haben und hält sich die Augen zu. Vielleicht
ist alles ja nur ein Albtraum und die Dinge stehen wieder an ihrem
Platz, wenn er die Augen öffnet.

Doch als er seine Hände wegnimmt, liegen die Sachen noch im-
mer unten im Hof. Er sieht den kaputten Tisch, der einmal ihr Ess-
tisch war; die Tischplatte haben die Männer zuvor mit einer Axt

durchgehauen, damit der Tisch durchs Fenster passte. Auch von Papas Lieblingssessel haben sie die Lehne abgeschlagen. „So eine Gemeinheit", denkt Uli. Er glaubt, das Geräusch der Axtschläge und des splitternden Holzes noch immer zu hören. Es dringt durch sein Trommelfell hindurch bis in seinen Kopf hinein, wo es sich festkrallt und nie wieder loslassen wird, das weiß er genau.

Zwei kleine Schränkchen liegen da, die Türen stehen offen und hängen schief in den Angeln; da sind auch Papas Bücher und obenauf die zerborstene Spielzeugkiste. Der braune Teppich, der sonst unter dem Tisch lag, hat den Sturz der Holzstühle abgebremst und alle bis auf einen sind heil geblieben, soviel er sehen kann.

Das Bücherregal hängt im Fliederbäumchen und hat die Äste weit heruntergedrückt.

„Der arme Baum", denkt Uli, er weiß noch, wie die Eltern ihn vor einigen Jahren auf dem schmalen ungepflasterten Streifen des Hofes angepflanzt haben. Das Bäumchen hat sie alle erstaunt, denn trotz des schattigen Standortes reckt es seine Zweige der Sonne entgegen und blüht im Frühjahr hellviolett.

Als die Wohnung fast leer war, haben die Männer ihre eigenen Dinge heraufgeschleppt. Das ist erst heute Morgen gewesen, doch Uli kommt es vor, als habe sich das in einem anderen Leben abgespielt. Da stehen jetzt Lampen und Vasen aus funkelndem Kristall, dicke, glänzende, teils bunt gemusterte Teppiche liegen auf den Holzdielen, so wie er sie einmal in einem Buch aus dem Orient gesehen hat, und gepolsterte Sitzmöbel thronen an der Wand, wo das Regal mit Papas Büchern gestanden hat. Ziemlich teuer sehen die Sachen aus, aber irgendwie passen sie nicht in ihre Wohnung, findet Uli. Trotzdem bewundert er das, was er sieht und fragt sich, woher die Männer all das wohl haben.

Noch immer trampeln die Männer die schmale Stiege hinauf und schleppen weitere Gegenstände an. Vier Leute hat er gezählt. „Die werden mehr Platz haben als wir mit sechs, da kann einer jetzt auch allein schlafen, wie Inge", überlegt er. Außer dem Esszimmer und der Küche gibt es schließlich drei Schlafräume. Inge als Älteste hat zuletzt ein Zimmer für sich allein gehabt, sie ist ja auch schon sechzehn, denn er schlief in Papas Bett, zusammen mit Mama, solange Papa nicht da war. Christel und Rosi schliefen zusammen, „Gott sei Dank", denkt er, „die beiden gackern ja ständig wie alberne Hühner." Das war oft nicht zum Aushalten.

Ob sie bei Tante Dora wohl jeder ein eigenes Bett bekommen?

Als einer der Männer das Foto von Mamas Bruder, das mit dem schwarzen Trauerflor, von der Wand genommen hat und damit zum Fenster gegangen ist, ist seine Mutter in Tränen ausgebrochen, doch der Russe hat ihr eine Pistole vorgehalten und „Frau Ruhe!" befohlen.

Statt Onkel Max prangt nun ein prächtiges Gemälde mit Bergen und Wald in einem verschnörkelten goldenen Rahmen an der gleichen Stelle an der Wand.

Noch nie hat Uli seine Mutter weinen sehen, jedenfalls nicht so heftig wie vorhin. Wortlos und unter Schluchzen hat sie sich umgedreht und ist langsam die Treppe hinuntergegangen. Schritt für Schritt. Sie hat sich nicht mehr umgedreht.

Uli weiß, unten steht bereits der gepackte Handwagen und alle warten nur auf ihn. Die fremden Männer haben ihnen erlaubt, ein paar Sachen mitzunehmen, so viel, wie in den Handwagen hinein passt, viel ist es nicht, hauptsächlich warme Kleidung und ein paar Decken und Kissen und etwas zu essen und zu trinken. Die neunzig Kilometer bis zu Tante Dora seien ein weiter Weg, hat die Mutter erklärt, sie würden zu Fuß gehen, aber wenn die Füße zu sehr schmerzten, dürfe abwechselnd immer eines der

Geschwister in dem Karren ausruhen, Also musste dafür etwas freier Raum bleiben. Die Decken und Kissen würden sie brauchen, das sieht Uli ein, auch, dass für das Cello kein Platz mehr ist. Es ist einfach zu groß.

Ob sie wohl unterwegs einen Platz für die Nacht finden? Nachts müssen sie ja irgendwo schlafen, überlegt er.

Er müsste sich jetzt beeilen, trotzdem kann er sich nicht entschließen, der Mutter zu folgen. Noch nicht. Seine Gedanken gelten seinem Vater. Hoffentlich findet er sie, wenn er zurückkommt und sie nicht mehr hier wohnen.

Noch immer steht Uli am Fenster. Er zittert und muss mühsam die Tränen zurückhalten. Fassungslos sieht er auf alles, was ihn bisher begleitet, das sein Leben ausgemacht hat, und das jetzt zertrümmert auf einem großen Haufen liegt.

Das schlimmste ist die Spielzeugkiste, darin sind die Puppen der Schwestern, ihre Spielesammlung und seine Eisenbahn, die er zu Weihnachten bekommen hat, als er sechs war. „Schöne Weihnachten waren das", denkt er wehmütig. Papa war da, er hatte auf dem Cello gespielt, sie hatten gemeinsam gesungen und es hatte geschneit. Da waren sie eine richtige Familie gewesen, er hatte sich geborgen gefühlt und war glücklich.

Die Kiste ist bei dem Aufprall auseinander gebrochen, einzelne Holzlatten liegen herum; er sieht seine Eisenbahn aus den Trümmern herausragen, die Waggons stehen in der Luft, sie haben sich von der Lok gelöst und sind zerbeult. Nie wieder wird er damit über die Schienen fahren können. Aber auch die sind nicht mehr da. Zumindest kann er sie aus dieser Höhe nicht entdecken.

Auch wenn ihre eigenen Möbel vielleicht nicht so prächtig waren wie diese, die jetzt ihren Platz einnehmen, er ist damit aufgewachsen, er liebte sie, sie gehörten zur Familie, sie waren sein Zuhause. Am Esstisch hat er seine Schulaufgaben gemacht bis die

11

Schule zerbombt wurde und er nicht mehr hingehen konnte, und auf den Stühlen haben sie gesessen und gemeinsam das Essen eingenommen. Worauf sollen sie denn jetzt sitzen? Ein Sofa besitzen sie ja nicht. Vielleicht hätte man ihnen das Sofa gelassen, wenn sie eins gehabt hätten, das wäre zu groß gewesen, um es aus dem Fenster zu werfen. Dass es auch zu groß wäre, um es auf dem kleinen Handwagen zu transportieren, daran denkt er nicht.

Warum haben die Männer das bloß getan? Seine Mutter hat ihm erklärt, dass der Krieg zwar zu Ende ist, sie ihre Wohnung aber jetzt den Russen überlassen müssten, weil Deutschland den Krieg verloren hat und die anderen die Gewinner seien, aber er versteht es noch immer nicht richtig.

Warum wollen die russischen Männer ausgerechnet in ihrer Wohnung wohnen und was hat seine Eisenbahn damit zu tun und was Vaters Cello?

Seine Mutter hat geweint und verzweifelt zu den Männern gesagt „Aber das können Sie doch nicht machen!", aber sie haben nur gegrinst und weiter die Sachen gegriffen und aus dem Fenster geschmissen. Vier Stockwerke tief! Es schien ihnen Vergnügen gemacht zu haben. Bei jedem Teil, das unten ankam, haben sie in die Hände geklatscht. Das krachende Geräusch, mit dem die Sachen auf den Pflastersteinen aufgeschlagen und zerborsten sind, wird er nie vergessen.

Das war fast genauso schlimm wie das Heulen der Sirenen, wenn es wieder einmal Bombenalarm gegeben hatte und sie in den Keller mussten. Da hat er jedes Mal vor Angst gezittert und sich hinter der Mutter versteckt, damit die Bomben ihn nicht finden. Diesmal hat es nichts genützt.

Er sei jetzt der Mann im Hause und müsse die Mama und die Schwestern beschützen, hat der Vater zum Abschied zu ihm gesagt, als er nach seinem letzten Besuch wieder weggefahren ist.

Er hatte ihn ernsthaft angesehen, sich dann sich zu ihm herunter gebeugt, und ihm einen Kuss gegeben.

Seitdem ist Uli derjenige, der als Vertretung des Vaters das Tischgebet spricht. Komm Herr Jesus, sei unser Gast. Er hat jetzt die Verantwortung. Auch für das Cello, das ist er Papa schuldig. Warum kam er denn bloß nicht nach Hause?

„Das Cello bleibt!" sagt Uli noch einmal laut mit seiner kräftigen Stimme und so bestimmt, wie es klingt, klingt es wohl auch für die Männer. Die klare Anweisung des Kleinen überrascht sie offenbar, denn sie stellen das Instrument wieder zurück und lassen sich auf das Sofa mit den dicken altrosa Polstern fallen, das sie vor kurzem heraufgetragen haben. Sie greifen zu den beiden Wodka-Flaschen, die auf dem Glastisch vor ihnen stehen, und setzen sie an den Mund. Nur kurz setzen sie sie wieder ab, grölen „Nastrovje" und schwenken die Flaschen in Ulis Richtung, dann trinken sie weiter.

Er weiß nicht, was ihm befremdlicher vorkommt: dass der Tisch eine Platte aus Glas hat, durch die man bis auf den Boden hindurch sehen kann, ihrer war aus Holz, oder dass sie keine Trinkgläser benutzen.

Uli klemmt die Hände unter die Hosenträger seiner dünnen Stoffhose, die zu kurz geworden ist und seine nackten Waden frei lässt. Er friert. Es ist schon November und die Luft riecht bereits nach Schnee. Christel hat ihm versprochen, ihm ein paar lange Strümpfe zu stricken, doch es gibt keine Wolle. „Junge, du wächst zu schnell", sagt Mama immer. „Papa wird dich gar nicht wiedererkennen, wenn er nach Hause kommt." „Ja, wenn..." denkt Uli. Es ist lange her, seit er seinen Vater das letzte Mal gesehen hat. Sehr lange. Viel zu lange. Damals gab es ein Kammerkonzert in der Wittenberger Schlosskirche und Papa hatte auf dem Cello gespielt. Uli liebt diese Kirche, sie hat so ein schönes buntes Glasfenster. In ihr

13

ist er getauft worden, und hier besucht er regelmäßig den Kinder-
gottesdienst. Es sei eine berühmte Kirche wegen Luther, erzählen
die Leute, aber Uli findet, die Kirche sei bestimmt nur berühmt,
weil sein Vater hier Musik macht.

Trotz der schrecklichen Situation flüchtet er sich in diese Bil-
der, sie geben ihm für den Moment ein kleines bisschen Halt.

Er schließt die Augen und sieht seinen Vater vor sich: wie er
auf einem der Kirchenstühle sitzt, das Instrument zwischen die
Beine geklemmt und mit dem Bogen voller Hingabe über die Sai-
ten streicht, aus denen er überirdisch klangvolle und schwin-
gende Töne hervor zaubert. Töne, die sich aneinander reihen und
die Luft erfüllen.

Das Cello sei eine Bassgeige und sie sei aus verschiedenen
Holzarten gefertigt, hatte er ihm erklärt, und es seien Stücke von
Haydn und Beethoven. Ja, diese Namen hat sein Vater erwähnt,
daran erinnert er sich. Diese Musik gefällt ihm. Aber auch die Mu-
sik, die Papa selbst komponiert, gefällt ihm. Kirchenmusik sei das,
hat Papa gesagt und sie der Familie manchmal vorgespielt.

Die Schwestern sind auch musikalisch, er weiß, dass sie helle
und klare Singstimmen haben, er hat sie ja schon oft gehört, und
in diesem Moment hört er sie wieder, als er die Augen schließt.
Kein schöner Land in dieser Zeit und Die Gedanken sind frei. Wa-
rum spielen sie eigentlich kein Instrument? Rosi malt, immerzu
malt sie, Tiere, Bäume, Blumen. Christel hat gerade eine Lehre als
Schneiderin begonnen, die ist den ganzen Tag nicht da, und wenn
sie nach Hause kommt, sitzt sie an der Nähmaschine und die
kleine Handkurbel, mit der sie sie antreibt, läuft heiß.

Überall liegt Stoff herum, Christel schneidert fast ihre gesam-
ten Anziehsachen. Manche werden auch an andere Leute ver-
kauft. Und Inge? Inge hat überhaupt keine Zeit, denn sie versorgt
zusammen mit Mama den Haushalt. „Vier Kinder machen ganz

schön viel Arbeit", hat Mama einmal gesagt. Also muss Inge Mama wohl helfen.

„Wenn Papa wieder da ist, werde ich ganz bestimmt richtig Cello lernen", nimmt er sich vor. Er hat es früher bereits ein paarmal versucht, sein Vater hat ihm gezeigt, wie das geht, aber er hat dem Instrument nur ein paar quietschende Töne entlocken können. Seine Mutter hat ihn ermutigt, es trotzdem weiter zu versuchen, irgendwann würde es schon klappen, und ihm sogar für jedes Üben eine extra Scheibe Brot versprochen, doch er findet, er sei noch zu klein, um das jetzt schon zu lernen. Er will lieber warten bis der Vater zurückkommt, unter seiner Anleitung ist es bestimmt nicht so schwierig. Schon allein deshalb muss das Cello in der Wohnung bleiben.

Noch immer leeren die fremden Männer die Wodka-Flaschen und beachten Uli nicht. Versonnen streicht er mit der Hand über das glänzende, warme Holz des Cellos. Die Erinnerung an seinen Vater beginnt bereits zu verblassen. „Hoffentlich kommt er bald zurück", denkt er, „das Cello braucht jemanden, der auf ihm spielt."

Verzweifelt presst er sein Gesicht an die kalte Fensterscheibe. Es scheint, die verbogenen Waggons seiner Eisenbahn recken sich nach oben, zu ihm hin. Dass alles noch einmal wäre wie damals, das wünscht er sich in diesem Augenblick. Mit der Mutter und den Schwestern gemeinsam singen, Weihnachtslieder, und Papa begleitete sie auf dem Cello.

Weihnachten mit Schnee. Noch einmal Schneeflocken mit der Zunge auffangen, Schneeflocken, die in den Wolken gewohnt haben, deren Weg zur Erde so weit war, und die sich an sein Fenster setzen, so wie in dem Kinderlied.

Die Glocken der Schlosskirche läuten zum Mittagsgebet und die Mutter drängt zum Aufbruch. „Junge, wo bleibst du denn? Wir müssen los!" ruft sie von unten zu ihm herauf.

Traurig blickt Uli sich ein letztes Mal um. Einsam steht das Cello auf seinem Stachel und lehnt an der Wand neben dem Fenster.

Er hofft inständig, die Russen werden nicht ein zweites Mal versuchen, es hinauszuwerfen. Es muss doch da sein, wenn der Vater zurückkommt.

Worauf soll er denn sonst spielen?

Ursula Buchhorn

Martina Maly
Weltall.Erde.Mensch

Weißt Du, wo Sabine ist? - die Mutter sieht ihre Älteste fragend an.

„Keine Ahnung" - kommt schnell und desinteressiert zurück.

Mechthild ist mit ihren Gedanken schon wieder im Internat des Lehrerbildungsinstitutes Leipzig. Raus aus der Provinz, darauf hatte sie sehnlich gewartet. Nach Hause kam sie nur noch am Wochenende und das auch nicht regelmäßig. Wie sollte sie also wissen, was ihre jüngeren Geschwister so machten. Das Tuttchen nervte sie allenfalls mit Klavier üben, aber da konnte man ja in den Garten gehen und lesen, jedenfalls im Sommer.

Jetzt also war Sabine weg.

Es war Sonntagvormittag, Tutti hatte Kurrendedienst, die Mutter kochte das Mittagessen und

Sabine war bestimmt nicht in der Kirche, wenn sie nicht musste.

Also, wo ist Sabine?

Hätte die Mutter in den Kinderkleiderschrank gesehen und nach Sabines guten Sachen gesucht, wäre ihr aufgefallen, dass das Konfirmationskleid fehlte. Dieses Kleid war entgegen der Tradition nicht schwarz sondern blau und somit zu vielerlei festlichen Anlässen zu tragen. Noch dazu war es aus dem Westen und allein schon deswegen todchic.

Sabine machte damit auch eine gute Figur in der Reihe der Jugendweihlinge, wie sie mir später erzählte. Denn genau dort war sie an diesem Sonntagmorgen, zur Jugendweihe. Heimlich. Die Mutter hätte es nicht erlaubt, noch dazu 14 Tage nach der Konfirmation! Aber Mütter wissen nie alles. Schon gar nicht, was Töchter um die vierzehn herum so treiben. So fiel auch der Besuch der

Jugendstunden unter „Ich gehe zu Karin Kleeberg, Hausaufgaben machen." oder „Die Schule hat heute Nachmittag Sammelaktion." u.ä.

Dass Sabine ohne Familie zur Jugendweihe kam, fiel schon auf, ging aber im Trubel der Veranstaltung wieder unter. Sie stand jedenfalls stolz mit ihren Klassenkameradinnen auf der Bühne. Davon sind später Fotos aufgetaucht. Alle im großen Kulturhaussaal sahen ihr tolles Kleid. Sabine nahm die Blumen, Urkunde und das Buch „Weltall.Erde.Mensch" mit einem Knicks entgegen (ein Knicks war noch ganz selbstverständlich).

Dann ging es von der Bühne und die Nächsten wurden aufgerufen.

Als die Feier samt kultureller Umrahmung vorbei war, ging Sabine mit der Familie ihrer Freundin in deren Wohnung und tauschte ihre Kleidung wieder.

Wie es ihr gelang, unserer Mutter ihre Abwesenheit zu erklären, weiß ich nicht mehr.

Ich weiß aber noch, dass meine Schwester einige Zeit später ihr Konfirmationskleid und das Jugendweihebuch nach Hause schmuggelte. Das Buch wurde versteckt und durfte nur angesehen werden, wenn unsere Mutter nicht im Haus war. Ich durfte natürlich auch nichts sagen. Ich habe das Buch gern angesehen, es war spannend. Weltall.Erde.Mensch hatte viele Bilder und alles wurde so gut erklärt: wie die Frösche entstanden und der Kommunismus, die Sterne und die Kinder (das war besonders aufregend).

Ich las oft in dem Buch. Einmal muss ich es wohl nicht wieder gründlich genug versteckt haben – die Mutter fand es. Mit Widmung.

Was da in unserer Mutter vorging, kann man nur ahnen. Besonders, wenn man weiß, mit wieviel Durchsetzungskraft sie unseren protestantischen Standpunkt verteidigte; in der Schule, auf ihrer Arbeit und letztlich vor der Öffentlichkeit.

Christine Herbold-Ohmes

Hans-Jochen Hüchting

Kraftquelle

Prolog

Stine, die in Oldenburg ein Blumengeschäft führt, traf ich nur
durch Zufall. Ich wollte meinen ehemaligen Schulfreund Folker
mit seiner Frau besuchen. Auf der Suche nach der Straße, in der
er wohnt, fiel mir siedend heiß ein, dass ich mein Gastgeschenk,
einige Weinflaschen aus der Region, in der meine Frau und ich le-
ben, zu Hause vergessen hatte. Zu Glück hatte ich noch etwas Zeit.
Ich stellte meinen Wagen am Rande der alten Innenstadt ab und
schlenderte durch die Straßen auf der Suche nach einem Laden,
in dem ich etwas für Folker und Sabine würde finden können. Ein
älterer Herr, dem offenbar mein suchender Blick aufgefallen war,
sprach mich an, ob er mir helfen könnte, und empfahl mir einen
Blumenladen in derselben Straße, der von einer Dame betrieben
wird, die alle ihre Kunden Stine nennen.

„Der Blumenladen ist sehr besonders", kündigte er an. „Lassen
Sie sich überraschen. Ich bin sicher, dass Sie dort etwas Passen-
des finden werden."

Obwohl der Laden nur klein ist, lädt er die Kunden ein, sich an
Tischchen, auf eine Fensterbank oder in einen versteckten Winkel
zu setzen, den man in dem kleinen Raum gar nicht vermutet.
Düfte aromatischer Teesorten verführen dazu, an einem der klei-
nen runden Tische Platz zu nehmen. Leseproben aus dem benach-
barten Buchladen liegen aus, und Kostproben einer benachbarten
Confiserie verwöhnen die Gaumen. So werden viele, die bei Stine
einen Blumenstrauß gekauft haben, in die benachbarte Confiserie
und den Buchladen gelockt, in denen wiederum kostbar zusam-
mengebundene Blumensträuße auf Stines Laden aufmerksam

machen. Wer gut einkauft, erhält einen Gutschein für Marios italienische Restaurant am Ende der Straße. Ich wünschte, ich hätte mehr Zeit zum Verweilen.

„Guten Tag! Sie sind zum ersten Mal hier, nicht wahr?", höre ich eine Stimme neben mir. Sie gehört einer kleinen, etwas rundlichen Dame, die mich aufmerksam und einladend anlächelt und deren Augen mich fröhlich und prüfend zugleich mustern.

„Ja, ich bin fremd in dieser Stadt", antworte ich. „Ich suche einen Blumenstrauß für einen Freund und seine Frau, die mich für heute Abend zu sich eingeladen haben."

„Ich bin die Inhaberin dieses Geschäfts", sagt sie. „Wenn Sie mir ein wenig von Ihrem Freund und seiner Frau erzählen, helfe ich Ihnen gern bei Ihrer Suche."

„Nun, das ist ungewöhnlich", reagiere ich verwundert.

Ihre Augen strahlen unbefangen. Ich begreife, dass jeder Widerstand zwecklos ist.

„Mit meinem Freund habe ich vor 50 Jahren Abitur gemacht", setze ich an. „Er ist Architekt, aber nicht mehr berufstätig, engagiert sich jedoch für den Erhalt architekturhistorisch besonders wertvoller Gebäude der Altstadt und fördert zusätzlich viele kulturelle Einrichtungen."

„Ist sein Name Folker mit F?", unterbricht sie mich.

„Ja", bestätige ich. „Kennen Sie ihn?"

„Natürlich", lacht sie. „Er und seine Frau sind treue Stammkunden von mir. Daher gehen wir wie Freunde miteinander um. Warten Sie einen Augenblick, bitte."

Sie geht hinter den Tresen und an einen der Tische, die im Verkaufsraum stehen, und kommt mit drei fertig gebundenen Sträußen wieder zu mir.

„Suchen Sie sich einen aus", fordert sie mich auf. „Sie alle treffen genau den Geschmack der beiden. Bitte, grüßen Sie sie von mir, von Stine."

„Du warst bei Stine", lacht Sabine, als ich ihr den Strauß überreiche.

„Ja", bestätige ich. „Ich soll euch von ihr grüßen."

„Danke", sagt Sabine. „Stine ist ein Phänomen. Blumen sind ihre Welt. Ihre Liebe zu ihnen prägt ihren Laden. Das hast du sicher auch bemerkt."

„Ich bin beeindruckt, mit welcher Sicherheit sie die Blumen herausgesucht hat, die zu euch passen", ergänze ich.

Während des gemeinsamen Essens kommen wir auf Stine zu sprechen.

„Du schreibst doch Lebensgeschichten" sagt Folker. „Stines Leben würde dich sicher interessieren und anregen. Man könnte meinen, sie habe ihren Blumenladen schon immer betrieben. Aber das ist nicht so. Ein langer, verschlungener Weg, der sie bis nach Südamerika geführt hat, lag davor. Lange schon sind wir ihre Kunden und kaufen Blumensträuße bei ihr. Aber unsere Beziehung zueinander ist mehr als das. Wir haben uns im Laufe der Zeit so sehr angefreundet, dass sie uns an einigen langen Sommerabenden auf unserer Terrasse in Etappen ihre lange und wechselvolle ihre Lebensgeschichte erzählt hat. Soll ich versuchen, das Wesentliche wiederzugeben?"

„Da hast mich neugierig gemacht", antworte ich.

„Sei mir nicht böse, Folker", mischt sich Sabine ein. „Ich meine, Jochen sollte Stine selbst hören."

Sie wendet sich mir zu.

„Du fährst doch von hier aus an die Nordsee. Kannst du es einrichten, auf dem Rückweg noch einmal bei uns Station zu

22

machen? Ich werde versuchen, ein gemeinsames Abendessen mit Stine bei uns zu organisieren."

„Das anzunehmen, fände ich ziemlich unbescheiden", wende ich zögernd ein.

„Nun reicht es aber", ruft Folker mit gespielter Empörung. „Weißt du nicht, dass niemand Sabine widersprechen sollte?"

Sabine schüttelt lachend den Kopf.

„Du kennst Folker gut genug, um seine Sprüche einzuordnen", sagt sie. „Im Ernst: Du bist uns sehr willkommen, und wir würden uns wirklich freuen."

„Abgemacht", willige ich ein, und wir einigen uns auf einen Termin.

„Ich ruf dich an und sage dir, ob es mit Stine klappt", verspricht Folker.

Stine wirkt nicht ganz so sicher und selbstbewusst wie in ihrem Laden, als sie mit uns am Tisch sitzt. Aber ihre wachen Augen, die unter kurz geschnittenen üppigen Haaren aus ihrem rundlichen Gesicht mit den rosa Wangen strahlen, und ihr tief aus ihr heraus brechendes Lachen bannen meine Aufmerksamkeit.

„Ich rede nicht so gern über mich selbst", bekennt sie. „Folker hat mir von Ihnen erzählt und mir Ihr Buch mit Lebensgeschichten zum Lesen gegeben. Ich bin bereit, Ihnen meine Geschichte anzuvertrauen. Aber sie ist zu lang für unseren gemeinsamen Abend. Darum will ich nur in ganz groben Zügen die Stationen anreißen und mich heute auf meine Kindheit beschränken. Nach meiner Schulzeit hat mich das Schicksal als Au Pair nach England verschlagen, wo ich verwöhnte Kinder dafür begeistern konnte, nur mit dem zu spielen, was die Natur ihnen bot, oder sich aus dem, was sie im Garten, im Wald oder auf Wiesen fanden, ihr Spielzeug selbst zu basteln. Später habe ich in Ecuador im

Rahmen einer eigenen privaten Initiative einfache Menschen dazu gebracht, ihr Wissen und Können zusammen mit der Expertise eines lokalen Kaufmanns zu selbst gegründeten Unternehmen zu bündeln. Erst nach meiner Rückkehr nach vielen Jahren im Ausland hat meine Liebe zur Natur mir den Weg zu meinem Blumenladen gewiesen, der heute mein Lebensinhalt ist.

Oft habe ich mich gefragt, woraus ich all die Jahre den Mut und die Zuversicht geschöpft habe, mich so früh schon auf meine eigene Füße zu stellen und mich auf meine Kraft und meinen Einfallsreichtum zu verlassen. Heute glaube ich, dass, so widersprüchlich das auch klingen mag, gerade meine in meiner Erinnerung freud- und lieblose Kindheit, in der ich viele Verletzungen und Zurücksetzung erfahren habe, für mich der wesentliche Kraftquell war."

Stine erzählt

Stine wächst auf im Pfarrhaus eines Dorfes, in dem sich die Bauern tagaus, tagein mühen, dem kargen Boden ihrer Felder das für sie Nötigste abzuringen. Stines Vater gelingt es als Pfarrer, ihnen über den Glauben Zuversicht und Lebensmut zu vermitteln. Aber das fordert so viel von seiner Kraft, dass er zu Hause schweigsam ist und sich meist in die Abgeschiedenheit seines Zimmers zurückzieht. Dort denkt er über Menschen nach, die seines Zuspruchs bedürfen, und feilt an der Predigt für den nächsten Sonntag. Stines Mutter dagegen ist lebhaft, aber offenbar nicht glücklich mit ihrem arbeitsamen Leben in der ländlichen Isolation. Ihre Fürsorge gilt besonders Stines begabter älteren Schwester Waltraud und ihrem kleinen Bruder Frank, während Stine selbst meist auf sich allein gestellt sich an den Pflanzen und Tieren erfreut, die sie im Garten, auf den Feldern und den Weiden beobachtet.

24

Viele sagen von Stine, sie sei ein stets fröhliches Kind mit einem offenen und ansteckenden Lachen. Aber sie fühlt sich schüchtern. Sie traut sich nicht, oder es fallen ihr nicht die richtigen Wort ein, um auf andere zuzugehen und sie unbefangen in ein Gespräch zu verwickeln wie besonders ihre Klassenkameraden Roland und Dirk, die sie ebenso anhimmelt, wie es viele andere Mädchen auch tun. Manchmal träumt sie davon, dass einer von ihnen ihre Hand nimmt. Aber wenn sie den Mut fände, ihnen zu gestehen, wie sehr sie ihr gefielen, würden sie sie sicher auslachen und sich amüsiert von ihr abwenden.

Eines Morgens sitzt Stine allein mit ihrer Mutter am Tisch. Sie hat geträumt, Roland habe ihr angeboten, sie abzuholen, um mit ihr gemeinsam zur Schule zu gehen. Wie würden die anderen Mädchen sie beneiden! Aber es ist ja nur ein Traum gewesen, der sicher nie wahr wird.

„Warum bist du heute so brummig?" fragt die Mutter vorwurfsvoll.

Da überwindet sich Stine und erzählt ihr von ihrem Traum.

„Schlag dir das aus dem Kopf!", fällt ihr die Mutter geradezu ins Wort. „Was kannst du denen schon bieten, so schweigsam und unbeholfen, wie du bist? Du bist nun einmal nicht so aufgeweckt und hübsch wie Waltraud."

Stine starrt verzweifelt vor sich hin. Wenigstens etwas Trost oder Aufmunterung hat sie sich schon von der Mutter gewünscht.

„Nun bring deinen Teller und deinen Becher in die Küche. Waltrauds Sachen kannst du auch gleich mitnehmen", sagt die Mutter. „Bevor du zur Schule gehst, kannst du noch Frank wecken und anziehen, damit er rechtzeitig zum Kindergarten kommt."

Stine gehorcht und geht danach in ihr Zimmer. Dort stellt sie sich vor den Spiegel und betrachtet das etwas gedrungene, leicht pummelige Mädchen mit roten Pausbäckchen und dem strohigen Haarschopf, das sie dort sieht. Die Mutter hat wohl recht. So hübsch wie Waltraud ist sie bestimmt nicht.

Plötzlich steht die Mutter im Zimmer.

„Jetzt bist du auch noch eitel!", wirft die Mutter ihr an den Kopf. „Dafür hast du wirklich keinen Grund."

Erst als Stine laut schluchzend in Tränen ausbricht, nimmt die Mutter sie erschrocken in den Arm.

„Ich will dir doch nur Enttäuschungen ersparen", sagt sie. „Du bist zwar nicht hässlich, aber hübsch bist auch nicht, jedenfalls nicht so wie Waltraud und andere Mädchen. Darum werden dich alle auslachen, wenn sie dich dabei ertappen, wie du dich eitel im Spiegel betrachtest. Am besten wird es sein, wenn du dich immer still im Hintergrund hältst und nur redest, wenn du gefragt wirst."

„Warum bin ich nicht so wie Waltraud?", fragt Stine verzweifelt.

Ohne eine Antwort zu geben, geht die Mutter aus dem Zimmer und lässt Stine allein.

„Mutter hat recht", denkt Stine. „Waltraud ist ganz anders als ich. Immer weiß sie etwas zu erzählen. Wenn es an der Tür klingelt, steht meist eine Freundin von Waltraud auf der Schwelle und fragt, ob Waltraud Zeit für sie hat. Wenn doch einmal eine von meinen Klassenkameradinnen oder Dirk oder Roland klingelte und nach mir fragte. Aber das geschieht nie. Daher hat Mutter Waltraud wohl auch so sehr viel lieber als mich. Auch Frank darf manchmal auf Mutters Schoß sitzen. Mich hat sie dagegen immer abgewiesen. Sicher, Frank ist noch klein. Aber das bin ich doch früher auch gewesen."

Als Stine eines Tages allein im Haus ist, findet sie im Bücherschrank nach einigem Suchen ein gelbes Heft mit der Aufschrift

„Kindermund". In dem hat die Mutter, wie sie einmal in Stines Beisein einer Nachbarin erzählt hat, kindliche Aussprüche von Waltraud aufgeschrieben. Als sie das Heft herausziehen will, fällt ihr ein Brief von Waltraud an den Klapperstorch vor die Füße: ´Storch, Storch, guter, bring mir einen Bruder! Storch, Storch, bester, bloß nicht eine Schwester!´

Waltraud hat sie also nie gewollt. Ist Waltraud deshalb oft so garstig zu ihr, weil sie kein Bruder ist? War die Mutter vielleicht auch enttäuscht von ihr als Tochter, bis endlich Frank geboren wurde? Schnell steckt sie den Brief zurück, läuft in ihr Zimmer, wirft sich auf ihr Bett und weint so lange, bis Frank in ihr Zimmer kommt, sich zu ihr legt und vorsichtig ihren Rücken streichelt.

„Gut dass wir dich haben", stammelt Stine.

Frank streichelt sie noch mehr.

Stine ist unglücklich, aber sie weiß kein Mittel, das zu ändern. Jeder, der ins Haus kommt, geht entweder auf Waltraud zu oder umarmt Frank, der auch sogleich auf alle zu springt. Das macht sie traurig, weil sie sich nutzlos und ungeliebt empfindet. Wie anders fühlt sie sich in dem kleinen Garten hinter dem Haus. Dort hat ihr der Vater einen kleinen Platz zugesprochen. Auf dem hat sie ein Beet angelegt, auf dem sie viele Blumensorten wie Glockenblumen, Mohn und Freesien anpflanzt. Sie zieht sie aus Samen, die sie selbst sammelt. Wie freut sie sich, wenn die kleinen Triebe aus der Erde wachsen und aus ihnen neue Blumen entstehen. Die bedürfen ihrer Pflege und besonders ihre Lieblingsblumen, die Freesien danken es ihr mit ihren zarten Farben und ihrem betörenden Duft.

Warum nur scheinen die anderen ihr Beet nicht zu beachten? Jedenfalls spricht niemand sie darauf an. Frank ist natürlich zu klein dazu. Aber Vater oder Mutter könnten sie wenigstens ab und an einmal loben. Und Waltraud? Die hat noch nie ein gutes Wort für sie gefunden. Wie soll sie auch? Schließlich ist sie als die Ältere, Schönere, Klügere und Patentere von ihnen beiden immer das Vorbild, an dem Stine sich ausrichten soll. Dennoch: Morgen will sie das ändern. Gerade blühen die Freesien üppig in den schönsten Farben und duften besonders stark. Nach dem Mittagessen will sie die anderen auffordern, mit ihr in den Garten zu gehen und ihre Aufmerksamkeit auf das Beet lenken.

Stine steht früh auf, um vor dem Frühstück noch schnell nach dem Beet zu sehen. Erst als sie sich zu den Blumen hockt, bemerkt sie, dass Waltraud ihr gefolgt ist.

„Was tust du so früh schon im Garten?", fragt Waltraud erstaunt.

Da kann Stine es nicht mehr bei sich behalten und erzählt Waltraud, was sie nach dem Mittagessen vorhat.

„Ich werde mich mit dem Abdecken und dem Abwaschen beeilen", kündigt Stine an, als alle fertig gegessen haben. „Ich würde mich sehr freuen, wenn ihr danach mit mir in den Garten kommen würdet. Dort möchte ich euch etwas zeigen."

„Da bin ich gespannt", sagt der Vater. „Vielleicht kann Waltraud dir beim Geschirrspülen helfen."

Aber da ist Waltraud schon aus dem Zimmer gelaufen.

„Soll das die Überraschung sein?", fragt die Mutter vorwurfvoll.

Stine steht mit vor Entsetzen weit aufgerissenen Augen da. Sie kann die Verwüstung nicht glauben, die anstelle ihres Beetes vor ihr liegt. Alle Blumen scheinen mutwillig zu Boden getrampelt zu sein. Neben abgeknickten Stängeln liegen die Blüten zermalmt auf der Erde.

„Was ist geschehen?", ruft Stine verzweifelt.

„Das muss ein Hund gewesen sein", meint der Vater.

Stine verschlägt es die Sprache, als sie sieht, dass an den Schuhen von Waltraud dicke Erdklumpen haften. Waltraud, die Stines Blick bemerkt, läuft rot an.

„Es war ein Riesenköter, der sich in dem Beet gewälzt hat", behauptet sie schnell. „Zum Glück habe ich ihn vertreiben können."

„Warum sind dann deine Schuhe...?", setzt Stine an.

„Du willst doch nicht deine liebe Schwester verdächtigen!", schreitet die Mutter ein.

Der Vater legt tröstend seine Hand auf Stines Schulter. Dann verlässt er mit den anderen den Ort der Verwüstung. Stine bleibt allein zurück und lässt ihren Tränen freien Lauf.

Als Stine abends im Bett liegt, kommt der Vater in ihr Zimmer und setzt sich zu ihr auf den Bettrand.

„Morgen werde ich einen Zaun bauen, damit der Hund nicht mehr in den Garten kommt", kündigt er an.

„Aber wenn es Waltraud war?", bricht es aus Stine heraus. Sie erschrickt und erwartet eine heftige Ohrfeige.

„Deinem Beet wird nichts mehr passieren", sagt er nur geheimnisvoll und streichelt Stine sanft über den Kopf.

Was mag er damit meinen? Hat er, wie sie, Waltraud in Verdacht und hat sie vielleicht sogar zurechtgewiesen? Stine erfährt es nie, aber ihr Beet bleibt von nun an tatsächlich verschont.

Wenn immer Schule, Hausaufgaben und Hilfeleistungen im Haushalt ihr die Zeit dafür lassen, ist Stine im Garten zu finden. Ihre Blumen danken es ihr und vertreiben alle trüben Gedanken aus ihrem Gemüt.

Eines Tages stellt sich der Vater zu Stine, als sie wieder einmal ihr Beet pflegt.

„Es ist gut, dass dir die Blumen so viel Freude machen und du, wie man sagt, zwei grüne Daumen, also die Gabe hast, sie so prächtig gedeihen zu lassen", sagt er. „Lass dir das genug sein und lege es nicht darauf an, Freude und Bewunderung anderer dafür zu erringen. Die wirst du von denen, die deine Kunst zu schätzen wissen, von allein erringen."

Stine blickt dem Vater ernst ins Gesicht. Der nickt nur bekräftigend mit dem Kopf und lässt Stine wieder allein.

Epilog

Am nächsten Tag, bevor ich meine Heimfahrt antrete, fahre ich noch einmal in die Altstadt von Oldenburg, um mir in Stines Laden einen Strauß für meine liebe Frau zu besorgen, die zu Hause geblieben ist. Mit dem möchte ich meine Erzählung von dem Abend mit Stine bei Folker und Sabine anreichern.

„Das ist ja eine schöne Überraschung!", begrüßt mich Stine sogleich mit ihrem gewinnenden Lachen.

„Erst einmal müssen Sie mir von Ihrer Frau erzählen", sagt sie, nachdem ich meinen Wunsch geäußert habe. „Damit haben Sie doch sicher auch gerechnet."

Wieder füllt ihr Lachen den ganzen Laden.

Als ich geendet habe, geht sie hinter den Tresen und kommt nach ein paar Minuten mit einem bunten Strauß auf mich zu, aus dem viele Freesien ihren betörenden Duft verbreiten.

„Woher wussten Sie, dass Freesien die Lieblingsblumen meiner Frau sind?", frage ich.

Anstelle einer Antwort lächelt mich Stine an.

„Die meisten der Blumen, die ich in meinem Laden verkaufe, ziehe ich selbst in meinem Garten", erzählt sie anstelle einer Antwort. „Auch diese Freesien. Die sind jedoch sehr heikel und bedürfen ganz besonderer Behandlung. Ich habe da einen besonderen Weg gefunden, den ich aber als mein Geheimnis hüte."

„Meine Frau wird begeistert sein", sage ich. „Aber woher bekommen Sie Ihre Blumen im Herbst und Winter?"

„Dann biete ich Sträuße und Gestecke aus Zweigen und Gräsern an, kaufe aber auch Blumen hinzu, die ich über Händler aus Südamerika beziehe. Dafür habe ich alte Verbindungen genutzt, die ich seinerzeit in Ecuador geknüpft habe."

„Sehr gern möchte ich von Ihnen mehr erfahren über Ihre Zeit in England und Ecuador und ihre Rückkehr nach Deutschland", sage ich.

„Das wird sich einrichten lassen", antwortet sie. „Oldenburg ist eine schöne Stadt, Folker und Sabine sind wunderbare Freunde und", wieder lacht sie mich an, „mein Laden gefällt Ihnen doch auch. Sagen Sie rechtzeitig Bescheid, wenn Sie wieder hierher kommen. Ich würde mich sehr freuen."

Iris Nicola Haferland

Das Mädchen auf der Treppe

Plötzlich war da dieses Kind, als sie die knarrende, mit grauem PVC bezogene Holztreppe hochhetzen wollte. Beinahe wäre sie gestolpert, als sie es erblickte.

Das kleine Mädchen saß im breiten Holzrahmen eines bodentiefen Flurfensters auf der Höhe einer der unteren Treppenstufen, die Knie angezogen und die Träger des dunkelblauen Faltenrockes eigenartig über der Brust gekreuzt statt über dem Rücken. Es betrachtete sie ernst mit einem Blick, der so gar nicht kindlich schien, einem Blick, als ob es sie irgendwie kenne.

„Hallo", hörte sie sich verwirrt zu der Kleinen sagen.

Wie alt mochte die sein? Auf jeden Fall deutlich jünger als Leonie, ihre Tochter. Vielleicht frühes Grundschulalter. Der braune Pagenkopf der Kleinen zeigte im Licht der durch das Fensterglas fallenden Sonnenstrahlen goldene Strähnen.

Der Notar, der im ersten Stock des alten Hinterhauses seine Kanzlei betrieb, sollte gut sein und außerdem preisgünstig, als Menschenfreund war er bekannt, was selten war in seiner Berufsgruppe. Sie selbst kannte sich nicht mit Juristen aus, obwohl ihr Vater selbst einer gewesen war. Ihr fremder Vater, den sie verdrängt hatte. Und nun brauchte ausgerechnet sie einen Notar, um nach der Scheidung ihr Haus zu verkaufen. In der Mitte des Lebens noch einmal anfangen – allein mit Tochter in einem neuen, fremd riechenden Zuhause. Leonie hatte mehr geweint, als die Mutter ihr den bevorstehenden Abschied von dem alten Haus ankündigte als den von ihrem Papa, der künftig weit weg wohnen und seine Tochter viel seltener sehen würde.

Nachdenklich blickte sie die Kleine an. „Wohnst du hier?"

Das Kind gab keine Antwort. Sie setzte sich, einem plötzlichen Impuls folgend, auf die sonnenwarme Treppenstufe, obwohl sie eigentlich in Eile war, denn Leonie würde bald Unterrichtsschluss haben und auf Abholung warten. Aber dieses Kind kam ihr zu vertraut vor, als dass sie einfach in das Notariatsbüro hätte vorbeigehen können

Statt eine Antwort zu geben, nahm das Mädchen sie an die Hand und führte sie die Treppe hoch, links war die Kanzlei untergebracht, rechts offenbar die Wohnung der Kleinen. Die Eingangstür, Sprossenfenster und weißer Schleiflack, führte in einen engen Korridor. Und wenn man zu dicht an der Wand entlangging, konnte man sich an dem scharfkantigen weißen Rauputz blutige Kratzer holen. Sie wusste auf einmal, wohin die Kleine sie führen wollte. Hinter der zweiten Tür rechts war das Kinderzimmer mit seinem weinroten, trittweichen Bodenbelag.

Das Mädchen öffnete die Tür und blieb im Türrahmen stehen. Es starrte nach links in die Ecke auf den freien Platz neben dem kleinen weißen Holzgitterbettchen, in dem Edda lag, die Puppe mit den Klappaugen und den strohigen dicken blonden Zöpfen. Daneben, der Tür gegenüber, befand sich ein weißer Kleiderschrank mit einem großen Spiegel. In ihm erblickte sie sich nun selbst, hinter dem Kind stehend. Und als wüsste sie, was jetzt käme, legte sie dem Kind wie zur Beruhigung die Hände auf die Schultern. Beide verschmolzen zu einer Zuschauerin der Geschehnisse, die nun im Spiegel abliefen.

Das Mädchen kauerte neben dem Puppenbett, alle anderen Möbel waren bereits hinuntergetragen und warteten auf den Abtransport. Seltsamerweise sollte der mit einem Trecker mit offenem Anhänger erfolgen, nicht in einem geschlossenen Umzugswagen. Auf der Ladefläche des Anhängers saßen schon die Notariatsgehilfinnen des Vaters, bereit für die Fahrt in das neue Büro im neuen Haus ein paar Straßen weiter. Das kleine Mädchen war der Störfaktor, der die reibungslose Räumung der Wohnung behinderte, das Gesicht tränenüberströmt und schmerzverzerrt. Kein Laut drang aus dem Spiegel, aber der Kindermund schien NEIN zu schreien, immer wieder NEIN. Es stemmte sich mit Handflächen und Fußsohlen auf den Boden, als warte es auf Wurzeln, die ihm zu Hilfe wüchsen und es in dem Boden verankerten. Die Erwachsene kam immer näher und wollte das Kind holen. Sie versuchte es erst schmeichelnd mit Worten, redete von einem schönen neuen Kinderzimmer. Das Mädchen krampfte sich igelförmig zusammen, legte die Handflächen über die Ohren. Da packte die Frau das Mädchen an den Schultern, krallte sich in seinem Arm fest und schleifte es aus dem Raum, die Treppe hinunter in den Hof, wo der Traktor stand. Die Notariatsgehilfinnen johlten. Endlich konnte die fröhliche Fahrt in die neuen Räumlichkeiten beginnen.

Das Mädchen im Spiegel wandte langsam den Kopf und blickte zu ihr hoch, sah ihr Erschrecken, ihre Schuldgefühle. Sie dachte an Leonies Gedichte an das alte Haus, die sie neulich zufällig unter der Matratze ihrer Tochter gefunden hatte, und sie schüttelte unmerklich den Kopf. Sie nahm das kleine Mädchen in den Arm und ging langsam mit ihm die Treppe mit den Sonnenflecken hinunter. Am Flurfenster ließ sie das Kind zurück. Sie stieg hastig ins Auto, um Leonie abzuholen.

Albrecht Thiel

Familie auf der Flucht

Textauszüge aus den Lebenserinnerungen einer Mutter, und wie ihr siebenjähriger Sohn die Ereignisse erlebte.

Als mich einmal mehr die ständigen Fernsehberichte über Syrien- und Afrika-Flüchtlinge und ihre Probleme nervten, fragte ich mich, ob eigentlich unsere eigene Flucht aus Schlesien mit der Situation heutiger Flüchtlinge vergleichbar ist. Ich erinnerte mich an das Lebensbuch meiner Mutter, fand es im Keller in einer Umzugskiste und las:

Ende 1945 war es nun amtlich, dass Schlesien polnisch werden würde. Wo sollten wir hin? Von unseren Männern hatten wir keine Nachricht. Wir wohnten noch in der vermieteten Zweitwohnung in unserem Haus. Abends mussten wir unsere Fenster verdunkeln. Christbäume durften die Deutschen zu Weihnachten nicht haben. Ich schlich mich zusammen mit meiner Schwester Grete abends mit einem Beil in den nahen Wald, und wir holten uns einen kleinen Baum. Es wurde trotz allem ein schönes, wehmütiges Weihnachtsfest. Die Kinder ließen uns nicht traurig sein. Nur der Papa fehlte. Wo und wie wird er Weihnachten verleben?

Nun lag das Jahr 1946 vor uns. Was würde es uns bringen? Wie lange würden wir uns noch hier durchschlagen können? Die Zukunft lag so undurchsichtig vor uns. Die Belastungen, vor allem die ständige Angst, zehrten an unseren Kräften. Im Frühjahr und Sommer wurde es dann immer schlimmer mit den Verhältnissen. Immer mehr Einwohner wurden evakuiert.

Dann geschah das letzte Schreckliche. Im Juli 1946 kamen gleich früh fünf Milizionäre mit Maschinenpistolen. Sie warfen mich mit meinen drei Söhnen Friedhelm, Hellmut und Albrecht binnen fünf

Minuten aus unserem Haus hinaus. Meine Schwester Grete mit ihren zwei Kindern Horst und dem erst einjährigen Hans-Christian, meine Mama mit meiner behinderten Schwester Frieda und meine Tante Martha ließen sie in Tante Claras Dachwohnung unbehelligt. Ich ging sofort zum polnischen Bürgermeister und meldete mich zur nächsten Evakuierung an. Es war höchste Zeit, es war der letzte Transport nach dem Westen, wie wir erst später erfuhren. Der nächste ging schon in die Ostzone, die spätere DDR. Das Schlimmste war nun, dass wir aus unserer Wohnung in dem Moment nichts mitnehmen konnten – nur etwas Handgepäck, welches für solche Fälle immer vorbereitet war. So standen wir auf der Straße, hatten kein Bett mehr. Notdürftig kamen wir bei verschiedenen Nachbarn unter.

Nun hieß es, sich auf die Flucht vorzubereiten. Wir hatten natürlich im Stillen manches versteckt. Aber das Nötigste, was wir täglich brauchten, das lag ja in der letzten, von den Polen verschlossenen Wohnung im ersten Stock. Da die Miliz erst aus der Kreisstadt Waldenburg anreisen musste, blieb uns etwas Zeit. Unter Lebensgefahr schleppten wir unsere Feuerleiter im Hof ans Küchenfenster. Mein Sohn Friedhelm stand an der Straße Schmiere, tat es nur unter Todesängsten. So kletterten Grete und ich die Leiter hoch. Das Fenster ließ sich leicht öffnen. Nun warfen wir einfach Kindersachen, Babysachen, Schuhe, Wäsche, Kleidung, Bettzeug, Bügeleisen und vieles andere auf den Hof und ließen alles in der Werksküche verschwinden. Lange bevor die Polen in unser Haus kamen, hatten wir die abknöpfbaren Drellbezüge meiner Matratzen (sechs Stück) abgezogen, und dahinein stopften wir unsere Beute. Nun war uns schon etwas wohler. Dann besorgten wir uns in Michelsdorf durch Vermittlung unseres Nationalpolen ein Ackerpferd und einen kleinen Kastenwagen für 1000 Zlotys und luden unsere Säcke auf, als erstes einen großen Leinensack mit einfachem Kastenkuchen (Mama backte tagelang). In einen Eimer stopften wir Vaters Sportanzug mit einem Wecker hinein. In einen Lederkoffer (in Sackleinen eingenäht) hatten wir „Maria

Weiß" – Porzellan für sechs Personen, Kaffee- und Essgeschirr, in Geschirrtücher verpackt, getan. Einen anderen Sack hatten wir mit Kochtöpfen gefüllt. Die ersten Flüchtlinge schrieben uns aus dem Westen wörtlich: „ Und wenn ihr bis Waldenburg auf dem Bauch kriechen müsst, bringt mit, soviel ihr könnt. Hier bekommt ihr keine Tasse, keine Teller." Unsere Jungen bekamen in ihre Schulranzen je eine Bunzlauer Tasse, eine Ess-Schüssel, vollständiges Silberbesteck, in Handtücher eingepackt, und etwas an Wäsche, Strümpfe und ihre Sparbüchse mit Silbermünzen. Am 18.August 1946 luden wir die Säcke und viel Hausrat (insgesamt mit Kinderwagen 44 Stück) frühmorgens auf. Zuletzt hoben wir meine behinderte Schwester Frieda auf den schon überladenen Wagen, aber auch meine Tante Martha, die Jungen und meine Mama fanden noch Platz, wir anderen gingen zu Fuß.

Ich war etwas irritiert über ihre einseitige Schilderung, die offensichtlich nur der prekären Situation geschuldet war und erinnerte mich daran, dass ich selbst im Jahre 2006 in einer Schreibwerkstatt meine Erlebnisse auf dieser Flucht aus der Sicht eines Siebenjährigen (geschrieben von einem Erwachsenen) verfasst hatte. Ich kramte in meinen Unterlagen und fand vier Episoden.

Episode 1: Mein Holzkästchen

August 1946, Sonnenschein, etwas wie ein Erntewagen, gezogen von einem Pferd, steht vor unserem Haus, meine Mutter weint. Ich merke, dass wir dabei sind, irgendwohin zu fahren, und ich denke, ich müsste einige meiner wichtigsten Sachen in das kleine, mit Schnitzereien versehene Holzkästchen packen, welches meine Mutter aus Japan mitgebracht und mir früher geschenkt hat. Diese wichtigen Sachen sind drei wunderschöne Steine, zwei farbige Glasmurmeln, eine Postkarte aus Japan mit dem Fujiyama, ein Schlüsselanhänger und natürlich etwas zu essen für die bevorstehende Reise. Als Essbares habe ich mir ein paar von den süßsauren Kirschen von dem japanischen Kirschbaum vor dem Haus gepflückt, die ich über alles liebe.

Ich frage meine Mutter: „Wohin fahren wir?" Sie antwortet: „Nach Waldenburg." „Kommen wir auch wieder zurück?", ist die zweite Frage. Mutter antwortet nicht. Ich habe zwar schon polnische und russische Soldaten in unserem Dorf gesehen, aber mir nichts dabei gedacht, weil sie mir Bonbons gaben. Ich lebe in meiner eigenen kleinen Welt und kümmere mich hauptsächlich um mein kleines Holzkästchen mit seinem wichtigen Inhalt. Ich bin auch darum bemüht, einen gemütlichen Platz oben auf dem Pferdewagen zu ergattern und meinem ältesten Bruder zuzuhören, der „Muss i denn, muss i denn zum Städtele hinaus..." auf seiner Mundharmonika spielt. Dieses Lied haben wir oft auf Wanderungen mit der Familie gesungen, wenn wir aus unserem Dorf in die Berge gingen.

„Wir", das sind meine Mutter Lina, ihre Schwester Grete, ihre schwer behinderte Schwester Frieda, meine beiden älteren Brüder, zwei Vettern, einer erst ein Jahr alt, meine Großmutter und eine Großtante. „Wir", das sind auch viele viele Gepäckstücke verschiedener Größe und Form, die beinahe unseren gesamten Hausrat enthalten. Der Wagen setzt sich in Bewegung in Richtung auf die nächste Bahnstation. Ich öffne mein Holzkästchen und fange an, ein paar von meinen wohlschmeckenden japanischen Kirschen zu essen..........

Meine Mutter schreibt weiter: Das Schlimmste und Schwerste war die Vorbeifahrt an unserem schönen, stolzen Haus, der letzte Blick. Und oben an den Fenstern unseres großen Familienzimmers grinsten

höhnisch die Polen auf uns herab. Vorbei. In den letzten sechzehn Monaten unter dieser Fremdherrschaft waren wir ja hart geworden, aber dieser Moment tat weh, sehr weh. Ich konnte nicht „fröhlich meinen Wanderstab ergreifen", besonders wenn ich meine Kinder, meine kranke Schwester, Grete mit den zwei Kindern, meine Mutter und meine alte Tante vor mir auf dem mühevollen Weg 20 km bis Waldenburg ansah.

Am Nachmittag kamen wir in Waldenburg an. Auf einem großen Schulhof waren etwa fünftausend Flüchtlinge aus mehreren Dörfern versammelt. Gegen Abend entlud sich ein schreckliches Gewitter mit anhaltenden Regenschauern. Voll durchnässt durften wir dann ins Schulhaus, das ganze Gepäck mussten wir in den zweiten Stock hochwuchten. Grete und ich waren die einzigen, die schleppen konnten. In dieser Nacht lagen wir halbtot auf unseren Säcken. Schlafen konnten wir nicht.

Am nächsten Morgen hieß es wieder alles runter zu transportieren in einen großen Raum. Was hier geschah, spottet jeder Beschreibung. Die polnischen Soldaten klauten den Menschen alles, was ihnen gefiel –bergeweise-, Lastwagen fuhren vollgeladen weg. Wir hatten verhältnismäßig Glück, erstens, weil wir zehn Personen waren, zweitens, weil alles durchnässt war. Meinen ältesten Söhnen Friedhelm und Hellmut wurden die Sparbüchsen mit den Silbermünzen weggenommen, Albrecht versteckte sich immer hinter den Säcken, wenn die Miliz in seine Nähe kam. Er behielt sein Geld. Tante Martha und alle anderen alten Leute mussten zur Leibesvisitation. Martha regte sich furchtbar auf, und wir hatten große Angst ihres Herzens wegen. Aber die von ihr versteckten Goldstücke fanden die rohen, frechen Polinnen doch nicht. Sie hatte diese in ihrem Dutt versteckt.

Meine Kritik an der Sicht meiner Mutter verstärkte sich dadurch, dass sie wohl niemals daran dachte, wer oder was der tiefere Grund für unsere Vertreibung war. Meine eigenen Erkenntnisse waren aber noch unverdorben:

Episode 2: Die Silbermünzen

Meine Mutter und meine Tante schaffen es, zehn Personen und die vielen Gepäckstücke in einen Warteraum im Bahnhof Waldenburg zu bugsieren. Polnischen Soldaten laufen überall herum und gucken uns komisch an. Ich glaube, sie schauen nach Gelegenheiten, um uns wertvolle Sachen abzunehmen.

Noch zu Hause hatte unsere Mutter unseren kleinen Schatz an Silbermünzen aus dem Safe genommen. Sie wollte die wertvollsten Stücke an die vier Jungen verteilen, die zu unserer Familie gehören. Sie hatte dazu jeweils einige Münzen in ein Stoff-Taschentuch gewickelt und gab jedem von uns vier Kindern eines dieser „Päckchen". Jeder musste das Päckchen in seiner Hosentasche verstauen.

Ihr müsst wissen, dass ich ziemlich klein und dick bin (ich esse auch heute noch gern) und mein Kopf fast direkt auf meinen Schultern sitzt. Ich trage eine braune Jacke und eine braune Mütze. Und ich unterscheide mich von meinen Brüdern und von meinem Neffen dadurch, dass ich immer darauf bedacht bin, mich möglichst nie erwischen zu lassen. Dies erklärt, was nun kommt.

Während meine Brüder und mein Vetter (alle größer als ich) herumlaufen und so tun, als seien sie trotz der versteckten Schätze in ihren Taschen nicht ängstlich, bin ich misstrauisch und suche nach einem Platz zwischen oder hinter den Gepäckstücken, um mich zu verstecken.

Da nimmt das Drama seinen Lauf: Zwei Soldaten halten meine beiden Brüder und meinen Vetter an, untersuchen sie, finden die Münzpäckchen in ihren Taschen und nehmen sie ihnen ab. Währenddessen habe ich einen guten Platz zwischen zwei Koffern gefunden, meinen sowieso runden Körper zusammengerollt und sehe wahrscheinlich wie ein Rucksack aus. So entdecken die Soldaten mich nicht, und ich bin glücklich, weil ich meinen kleinen Schatz behalten habe. Die Soldaten gehen weiter und halten Ausschau nach der nächsten Familie, die sie ausrauben können.

Unglücklicherweise zwingt mich später meine Mutter, meine Münzen mit meinen Brüdern zu teilen. Ich empfinde dies als sehr ungerecht und bin sehr wütend darüber.

Meine Mutter setzt ihren Bericht fort:
Zum Glück war der Bahnhof ganz in der Nähe. Dort stand ein Güterzug mit Viehwagen. Wieder schleppten wir das Zeug und mussten

es hochwuchten, Frieda und Tante Martha hineinheben. Dicht zusam-
mengepfercht saßen wir auf unserem nassen Gepäck. Anfangs hatten
wir noch etwas Lebensmittel und den Sack mit Kuchen. Und wieder,
als wir solche Sorge um das Baby Hans-Christian hatten, half uns der
Bäcker aus unserem Dorf, der mit uns im gleichen Wagen war. Er
hatte einen kleinen Spirituskocher mit und kochte darauf einen Brei.
Wir mussten die Schiebetüren mit Stricken fest zubinden, weil unter-
wegs an jedem Bahnhof geplündert wurde. Die Fahrt ging über Ma-
rienborn nach Osnabrück. In Marienborn wurden wir alle entlaust,
sogar das Baby bekam eine volle Spritze mit dem übel riechenden
Pulver in den Kinderwagen. Wir alle waren dreckig, die Haare ver-
klebt.

Am Abend bestiegen wir einen einfachen Personenzug. In Osnab-
rück standen wir lange auf einem Abstellgleis. Anscheinend wusste
man nicht, wohin mit den vielen Menschen. Dann ging die letzte
Etappe gen Norden, nach Delmenhorst, los.

Interessant am Vergleich des Textes meiner Mutter mit mei-
nem Text ist –als Beispiel-, dass sie schrieb, die Güterwagen
mussten von innen verschlossen werden, um uns vor Plünderun-
gen zu schützen, während mir im folgenden Text aufgefallen war,
dass die Schiebetüren von außen verschlossen wurden, damit wir
nicht rauskamen.

Episode 3: Der Kuchenbeutel

Unsere Fahrt geht dann mit einem Zug weiter. Dieser von
Dampflokomotiven gezogene Zug ist kein Passagierzug, sondern
ein Güterzug für Kühe und Schweine, sagt meine Oma. Man kann
nicht darin sitzen oder sich zum Schlafen hinlegen. Und die Schie-
betür wird von außen von polnischen oder russischen Soldaten
verschlossen. Wir können also nicht mehr raus.

Natürlich bin ich wie üblich hungrig und beklage mich bei meiner Mutter. Sie bittet mich abzuwarten. Ich bin ungeduldig und renne im Waggon herum. Endlich bringt sie einen großen weißen Leinenbeutel zum Vorschein, der mit einem Zugband verschlossen ist. Als sie ihn öffnet, verbreitet sich ein wunderbarer Geruch, und ich weiß, dass etwas zu essen darin sein muss.

Und wirklich, der Beutel ist voll mit leckeren Sandkuchen, den meine Oma gebacken hatte, bevor es losging. Die Originalgröße der Kuchen war kastenförmig gewesen, aber durch den Transport zwischen den anderen Gepäckstücken oder weil sich eines der Kinder darauf gesetzt hatte, waren die Kuchen auseinandergebrochen, das heißt, es gab nur noch Stücke verschiedener Größe und Krümel.

Aber in der aktuellen Lage geben mir diese Kuchenteile ein herrliches Gefühl von zu Hause. Und so beschließe ich, im weiteren Verlauf der Reise ein besonderes Augenmerk auf diesen wundervollen Beutel zu haben. Natürlich auch deswegen, weil ich einen Moment abpassen will, in dem der Beutel unbeobachtet ist und mir deshalb die Gelegenheit bietet, mal ein extra Stück heraus zu angeln.

Später können wir in Westdeutschland aus dem Güterzug in einen Personenzug wechseln, aber es gibt nicht genug Sitzplätze für uns alle. So heben mich meine Mutter und meine Tante in das Gepäcknetz über den Sitzen und – siehe da – der Kuchenbeutel ist auch schon dort.

So habe ich eine gute Zeit dort oben, obwohl ich nachts beim Bremsen dreimal herunterfalle und meine Mutter mich wieder nach oben bugsieren muss.

Meine Mutter schreibt weiter:

Wir landeten im ehemaligen Fliegerhorst Adelheide. Da gab es nur große Hallen mit Steinböden. Am Tage zuvor hatte man von hier aus polnische Fremdarbeiter in ihre Heimat nach Osten geschickt. Deshalb mussten wir so lange warten. Kein Licht, kein Schalter, keine Türklinke – die Polen hatten alles abmontiert. So lagen wir auf dem kalten Steinboden auf unseren Säcken, die inzwischen getrocknet waren nach acht Tagen. Nach ein paar Tagen wurden Strohsäcke verteilt. Wir stürzten uns darauf. Tante Grete erwischte zwei. So konnten wir Frieda und Tante Martha darauf legen. Abends rückten wir alle zehn zusammen. Einmal am Tag bekamen wir eine warme Suppe. Den Jungen schmeckte die „Kekssuppe" am besten. Sie bestand aus Wasser, Milchpulver und kleinen runden Keksen, etwas gesüßt. Nun hieß es, in die Umgebung zum Bauern betteln zu gehen. Ich habe es nur einmal versucht mit Friedhelm, meinem Ältesten. Als eine Bauersfrau mir eine Mohrrübe schenkte, ging ich nie mehr betteln. Lieber in den Wald, wo wir Pilze fanden, Rotkappen, eine ganze Menge. Unten vor den Hallen suchten unsere Jungens Ziegelsteine und bauten uns einen Herd. Holz gab es im nahen Wald. Streichhölzer hatten wir wohlweislich von „daheim" mitgebracht.

Meine Sicht der Dinge war etwas abweichend:

Episode 4: Das Pilzwunder

Irgendwann kommen wir außerhalb der Stadt Delmenhorst in Westdeutschland an. Wir müssen in die großen Flugzeughallen des ehemaligen Fliegerhorstes Adelheide. Nach dem Abladen des Gepäcks werden Strohsäcke verteilt. Es gibt ein großes Gerangel deswegen, aber wir bekommen zwei Säcke, weil meine Tante losbrüllt. Es gibt keine Zwischenwände in den Hallen; wir versuchen, Wolldecken über Wäscheleinen zu hängen, damit uns nicht jeder sehen kann.

Ein paar Tage später mache ich mich auf den Weg, um die Umgebung zu erkunden und nach einem bisschen Abenteuer zu suchen. Ich finde einen kleinen Lagerraum, der bis zur Hälfte des Raumes mit Schrauben, Bolzen und anderen Teilen aus Aluminium gefüllt ist, und ich habe großen Spaß daran, mir aus diesen Teilen Spielzeuge zu basteln. Mit diesem Spiel beschäftige ich mich eine ganze Weile, bis ich merke, dass ich wieder Hunger habe. Das Essen, welches wir bekommen, ist lausig und macht nicht satt. Und weil der Kuchenbeutel leer ist, mache ich mich auf den Weg außerhalb der Hallen, um nach etwas Essbarem zu suchen. Weil ich Angst habe, nicht wieder zurück zu unserer Halle zu finden, gehe ich nur in Kreisen, die ich immer größer mache, um die Halle herum.

Auf einem dieser Kreise komme ich zu einem kleinen Wäldchen mit jüngeren Bäumen. Heidekraut bedeckt den Boden. Es ist sehr still hier und gerade, als ich mich ein bisschen ausruhen will, sehe ich etwas Rotes zwischen den Bäumen vor mir. Neugierig laufe ich in die Richtung, in der ich den roten Fleck entdeckt hatte.

Ich finde einen sogenannten „Pilzring", auch „Hexenring" genannt, gebildet aus 25 bis 30 Pilzen mit rotem Kopf und weißem Stiel mit schwarzen Punkten darauf. Ich kenne diese Pilze als „Rotkappen" und weiß, dass sie essbar sind und auch sehr gut schmecken.

Jetzt kommen als Erstes Gedanken in meinen Kopf, die darum kreisen, wie ich diesen unerwarteten Schatz absichern kann. Weil ich die Pilze nicht alle selbst zurücktragen kann, ist mein nächster Gedanke, wie ich den Fund vor anderen Leuten sichere, die ja genauso hungrig waren wie wir selbst. Ich bedecke die Pilze mit Gras, kleinen Zweigen und Heidekraut. Das nächste Problem ist, wieder auf dem Weg der Kreise, die mich zu meinem überraschenden Fund geführt hatten, zurück zu unserer Halle zu finden. Und natürlich auch, wie wir wieder zurück zu dem Fund finden sollten. Ich habe mir verschiedene Markierungen auf dem Hinweg gemerkt, füge noch neue Markierungen hinzu und finde so den Weg zurück zur Halle und zu meiner Mutter.

Ich ziehe sie am Arm zur Seite und erzähle ihr atemlos die aufregende Nachricht von dem unerwarteten Pilzfund. Niemals in den letzten Tagen habe ich meine Mutter und meine Tante so glücklich gesehen, und das macht mich ebenfalls froh. Meine Mutter nimmt ein Messer und ein Bettlaken und folgt mir zu der Pilzstelle. Die Pilze waren alle noch da. Wir schneiden sie ab, legen sie in das Bettlaken und bringen sie zurück in die Halle. Aber wie sollten wir die Pilze kochen ohne einen Ofen?

Obwohl ich erst sieben Jahre alt bin, bin ich schon recht einfallsreich, wenn es ums Essen geht. Ich bitte meine älteren Brüder, mir zu helfen, was sie nur widerwillig tun. Ich kannte eine Stelle, an der ich vorher vier Ziegelsteine gesehen hatte, und meine Brüder tragen sie zu einer verborgenen Ecke, an der wir eine kleine Feuerstelle errichteten. Inzwischen habe ich trockene Holzstücke gesucht und sehe meine Mutter mit einem großen Topf kommen, den sie nach einigem Suchen aus dem Gepäck ausgegraben hat. Sie bringt auch etwas Margarine und Salz mit. Wir schneiden die Pilze in kleine Stücke, legen sie mit Wasser, Margarine und dem Salz in den Topf und zünden das Feuer an. Nach einiger Zeit – was für ein herrlicher Duft komm aus diesem Topf! Wir kochen drei Töpfe voll Pilze und haben drei Tage lang eine herrliche Mahlzeit.

Ohne näher auf die sicher aufschlussreichen Vergleiche zwischen den Flüchtlingskategorien einzugehen (das wäre sicher eine lange neue Geschichte), möchte ich einfach sagen: „Jedes Mal, wenn wir ein Pilzgericht essen, muss ich an das Pilzwunder im Flüchtlingslager Delmenhorst-Adelheide denken."

Kapitel 2

Bekenntnisse

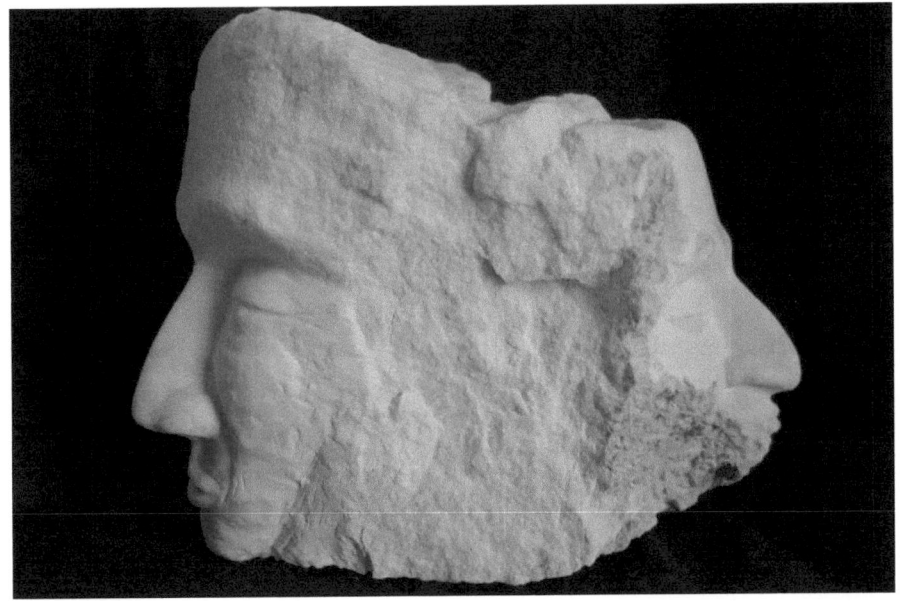

Christine Herbold-Ohmes

Ein Schulbuchauszug aus dem Jahr 1911

2. Fritzens ganze Familie.

Ich heiße Fritz,
unser Hund heißt Spitz,
Miezevater heißt unser Kater.
Papa heißt Papa,
Mama heißt Mama,
meine Schwester heißt Ottilie:
das ist unsre ganze Familie.
Wir hätten noch gern eine Kuh
und ein Pferd dazu.

Emil Weber.

Familienfoto 1919

Manfred Kirchner

Eva Jänecke-Lauke
My Family first

dachte die Frau
und verpasste ihre Karriere.

Familienplanung
Haben Sie schon mal Ihr Zusammenleben mit Partner und Kindern geplant?
Und was ist dabei herausgekommen?

"Das liegt in der Familie",
sagte der Vater mit Stolz.
"Eben" erwiderte der Richter und buchtete den Sohn ein.

Familienbetrieb
ganz schön was los manchmal.

Das schwarze Schaf der Familie
muss ganz schön aufpassen,
dass es nicht auch noch zum Sündenbock wird.

Familienfeier
Definition: in der Regel fröhliche Zusammenkunft von Familienmitgliedern aus erfreulichem Anlass.
"Muss ich da wirklich wieder mit hin?" - "Ja, Oma freut sich doch so."

Herkunftsfamilie
Vater, Mutter, Geschwister.
Das waren vielleicht die, die dich am meisten zu dem gemacht haben, was du heute bist, in der Hoffnung, du würdest zu ihnen passen.

Familienbande
Fluch oder Segen, auf jeden Fall sehr dehnbar.

Heilige Familie - die da oben.

Familiengeschichte
Subjektive Darstellung bemerkenswerter Ereignisse, die eigene
Familie betreffend.

Familienbesitz
Werte, an die man von außen nur durch Heirat herankommt.

Familiengeheimnis
Grund für Mord und Totschlag.

Rita Schepp-Wohlgethan

Lore I. Lehmann

Lukas ist leider nicht Familie

Sie heißt Elke, unsere Protagonistin, und muss eine Kur machen – Rücken und Schultern. Sie ist heute Mittag im Hotel angekommen, allein, weil ihr Mann zwar auch etwas hat – Herzprobleme – aber die müssten in einem anderen Kurort behandelt werden, sagt er. Das stimmt wahrscheinlich.

Am Nachmittag spaziert Elke durch die Straßen, um sich schon einmal zu orientieren, und setzt sich an einem großen Platz in ein Straßencafé. Beim neugierigen Betrachten der vielen Menschen gewinnt sie eine verstörende Erkenntnis: sie sieht viele Frauen in ihrem Alter, zwischen sechzig und siebzig, die auf den ersten Blick alle gleich aussehen. Das wirklich Irritierende dabei: Sie, Elke Rademacher, sieht im riesigen Spiegel des Cafés aus wie ein weiterer solcher Klon! Eins ist klar: die meisten Frauen – Männer ja auch, Wolfgang zum Beispiel, aber die interessieren sie gerade nicht - sind im Laufe ihres Lebens körperlich mehr oder weniger aus den Fugen geraten. Das ist auch ganz natürlich, wird immer wieder gesagt. Viele Frauen tragen hochgestemmte Busen wie ein Riesengebirge vor sich her oder wie einen Panzer gegen irgendetwas. Eine Art aggressive Botschaft. Das gilt für Elke allerdings nicht, viel Busen hat sie nie gehabt. Sie gehört zu der Fraktion derer, die im Laufe der Zeit ausladende Hinterteile entwickelt haben, das ist gerade in Cafés mit enggestellten Tischchen eine große Herausforderung. So wie in diesem hier.

Na gut, mal wieder das Thema Figurprobleme, nichts Neues also. Aber die Übereinstimmungen gehen ja viel weiter: graue Kurzhaarfrisur, beige oder pastellfarbene Klamotten, bei denen einem niemand nachsagen kann, man wolle krampfhaft jünger aussehen. Praktische Allwetterjacken und ebensolche Westen.

Zum Marschieren durch den Ort werden die Schulterriemen der Handtaschen natürlich über den Kopf gezogen, man kennt ja genügend Geschichten über Handtaschenräuber.

Elke weiß genau, was sie anhat: das Gleiche wie die anderen Frauen. Dafür bräuchte sie keinen Spiegel. (Ihre Allzweckjacke ist zart lachsfarben.) Im Spiegel entdeckt sie jedoch ihren Gesichtsausdruck: Misstrauisch, verteidigungsbereit, verschlossen, die Mundwinkel heruntergezogen, bitter und freudlos. Oder resigniert. Oder depressiv? Auch dieser ihr Ausdruck ähnelt dem der meisten Frauen ihres Alters, die an ihr vorbeigehen, egal, ob mit oder ohne Mann.

Was bedeutet das? Was ist bei ihr und den Anderen passiert in den letzten Jahren oder Jahrzehnten? Man war doch nicht immer so, oder? Sie will mal darüber nachdenken.

Um 18 Uhr wird in diesem Kurhotel das Abendessen serviert. Sie ist pünktlich und wird zum Vierertisch Nr. 11 geleitet. Eine Frau sitzt schon da, zwei weitere kommen nach. Alle in etwa dem gleichen Alter wie Elke und – ja, tatsächlich: Kurzhaarfrisur grau, Westen in Pastell, darunter dezent quer gestreifte T-Shirts mit halbem Arm. Eine der Frauen ist sehr dick, eine ist beneidenswert fast schlank und eine mehr wie Elke, also durchaus übergewichtig, aber eher nach vorne raus. Dafür aber platten breiten Hintern. Elke hat alle drei gleich taxiert, neugierig und ohne großes Wohlwollen.

In dieser Kleingruppe werden sie ab jetzt morgens und abends zusammensitzen und essen, drei Wochen lang. Sie bestellen beim Kellner Getränke und bemühen sich fast gleichzeitig darum, die anschließend drohende Stille abzuwenden. Die richtig Dicke fragt in die Runde, ob sie schon die Geschäfte in der Umgebung erkundet haben, und dankbar erzählen alle mehr oder weniger gleichzeitig von ihren Entdeckungen.

Allerdings: letztes Jahr in Bad Godesberg gab es mehr elegante Geschäfte als hier. Aber am teuersten ist alles in Baden-Baden

Also die Anwendungen: da wurden in Polen, da an der Küste, viel mehr angeboten

In Polen soll es ja gar nicht so dreckig sein, wie mein Vater immer gesagt hat

Waren Sie schon mal in Wiesbaden? Da will mein Bruder ja immer hin, da geht er nicht von ab

In dem KIK neben der Kirche sind die Sachen auch nicht teurer als bei uns

Alle reden drauflos, hören den anderen kaum zu, und Elke hält mit. Es geht eben darum, sich schon zu Beginn sichtbar und hörbar zu machen, zu zeigen, dass man dazugehört.

Das Essen kommt, und die erste Welle der Selbstdarstellung ist vorüber. Zwischen dem ersten und dem zweiten Gang entsteht wieder eine Pause, die ausgefüllt werden muss. Sie beschließen sich zu duzen. Elkes Nachbarinnen heißen Ilse („die Dicke"), Edeltraud (die „fast schon Schlanke") und Gisela (die „Übergewichtige, aber mehr nach vorne raus").

Jetzt kennt man sich und möchte mehr voneinander wissen. Besser gesagt: man möchte den anderen mehr von sich erzählen. Manche Themen sind erst einmal zu schwierig, sie könnten Gefühle von Ungleichheit hervorrufen und damit ungemütlich sein. Besonders die eigene Ausbildung oder der Berufsweg. Die Ausstattung des Eigenheims zu erwähnen, wäre zwar sehr reizvoll, aber auch nicht ohne Tücken. Vielleicht hat gar nicht jede ein eigenes Häuschen?

Aber eine Familie hat ja wohl jeder, das ist sicherer Boden. Die Abwesenheit von Ehemännern wird schnell abgehandelt: Ilse und Gisela sind Witwen, Ilse seit drei Jahren, Gisela schon seit zwanzig Jahren. Edeltraud lebt auch allein. Geschieden? Nie verheiratet gewesen? Sie kommt nicht so recht raus damit. Etwas befremdlich. Und Elke muss den Frauen sagen, dass sie zwar einen Ehemann hat und doch ohne ihn auf Kurlaub ist. Das ist ja eigentlich auch nicht ganz normal. Sie wird sich Mühe geben müssen, dass sie trotz dieser Unregelmäßigkeit akzeptiert wird.

Aber schon kommt für sie die nächste Hürde. Beim Nachtisch gehen ihre neuen Duzfreundinnen fast unvermittelt von den Ehemännern zum Thema Enkel über. Elke ist die einzige, die keine Enkel hat. Fast möchte sie sich für ihren Sohn entschuldigen, denn er ist es doch, der sie und Wolfgang ohne Enkel lässt. So richtig normal ist das nicht, fühlt sie. Nicht zum ersten Mal in ihrem Leben. Sie wird des Öfteren deswegen bedauert, aber ihre Tischnachbarinnen scheinen eine Art Schuld zu wittern. Kinderfeindlichkeit? Verachtung für normales Familienglück?

Mit etwas ungemütlichen Gefühlen bestätigt auch Elke den anderen beim Abschied, dass man ja Glück gehabt habe, sich so nett an diesem Tisch zusammengefunden zu haben, und geht auf ihr Zimmer.

Am folgenden Morgen hat sie schon recht früh einen Termin in der Physiotherapie, kommt daher mit leichter Verspätung zum Frühstück. Edeltraud ist gerade dabei, trotz gelegentlicher Unterbrechungen durch Gänge zum Büfett, Bilder von ihren beiden Enkeln zu zeigen, Papierbilder. Hat sie schon preisgegeben, warum sie ohne Mann ist? Egal, die Enkel sind echt süß auf den Fotos. Elke sagt das, auch mit der leicht exaltierten mädchenhaften Stimme, die bei solchen Gelegenheiten angebracht ist. Das ist tatsächlich genau richtig, und schon wird sie von Ilse gedrängt, unbedingt auch ihre drei Enkel auf dem Smartphone anzusehen. Auch sehr süß. Alle drei können schon schwimmen, obwohl die Kleinste doch erst zweieinhalb ist! Echt toll! Elke gibt sich Mühe.

Aber jetzt zieht Gisela den ultimativen Trumpf aus dem Ärmel, den sie gestern Abend noch zurückgehalten hat: sie hat bereits drei Urenkel! Nein! Das hätte ja keine von ihnen gedacht! Und dann hat sie kein einziges Foto von denen bei sich! Wie kommt das denn? „Ist wohl ein großes Geheimnis, deine Familie? Nee, lass man, ist nur ein Scherz. Man muss ja auch mal was zu lachen haben, nicht?" Alle vier lachen und nicken zustimmend. Abends wird Gisela jedenfalls ein paar Bilder mitbringen.

Sie bringt dann auch noch etwas anderes mit: In dem Laden kurz vor dem Kurpark, in dem auf der rechten Seite, hat sie eine Klamotte erstanden, eine Art Poncho, schwarz, mit Fransen. Mit Fransen, in ihrem Alter! Elke weiß nicht so recht, ob sie das mutig oder eher peinlich findet. Es sieht ganz gut aus, es gibt ja auch manche Frauen in ihrem Alter, die so etwas tragen, aber das sind doch mehr solche, die im Mittelpunkt stehen wollen oder partout nicht in Würde älter werden können. Oder?

Jedenfalls hat Elke nun auch ein Foto mitgebracht, von ihrem Sohn Stefan. Er hat heute Geburtstag, ist 39 geworden. Er sieht echt nicht schlecht aus. Also ihr selbst gefällt er richtig gut, und da ist sie nicht die einzige, das weiß sie. Ihre Tischnachbarinnen nehmen das Bild kurz in die Hände, sehr kurz, nicken höflich. Ilse meint: „Ein Bart – naja, wer's mag."

Ja, Stefan ist schon lange nicht mehr niedlich und knuddelig, aber muss er als Erwachsener so missachtet werden? Keine fragt, wie alt er denn geworden ist, ob er feiert, ob er in der Nähe seiner Eltern wohnt, ob sie ihn oft sieht – nichts. Was ist denn eigentlich mit deren Kindern, also mit den Eltern dieser wunderbaren Enkel? Elke fühlt sich etwas verletzt und will mal darauf achten, wie diese Großmütter denn über ihre eigenen Kinder und Schwiegerkinder sprechen.

An diesem Abend sind nach den heute kennengelernten Physiotherapeuten schon wieder die Enkel das Thema. Elke fühlt sich etwas sicherer, als sie – nicht ohne Schadenfreude – merkt, wie anstrengend das anscheinend ist, als gute Oma dazustehen, eigentlich als die bestmögliche, und die auch im Grunde die tollsten Enkel hat. Ihre drei Tischgenossinnen lauern offensichtlich die meiste Zeit auf Möglichkeiten, ihre eigenen Enkel wieder ins Feld zu bringen. Sie gehen dabei fast schon unhöflich miteinander um. Elke würde ja durchaus gern mitmischen, aber wie könnte sie? Sie erzählt, dass die Tochter ihrer Freundin einen ganz süßen kleinen Sohn hat, Lukas, auf den sie manchmal aufpasst, wenn er nicht in den Kindergarten gehen kann.

„In die Kita, meinst du", wirft Ilse schnell ein. „Ja, wenn sie krank sind, da wird man dann noch gebraucht, da erinnern sie sich an einen. Aber man macht's ja auch gerne. Ich bin jedenfalls immer zur Stelle, wenn ich gebraucht werde, da kann meine Schwiegertochter sich drauf verlassen. Mein Sohn – der – na ja, Männer kümmern sich ja nicht so. Der hing sowieso mehr am Papa, das war immer so, schon, als der noch ganz klein war. Seine Schwester war da anders, auch früher. Die war immer so lieb, die hört heute noch gerne auf meinen Rat. " Ilse seufzt.

Gisela schaut sie streng an. „Vielleicht kannst du sie ja nicht loslassen. Ich sag immer, die müssen ihr eigenes Leben leben, da kann man nicht reinreden."

„Nee, reinreden würde ich ihr nie!" Ilses Stimme ist etwas laut geworden. „Wir verstehen uns einfach sehr gut, mit Reinreden hat das nichts zu tun. Aber sie hat's eben nicht so leicht mit ihrem Kleinen, da ist sie froh, dass sie mich hat!"

„Ja, sicher, ich mein ja nur. Aber eins muss ich mal sagen: so schwer wie wir früher haben die Frauen es nicht mehr. Meine Tochter ist ja auch eine Seele von Mensch, aber mich, ihre eigene

Mutter, kann sie nicht verstehen. Man hat sich früher doch nicht so kümmern können, das will sie einfach nicht verstehen. Mit der ganzen Arbeit und dem Garten. Und unsere Oma krank, also meine Mutter, die war auch noch bei uns. Das war nicht so wie heute, wo sie alles haben. Die ist so verwöhnt, jetzt hat sie sich sogar einen Wäschetrockner angeschafft, obwohl ihre Tochter schon längst aus dem Haus ist und selber Kinder hat. Da kann man doch seiner Mutter nicht mehr Vorwürfe machen! Und ist doch auch schon alles lange her. Irgendwann muss doch Schluss sein!" Alle nicken.

So, das Dessert ist gegessen, und Ilse und Gisela machen sich auf in ihre Zimmer. Elke und Edeltraud bleiben noch ein wenig und bestellen einen Wein. Edeltraud fragt mit mitfühlender Stimme, ob das Thema Enkel für Elke bedrückend ist. Schon will Elke ihr Herz ausschütten und sagen, dass sie sich richtig an den Rand gedrängt fühlt, ungerechterweise, wie eine Asoziale, als Edeltraud ihr vertraulich eine Hand auf den Unterarm legt und sie streichelt. „Ich verstehe dich ja. Da kannst du ja doch nichts für. Kannst du denn nicht mal mit deinem Sohn oder mit der Schwiegertochter reden und ihnen sagen, dass sie doch auch mal an dich denken sollen, nicht nur ans Karrieremachen. Ich hab ja auch nur einen Sohn, da ist man ja schon im Nachteil, aber er hat wenigstens zwei Kinder. Deine Schwiegertochter ist doch bestimmt noch jung genug. Oder kann sie etwa nicht?"

Elke kann erstmal gar nicht antworten und hebt nur hilflos die Schultern. Sie ist schrecklich enttäuscht. Diese Edeltraud versteht gar nicht, dass ihr Kummer durch die Tischnachbarinnen verursacht ist. Sie behandelt sie stattdessen wie eine, der man helfen muss, wie eine, die ihr Leben ändern muss. Sogar ihre liebe Nicole zieht die mit da rein.

Beinahe hätte sie dieser Frau eben auch noch anvertraut, dass Stefan und Nicole einfach keine Kinder haben wollen. Natürlich sind Wolfgang und sie gar nicht glücklich darüber, natürlich hätten sie furchtbar gern Enkel gehabt – aber es ist wie es ist. Sie lieben ihren Stefan sehr. Die Hauptsache ist doch, dass er und Nicole mit ihrem Leben zufrieden sind. Das sieht Wolfgang genauso.

Nein, das kann sie auf keinen Fall sagen. Sie erzählt, dass die beiden sehr beschäftigt sind und jetzt gerade ihre Terrasse erneuern und erweitern wollen. Sie weiß schon, dass Edeltraud sich sehr für das Thema interessiert und auch solche Pläne hat. Zusammen mit einem Mann oder einem Lebensgefährten oder mit ihrem Sohn? Sie kommt immer noch nicht damit raus. Egal. Sie unterhalten sich jetzt über Terrassen.

Am nächsten Tag spaziert Elke nach ihren Anwendungen im Physiobereich zu dem Kinderklamottengeschäft, von dem die anderen schon geredet haben. Die haben aber wirklich ganz süße Sachen, fast alle cremefarben mit zarter Stickerei drauf, in Pastellfarben, meist pink oder hellblau. Ziemlich teuer alles. Sie beschließt fast trotzig, dem kleinen Lukas ein Lätzchen zu kaufen, das kann man immer gebrauchen. Eins mit einer Schildkröte drauf. Er hat eine lebendige zu Hause und liebt die sehr.

Zufrieden zeigt sie den anderen kurz vor dem Abendessen das niedliche Lätzchen. Alle drei schauen sie irritiert an. Für wen ist das denn? Ach so, für den Enkel ihrer Freundin Erika, von dem sie schon ein paar Mal gesprochen hat. Das ist ja nett von ihr.

Elke lacht. „Ja, Lukas ist ja auch ein bisschen wie unser eigener Enkel."

Edeltraud, freundlich-streng: „Nein Elke. Das kannst du so nicht sagen. Bei allem Verständnis. Das ist wirklich etwas total anderes, das kann man gar nicht vergleichen, echt nicht. Dieser

Lukas ist doch nicht Familie. Nee, du, **𝕱𝖆𝖒𝖎𝖑𝖎𝖊 𝖇𝖑𝖊𝖎𝖇𝖙 𝕱𝖆𝖒𝖎𝖑𝖎𝖊**, das ist was Besonderes, da gibt's kein Vertun."

Elke antwortet nicht. Sie hat jetzt die Faxen dicke, wie Wolfgang sagen würde. Sie beschließt, sich nicht mehr wie eine Bedauernswerte und irgendwie Behinderte einschüchtern zu lassen, sondern die anderen einfach weiter in ihrem Enkel-Thema schmoren zu lassen. Sie will dazu überhaupt nichts mehr sagen. Allerdings wird sie morgen mal so ganz beiläufig erwähnen, dass ihr Stefan, ihr Sohn, echt was Besseres geworden ist: ein Doktor in einem Krankenhaus. Und Nicole hat zu Hause einen Flügel, auf dem sie nach der Arbeit schöne Musik spielt. Die anderen hier wissen garantiert noch nicht mal, was ein Flügel ist. Höchstens Klavier. Wetten, dass die drei große Augen machen werden!

Im Übrigen denkt Elke nun daran – und das tröstet sie doch sehr -, dass ihre liebe Freundin Erika den knuddeligen Lukas immer gern mit ihr teilt. Familie hin oder her! Sie freut sich schon auf das Wiedersehen mit den beiden.

Brigitte Rosetz

59

Eva Jänecke-Lauke
Wie werde ich meine Mutter los?

- Wie werde ich meine Mutter los?
- Gar nicht, du Trottel, warum auch?
- Sie hat mir nicht gutgetan, mich immer klein gehalten ...
- Aber jetzt bist du doch groß ...
- Weißt du , wie schwer das war?
- Na und, aber du hast es doch geschafft und gar nicht schlecht.
- Und sie hat uns alle immer unterdrückt!
- Konntest du dich dagegen nicht zur Wehr setzen?
- Keiner konnte das, einer hat deshalb angefangen zu trinken!
- Und du, was hast du gemacht?
- Ich habe versucht zu funktionieren, hat aber nicht gut geklappt.
- Hast du mit deiner Mutter mal darüber gesprochen?
- Ich habe es immer wieder versucht.
- Und was hat sie gesagt?
- "Du kannst es mit deinen Kindern ja mal besser machen!"
- Und, hast du?
- Ich habe es versucht.
- Und, wollen die dich jetzt auch loswerden?
- Ich glaube nicht.
- Und trinken die?
- Nee, hält sich in Grenzen.
- Und, bist du immer noch unzufrieden?
- Nee, eigentlich nicht.
- Und, willst du immer noch deine Mutter loswerden?
- Nee, eigentlich nicht.
- Na also du Trottel, warum auch!
(Ausschnitt aus einem Gespräch mit einer höheren Instanz)

60

Sylvia Kerl
Reif

Welch ein Glück.
Welch ein unbeschreiblich großes Glück.

Paul ist in erreichbarer Nähe. Paul, der dann Robert heißen wird.
Nach Jahren des Angetriebenseins im Beruf soll nun endlich ein
Traum Wirklichkeit werden.
Für Manche viel zu spät. In meinem Alter noch und das erste Mal
schwanger!

Für meinen Mann und mich ist es genau die richtige Zeit.
Es fühlt sich richtig und gut an.
Ich fühle mich reif und erwachsen, eine neue und eine solch ver-
antwortungsvolle Aufgabe zu übernehmen. Und: Meine Liebe zu
meinem Mann um die Liebe zu einem von uns beiden aus vollem
Herzen erwünschten Kind zu bereichern.
Ich bin ganz ruhig und überzeugt, die richtige Entscheidung ge-
troffen zu haben – zugleich gespannt auf das was geschieht ...

Jahre später:
Mein Mann ist woanders. Robert ist da. Aus ihm ist ein rechter
Kerl geworden.

Ruth Finckh

**Für eine Freundin und
ein Pflegekind**

Schwester, die nicht
meine Schwester ist:
Nein,
denselben Vater
haben wir nicht,
doch
wir waren
zusammen, als er
starb und wir hielten
einander fest.

Tochter, die nicht
meine Tochter ist:
Nein,
in meinem Bauch warst du nicht,
und doch
bin ich bei dir am Abend,
jeden Abend
im Dunkeln und halte
dich fest.

Martina Scheible

And do I have another Christmas …

Jetzt lebe ich schon seit 21 Jahren in Oxford in England, länger, als ich vorher irgendwo sonst an einem Ort gelebt habe. Aber gewisse Traditionen binden mich immer noch an Deutschland und sind tief in meinem Herzen verwurzelt. Und wenn diese Bande lockerer werden, sich zu lösen drohen, dann liegt sofort mit in der Waagschale, ob ich noch eine deutsche Identität habe, die mich trägt oder nicht. Besuche bei meiner Mutter, jedes Jahr, zu Weihnachten, zu Ostern, zu ihrem Geburtstag sind solche mich tragenden Traditionen, ohne die mir mein Leben nur sehr schwer vorstellbar ist.

Meine Mutter ist dieses Jahr 88 geworden. Seit mein Vater vor 34 Jahren viel zu früh verstarb, und wir beide als Kernfamilie alleine zurückblieben, sind wir ein Team, auf Teufel komm raus, manchmal, meistens, ob wir wollen oder nicht. Die Jahre haben uns abgeschliffen, Konflikte sind kleiner geworden, wir kennen uns bis auf die Haut, bis dahin, wo es richtig weh tut und wo die Liebe wirklich sitzt.

Wir hatten dieses Jahr kein leichtes Jahr, das Altern setzte meiner Mutter sehr zu, und sie hatte oft starke Schmerzen. Ihre Schwerhörigkeit hat auch stark zugenommen, bis zu dem Punkt, wo sie Musik nicht mehr mit Genuss hören konnte und kann, was für sie als klassische Musikerin, Sängerin und Pianistin ganz besonders an der Lebenskraft zehrt, wenn die Tage dunkel und schwierig sind. Ich bin in diesem Jahr viel privat bei ihr in Deutschland zu Besuch gewesen, sie hat mich sehr gebraucht, und ich habe mich immer wieder gefragt, ob das wohl der letzte Besuch war, der uns vergönnt war.

Sie hat mir meine Musikalität geschenkt, eine passable Stimme und die Freude am Singen und an der Musik. An meinem Lebensort England hat sich daraus zusätzlich das Liederschreiben als Seelensuche, Hobby und kreativer Herzensanker entwickelt. Ich bin Teil einer wunderbaren Gruppe, die sich einmal im Monat in London trifft, um miteinander zu singen und Lieder zu schreiben, die sehr persönlich sind und auch sein dürfen. Mein Liederschreiben habe ich in dieser Gruppe so richtig gelernt, daher sind meine Lieder immer auf Englisch. Am Ende eines Gruppenjahres, im Juni, gehen wir gemeinsam ins Aufnahmestudio und jeder nimmt ein Lied auf, das er selber komponiert und geschrieben hat, und singt es auch selber.

Dieses Jahr war ich im Frühjahr noch sehr auf der Suche nach meinem Lied fürs Jahr. Ich kehrte nach Ostern bei meiner Mutter nach England zurück, nach sehr intensiven anderthalb Wochen, in denen ich mich ganz um sie gekümmert hatte, mit der halben Melodie für einen Refrain im Kopf. So kam ich in Heathrow Airport abends an, müde bis auf die Knochen, den Kopf und das Herz randvoll angefüllt mit meiner Mutter und der bangen Frage, ob ich genug hatte helfen können, ob mir und uns nochmals so ein Besuch von mir bei ihr, mit all seinen kleinen und großen Ritualen, vergönnt sein würde. Und dem leisen Grauen vor dem alleine Leben in England und dem dazu erforderlichen kompletten Umlegen eines inneren Schalters, den ich im Laufe der Jahre gut gelernt habe, aber der nie nur einfach sein wird.

Und da entstand dann dieses Lied, das so sehr für uns beide steht, in Heathrow, in einer Toilettenkabine, in der ich den Liedtext schrieb, während mir die Tränen übers Gesicht liefen. Die Worte müssen für sich selber sprechen. Die Musik enthält insbesondere Elemente von Strauss-Walzern, weil meine Mutter von ihrem Familienhintergrund her österreichische Wurzeln hat. Und weil diese Musik auch in mir singt. Wenn jemand die Aufnahme hören möchte, kann er mich gerne unter martinascheible@googlemail.com anschreiben.

Es ist mir unendlich wichtig, dass ich dieses Lied noch zur Lebenszeit meiner Mutter schreiben konnte. Sie hat es gehört, so gut es halt noch geht, und den Text, mich und meine Liebe für sie verstanden. Und dann haben wir uns umarmt und ein bisschen geweint.

Seither geht es ihr wieder etwas besser, uns wurden noch ein paar weitere Besuche geschenkt, und das kommende Weihnachten ist schon sehr nahe.

Wenn meine Mutter stirbt, wird die älteste und mit die stärkste meiner Verbindungen zu Deutschland unwiderruflich durchschnitten werden und verloren gehen, und meine Welt wird ärmer und fremder sein. Aber meine Mutter wird immer in meinem Herzen und in meiner Erinnerung weiterleben, solange ich am Leben bin. Und bis es so weit ist, werde ich immer auf die Chance auf einen nächsten Besuch, auf noch ein Wiedersehen hoffen, wie das Lied es sagt:

And - do I have another Christmas …

Martina Scheible
Without you – Song for my mum and me

(April 2018)

And - do I have another Christmas,
Another Easter, another visit with you?
My heart beats so sadly,
Nothing I can do,
But hope - for one more Christmas,
One more Easter, one more visit with you,
Before I am alone,
Forever without you.

=====

You're my only mother,
I've only got you,
No father, sister, brother,
For 34 years, just us two.

Now I think in months,
It used to be years,
I have to let you go,
I can't, shout all my fears.

I often feel so strangely
That I am you and you are me
Our bond is deep and strong
I love you tenderly.

You are the bravest woman
To cope with all the pain,
The curse of old age,
How can I ask of you to bear the strain?

I'll so miss our conversations,
your music, your gift to me,
your wry and prickly humour
your love for me, so unconditionally

Everybody leaves,
It's the nature of life,
I have no family,
Where's my own circle of life?

Will I die all alone,
No one to hold my hand,
When my time comes,
To travel to the other land?

You can't and won't be there then,
But I can ease your journey now,
And cherish each moment,
That still is left to us, here and now,
That still is left to us, here and now.

===

So - do I have another Christmas,
Another Easter, another visit with you?
My heart beats so sadly,
Nothing I can do,
But hope - for one more Christmas,
One more Easter, one more visit with you,
Before I am alone,
Forever without you.
Before I am alone
Forever without you

Lore I. Lehmann

Ich hatte eine Schwester

Wir waren keine biologischen Schwestern. Ich bin weiß, sie war schwarz. Ich schreibe von ihr in der Vergangenheitsform, denn sie ist vor zwei Jahren gestorben.

Als kleines Mädchen hatte ich mir immer eine Schwester gewünscht oder einen großen Bruder. Der Wunsch nach einer Schwester löste sich in Nichts auf, als ich im Laufe der Jahre bei Freundinnen immer wieder beobachten konnte, dass das Aufwachsen und Leben mit Schwestern äußerst konfliktreich sein kann. Ich konnte gut ohne diese Konflikte auskommen.

Eines Tages – ich lebte mit Mann und Baby seit kurzem nicht mehr in einem möblierten Zimmer in Hamburg, sondern in einer eher zu großen Wohnung in einer mittleren Universitätsstadt – wurden wir gebeten, ein noch fast leeres Zimmer vorübergehend einer Medizinstudentin aus Haiti zur Verfügung zu stellen.

Aus Haiti? Also bestimmt schwarz, bestimmt französisch-sprachig, womöglich sogar mit anti-imperialistischer Einstellung? Nie hätten wir da nein gesagt.

So kam es, dass Marie-Jeannette 1964 für ein paar Monate bei uns einzog. Ja, sie war schwarz, eine ihrer beiden Muttersprachen war Französisch (neben dem haitianischen Créole), und ihre Einstellung war deutlich antiimperialistisch - wir wurden also nicht enttäuscht. Sie war mit einem deutschen Studenten verlobt, der bisher mit seinem Bruder in einem möblierten Zimmer lebte und nun eine kleine Wohnung suchte. Wir mussten uns anfangs erst einmal an ihn gewöhnen, denn für seine Liebste befand er unser kostenfreies Zimmer als nicht gut genug, er moserte an vielem und an uns herum, und gleichzeitig war er eifersüchtig, wenn es ihr gut bei uns gefiel. Nun, er war erst Anfang zwanzig und sehr verliebt. Nach einiger Zeit freundeten wir uns aber auch mit ihm an.

Marie-Jeannette war mittelgroß, mit schlanker schöner Figur und angenehmen Gesichtszügen. Sie trug meistens lange Hosen – das war damals noch keineswegs allgemein üblich für Frauen – und besonders gern Männerhosen und andere Klamotten in gedeckten, unauffälligen Farben. Überhaupt haderte sie manchmal mit ihrer Frauenrolle, nannte sich gelegentlich Jean-Max und trat charmant-burschikos auf. Etwa zwei Jahre lang war sie die einzige schwarze Frau in unserer Stadt, und sie war enttäuscht, als eine Afrikanerin, die als nächste Schwarze zuzog, einige Vorurteile bediente, auch solche, die positiv gemeint waren: Nayuma war eine stattliche Frau in mittleren Jahren, immer in farbenprächtige wallende Gewänder gehüllt, auf dem Kopf stets einen opulenten hohen Turban. Eine richtige folkloristische „Mami", fanden viele Deutsche. Sie trat nicht diskret auf, lachte manchmal recht laut und war im Übrigen eine gestandene Naturwissenschaftlerin, zu Gast an der Uni. Marie-Jeannette fühlte sich damals oft peinlich berührt von Nayumas malerischen Auftritten, doch Jahre später bestritt sie das. Ihre Einstellung hatte sich inzwischen gewandelt, hin zu einer Art panafrikanischen Patriotismus, obwohl sie selbst ja aus der Karibik stammte.

Meistens konnte sie mit Zeichen von Ignoranz oder auch Vorurteilen ganz gut umgehen, mit einer Art gutmütigem Spott. Dauernd passierte es, dass Leute Tahiti oder Hawaii mit Haiti verwechselten, das war das Übliche. Mitunter reagierte sie sarkastisch, zum Beispiel, als eine Schuhverkäuferin meinte, sie habe die Hornhaut an ihrer Ferse wohl daher, dass sie in ihrer Heimat immer barfuß gelaufen sei. Marie-Jeannette antwortete: nein, nein, meistens hocken wir doch auf Bäumen.

Nun wohnte sie also bei uns. Der Alltag gestaltete sich reibungslos, sie verstand sich gut mit mir, meinem Mann und unserem Baby. Oft kam sie erst abends nach Hause, begleitet von Klaus, ihrem Verlobten, und meistens saßen wir dann noch einige Stunden beisammen, tranken Tee und diskutierten. Es waren ja politisch aufregende Zeiten: Vietnamkonflikt, gesetzliche Aufhebung der Rassentrennung in den USA mit begleitenden großen Unruhen, lebenslanges Hafturteil für Nelson Mandela, Kämpfe vieler Kolonien um Unabhängigkeit. Es ging, wie auch in den Folgejahren, bei unseren Diskussionen um das Erkennen von politischen Zusammenhängen, um Schuldfragen, Lösungsmöglichkeiten und eigenes Engagement. Und immer wieder um neue Formen des persönlichen Zusammenlebens.

Grundsätzlich waren wir uns meistens einig, doch Marie-Jeannette war politisch gewissermaßen Avantgarde in unserem Freundeskreis. Sie hatte viele linke soziologische Texte gelesen und vertrat vor allem bei Fragen der Frauenrolle in Familie und Gesellschaft Ansichten, die damals als sehr fortschrittlich galten und deren Umsetzung in die Praxis von aufgeschlossenen und fortschrittlichen Menschen auch eingefordert wurde. So war es ausgesprochen schimpflich, an den Partner Besitzansprüche geltend zu machen, das musste ihr Klaus schmerzhaft lernen. Theoretisch stand er ja hinter allen ihren Einstellungen, und er bewunderte sie rückhaltlos. Doch dann auch praktisch eine „offene" Beziehung zu leben – das musste er sich wie viele Menschen damals hart erarbeiten.

Ich hatte es da etwas leichter, was die „Beziehungskisten" anging, denn ich ließ mich in jener Zeit scheiden, aus Gründen, die mit den Zeitläuften nichts zu tun hatten, und war somit unabhängig. Doch auf anderen Gebieten hatte ich mein Tun, nicht von Marie-Jeannette und ihren Freunden immer wieder kritisiert oder als spießbürgerlich verspottet zu werden. Weit und breit war ich in unserem Freundeskreis die Einzige, die ein Kind hatte, eine Tochter. Und alle, alle, auch mein Ex-Mann, wussten besser als ich, wie dieses kleine Mädchen zu erziehen war, damit aus ihr eine moderne aufgeschlossene Frau werde. Oberster Grundsatz: ja kein Mädchenspielzeug, vor allem nicht so etwas furchtbar Reaktionäres wie eine Puppe! Tatsächlich ließ ich mich so weit beeinflussen, dass ich selbst ihr keine einzige Puppe kaufte. Doch im Laufe der Jahre flogen sie ihr zu, zum Glück, von den Omas und von anderen altmodischen Menschen, und ich setzte durch, dass sie intensiv mit ihren Puppen spielen durfte, aber auch mit den Autos, Kränen und Baggern dieser Puppen.

Wir hatten also nicht wenige Auseinandersetzungen, Marie-Jeannette und ich, andererseits aber auch vieles, was uns verband. Wir mochten die gleiche Musik, das war lateinamerikanische Musik, afrikanischer Highlife und amerikanischer Soul. Maria-Jeannette war eine sehr gute Tänzerin, und wann immer sich ein Babysitter fand, tanzte auch ich als Teil unserer „Clique" auf Latino-Fiestas und in studentischen Tanzkellern und schaute viel von Marie-Jeannette ab. Wenn ich sage, wir „mochten" diese Musik, dann ist das sehr unterkühlt ausgedrückt. Auch für mich gebürtige Niedersächsin löste die Musik das Gefühl aus, eine Art innerer Heimat zu finden, gewissermaßen bei mir selbst angekommen zu sein. Ich denke, ich konnte daher Marie-Jeannettes Heimweh und Sehnsucht beim Hören dieser Musik schon ganz gut verstehen.

Es gab in all der langen Zeit ein weiteres verbindendes Element zwischen uns, und das war meine Tochter. Marie-Jeannette hatte Nadine als Baby kennengelernt und dann aufwachsen sehen. Schon früh galt sie in meiner Familie offiziell – wenn auch ohne Taufe – als ihre Patentante. Nadine wuchs mit der rhythmischen

Musik auf, sie liebte das leckere haitianische Essen, sie konnte meistens recht gut mit den lockeren und spöttelnden Sprüchen umgehen. Marie-Jeannette und Klaus und später deren Töchter gehörten ganz selbstverständlich zu unserem alltäglichen Umfeld. Familie gewissermaßen. Als ich einen Autounfall hatte und verletzt ins Klinikum kam, wurden natürlich als erste Marie-Jeannette und Klaus benachrichtigt, um sich um mein vierjähriges Kind zu kümmern. Von da an wollte Nadine, dass wir Vorsorge treffen sollten, sie in dem Fall, dass ich mich nicht mehr um sie hätte kümmern können, bei Marie-Jeannette leben zu lassen und nicht etwa bei ihrer Oma oder beim Papa. Ein starkes Stück Vertrauen!

Ende der sechziger und Anfang der siebziger Jahre wurde ich häufig besucht von meiner Mutter und meinem Bruder, die beide im Rheinland lebten, und so lernte Marie-Jeannette meine Herkunftsfamilie kennen. Zwischen ihr und meinem Bruder entwickelte sich schnell eine „offene" Beziehung, die aber recht intensiv wurde und auch mehrere Jahre anhielt. Und meine Mutter? Sie war spontan und auch anhaltend zutiefst begeistert! Marie-Jeannette war nett, höflich und fürsorglich zu ihr und machte ihr gute Laune, ganz anders als ich, ihre leibliche Tochter. Sie war einfach die bessere Tochter! Zu gern hätte meine Mutter sie wenigstens als Schwiegertochter in ihre Arme schließen mögen, aber da war ja auch noch der auf manche Menschen etwas farblos wirkende Verlobte, der offiziell von alledem nichts wissen sollte oder wollte. Meine Angehörigen und Marie-Jeannette unternahmen ohne ihn mehrfach Reisen zusammen, auch zu weiteren Verwandten von uns, die alle von dem „Schokoladenmädchen" angetan waren. Dieses wohl positiv gemeinte Wort war irgendwie rassistisch, dachte ich manchmal. Sie sagte nichts dazu.

Von Zeit zu Zeit kam Marie-Jeannettes Vater zu ihr zu Besuch. Er war vor dem Diktator Duvalier, der bereits mehrere Männer der Familie hatte umbringen lassen, ins Ausland geflüchtet und arbeitete in den USA als Arzt. Er war ein sehr eindrucksvoller und bei aller Freundlichkeit auch etwas einschüchternder Mann: hochgewachsen, schlank und gut aussehend, meistens ernst und zurückhaltend, sehr höflich und gebildet, und im Übrigen der schwärzeste Mensch, den ich je gesehen hatte. Auch er lernte meine Mutter kennen, und beide verstanden sich auf Anhieb. Ich vermutete, dass er trotz aller Wertschätzung für seinen künftigen Schwiegersohn und obwohl er in persönlichen Dingen eigentlich wohl recht konservativ war, im Falle eines Bruches der Verlobung auch meinen Bruder willkommen geheißen hätte.

Ja, so war das mit uns, ein ziemliches Kuddelmuddel. Kein Wunder, dass Marie-Jeannette und ich uns oft als Schwestern bezeichneten. Wir gehörten gefühlt zu einer Familie. Ihr Klaus übrigens auch, obwohl der im Laufe der Jahre ebenfalls die Vorzüge offener Beziehungen für sich entdecken konnte und intensiv durchlebte.

Trotzdem heirateten die beiden irgendwann nach Beendigung ihres Studiums - die Beziehung zu meinem Bruder war inzwischen etwas schmerzhaft zuende gegangen – und sie hatten zwei Töchter miteinander. Meine Tochter war vor allem für die ältere der beiden eine Art großer Schwester, und sie hatten über viele Jahre eine vertraute und liebevolle Beziehung.

Wir, ihre Mütter, entfernten uns allerdings zunehmend voneinander. Ich denke, ein wichtiger Grund dafür waren Konkurrenzgefühle in vielerlei Bereichen. Marie-Jeannette war in einer Gesellschaft von Freunden eigentlich immer im Mittelpunkt, sie war sehr lebhaft, war politisch informiert und konnte diskutieren, wenn auch zu emotional und apodiktisch für meinen Geschmack.

Sie ging gern aus, konnte gut tanzen, kochte auch sehr gut und hatte gern Gäste. Manche bewunderten sie, manche erfreuten sich ihrer Lebhaftigkeit, manche erlebten ihre große Hilfsbereitschaft, und viele mochten sie einfach gern. Manche schmückten sich wohl auch mit ihr und fühlten sich angenehm darin bestätigt, dass sie nun wirklich keine Rassisten waren. Mein Selbstbewusstsein beschränkte sich damals aufs Tanzen und auf die Kenntnis von Fremdsprachen, davon abgesehen war ich sehr schüchtern, fast stumm. Ich war wohl oft eifersüchtig auf Marie-Jeannette. Allerdings fühlte ich mich auch immer wieder richtig gekränkt, weil sie mich gern vor den anderen als verklemmt, spießbürgerlich und als Gluckenmutter verspottete. Warum sie das wohl tat? Vielleicht war sie ja auch auf mich eifersüchtig, denn trotz aller Schüchternheit wurde ich von den meisten Freunden als ernstzunehmende, nicht unattraktive und manchmal auch noch als „tapfere" Frau angesehen.

Im Laufe der Jahre wurden unsere Kontakte spärlicher. Sie kam noch zu meinen Geburtstagen, und solange meine Mutter lebte, jedes Jahr zu Weihnachten, nach Bescherung und Raclette-Essen, mit ihren Kindern auf einige Stunden zu uns. Da hatte sie sich schon von Klaus scheiden lassen und lebte allein mit ihren Töchtern. Manchmal hatte sie Kontakt zu Nadine, ihrem Patenkind.

Unsere Freundeskreise überschnitten sich kaum noch, und wir wussten immer weniger voneinander.

War das alles nun schon längst nicht mehr schwesterlich? Oh, ich denke, dass doch. Ich kenne Frauen, die zu ihren Schwestern überhaupt keinen Kontakt mehr haben und gegen sie großen Groll hegen und pflegen. Unsere Entfremdung hatte auch etwas von Trotz an sich, das Vertraute zwischen uns sollte wohl nicht das Kontroverse übertünchen, wir wollten keine falsche

Harmonie. Nur in manchen Momenten brach es sich Bahn, wenn wir in Gesellschaft anderer plötzlich auf gemeinsam Erlebtes aus vergangenen Jahrzehnten stießen, manchmal auch auf Geheimnisse, die nur wir beide miteinander teilten. Dann schauten wir uns kurz verschwörerisch an, lachten vielleicht auch und sprachen einige Sätze lang Französisch miteinander. Eben wie früher. Ein wenig wie schwierige Schwestern, die sich gelegentlich doch mal mit einer Art Rührung an ihre gemeinsame Kindheit erinnern.

Erst als wir in den Ruhestand gingen – zuerst ich und etwas später dann auch sie – näherten wir uns zögerlich wieder einander an. Zusammen mit einer weiteren Freundin, die wir auch schon seit über einem halben Jahrhundert kannten und gern mochten, verabredeten wir uns nun gelegentlich zum Essen oder zum Kaffee. Dabei wurde sehr deutlich, wie viele Ereignisse wir vom Leben der jeweils anderen gar nicht kannten - neue Freundeskreise, Krankheiten, Reisen. Wir hatten uns eigentlich viel zu erzählen, aber auch jetzt waren wir durchaus auf der Hut voreinander. Es hatte wohl zu viele Verletzungen gegeben, und wir trauten uns nur vorsichtig, einiges davon anzusprechen. Es war dünnes Eis.

Wir hatten auch nicht genügend Zeit, denn Marie-Jeannette erkrankte schwer. Anfangs kümmerte ich mich häufig um sie, und sie konnte diese Abhängigkeit auch von mir annehmen. Doch dann musste sie umziehen, nach Süddeutschland in die Nähe ihrer älteren Tochter.

Zum ersten Mal seit Jahrzehnten dachte ich nun über den Menschen Marie-Jeannette nach, unabhängig von der Beziehung zwischen ihr und mir. Das hatte ich bis dahin meistens vermieden, und für mich war es immer deutlich gewesen, dass auch sie wohl nie bereit gewesen war, meine Person ernsthaft und ohne emotionale Abwertungen wahrzunehmen. Alte Konkurrenzgefühle also, die sich inzwischen längst überlebt hatten. Marie-Jeannette hatte immer viel, ja geradezu zwanghaft viel, über ihre Heimat Haiti gesprochen, über grausame Verfolgungen, die elenden Lebensbedingungen und dann auch über die verheerenden Folgen des großen Erdbebens. Aber ihre Gefühle bei diesem Thema sparte sie fast immer aus. Ihre Trauer, Verzweiflung, Hilflosigkeit konnte man nur erahnen. Wie auch ihr großes Heimweh, ihre Einsamkeit und ihre Verletzungen durch gelegentliche rassistische Diskriminierungen, die sie meistens runterspielte. Das hatte ich früher nur selten so deutlich an mein Mitgefühl herangelassen.

Ich habe sie nach ihrem Umzug nicht wiedergesehen. Wir telefonierten noch häufig miteinander, manchmal täglich. Sie wurde immer depressiver und schwächer und starb schließlich.

Es war eine große Beerdigung. Ich war mit meiner Tochter und einem Freund aus unserer Jugend hingefahren. Wir waren beeindruckt davon, wie viele Menschen daran teilnahmen. Das tat gut, sicherlich vor allem Marie-Jeannettes Töchtern, die längst verheiratet waren und selbst Kinder hatten. Sie erlebten, für wie viele Menschen ihre Mutter während ihres Lebens wichtig gewesen war. Als bei der Trauerfeier der Pastor, der Marie-Jeannette nicht gekannt hatte, in seiner durchweg behutsamen und würdevollen Rede aber auch einige Charakterisierungen benutzte, die mir klischeehaft beschönigend vorkamen, konnte ich mich noch mit sarkastischen Gedanken vor meiner eigenen Trauer schützen.

Doch dann wurde zum Abschluss der Feier eine alte Aufnahme von Nina Simone abgespielt, „Ne me quitte pas". Ein großer Schmerz überfiel mich unvermittelt, darauf war ich nicht gefasst.

Marie-Jeannette war ein Teil meines Lebens gewesen, meine Schwester, und sie war nun für immer fort.

Ruth Finckh
Spielgefährte

Ob du einst mein Bruder warst in einem frühern Leben,
Freund, das weiß ich wirklich nicht, jedoch zum Glück in diesem
kletterst du mit mir auf all die hohen Spielplatzbäume
und du wippst mit mir, wo ich
bisher
alleine
saß.

Christine
Herbold-Ohmes

Albrecht Thiel

Ein Bekenntnis zur Familie

Fang einfach an. Hör auf, dich selbst zu umkreisen. Bedenke, deine Vorfahren haben es auch getan, wenn auch mit wechselndem Erfolg. Binde dich einfach ein. Dein Partner/deine Partnerin warten wahrscheinlich schon länger auf deine Frage. Teste sie auf Haltbarkeit, nicht aufs Ablaufdatum.

Am Anfang ist alles nicht so leicht. Die Fragen stellen sich: „Kenne ich meinen Partner/meine Partnerin genug, um mit ihm zusammen zu ziehen? Welche Eigenheiten wird er/sie entwickeln? Welche Zahnpasta wird er/sie benutzen? Mag er/mag sie Kinder und wie viele?"

Mit der Zeit kommen viel mehr Fragen: „Reicht das, reicht unser Einkommen zu einem fröhlichen Lebensstil? Können wir beide unseren Hobbies weiter nachgehen oder müssen wir die Hobbies zusammenlegen?" Ihr diskutiert es bei eurem Italiener aus.

Inzwischen ist das erste Kind trotz Knaus-Ogino geboren. Gloria, ein süßer Fratz mit klaren blauen Augen. Die Fragen und Probleme ändern sich. Hinter dem glücklichen Pampers-Lachen entwickeln sich persönliche Verwirklichungs-Strategien zurück. Gemeinsam durchwachte Nächte verbinden.

Liebe ist, wenn man... auch noch das zweite Kind willkommen heißt. Liebe ist, wenn sich die Reaktion auf kleine Ausrutscher des Partners/der Partnerin in Grenzen hält. Liebe ist, wenn berufliche Abstürze eines Partners die Liebe noch verstärken. Naturkatastrophen führen immer zu mehr Zusammenhalt der Betroffenen.

Immer halten sich ein Opa, eine Oma, ein Onkel, eine Tante, eine Großtante, ein Freund, eine Freundin oder sogar das eigene Kind bereit, zu helfen, wenn es nötig ist. Du musst es nur annehmen.

Erinnerungen sind das, was bleibt. Erinnerungen an böse Zeiten verblassen. Gloria hat dir drei Enkel beschert. Familie eben.

Kapitel 3

Familienalltag

„Du schaffst das schon"   Ingrid Hüchting

Helga Margenburg
Endlich!

F   ederleichte Küsse am Abend

A   ls Versprechen für die Nacht

M   it dir allein

I   st Zeit fürs Bett, Kinder!

L   icht aus!

I   st schon spät, schlaft jetzt!

E   ndlich!

Martina Maly
Das natürliche Kind

Einen Abend in der Woche verbringe ich mit Freunden, einem einheimischen Ehepaar und einem zugezogenen Franzosen. Wir spielen in den verschiedenen Häusern verschiedene Spiele. An einem dieser Abende bat ich den französischen Hausherrn darum, mir seinen Stammbaum ansehen zu dürfen, der gerahmt an der Wand hängt.

Beim ersten Blick auf den Stammbaum der Familie Pasteur fiel mir sofort der Name «Karleskind» ins Auge. «Merkwürdig» dachte ich und wandte mich fragend an Jean-Louis.

«Marie-Thérèse Karleskind, geboren am 18. November 1807 in Straßburg, war das anerkannte natürliche Kind der Anne-Marie Hartt aus Walheim im Elsaß.»

Das natürliche Kind

Ich wurde ganz still, hörte nur halb, was er weiter von seiner Familie erzählte.

Wir spielten, tranken Wein, unterhielten uns, wie immer.

Dann fuhr ich nach Hause.

Ich dachte an meine Kinderzeit. Kinder sind sehr direkt, sagen: «Brillenschlange» oder «Dicke» oder «Bohnenstange» oder «Du hast ja gar keinen Vater, Du bist ein Bastard!», immer sehr direkt, wenn einer aus der Norm fällt.

Ach, Thérèse, nicht nur wir, auch unsere Mütter fielen aus der Norm, litten unseren Schmerz.

Er hat lange gedauert, der Schmerz.

Heute weiss ich, wer ich bin und wie ich geboren wurde -

Ohne Standesamt
Aus Einsamkeit und Liebe
Ganz und gar natürlich

Ruth Finckh

Putztag im Wald

Mit Säcken und Greifern
die Kinder voran
durch Brennesselwildnis:
Die Welt
ein Abenteuer wie früher.
Glänzende Flecken
von Caprisonne im Unterholz
und dort
unterm Weißdorn am Parkplatz:
Ein Nest von winzigen Fläschchen.
Sind's fünfzig, sind's hundert?
So viel Bommerlunder!
Fernfahrer-Gelege.

Christine Herbold-Ohmes

Helga Margenburg
Der ganz normale Wahnsinn

Hella deckte den Abendbrottisch. Es war 18:30 Uhr. Auf Pünkt-
lichkeit legten Arno und sie großen Wert. Wo blieben sie denn nur
alle? „Sina, Katja, Jonas – Abendbrot ist fertig!" rief sie in Richtung
der Kinderzimmer, doch alles blieb still. Dass die Kinder nicht
pünktlich kamen, daran hatte sie sich inzwischen schon gewöhnt,
aber dass Arno selbst noch nicht da war, das war sehr ungewöhn-
lich.

„Na, dann schenk ich mir schon mal ne Tasse Tee ein", dachte
sie und tat es. Wie friedlich es war. Sie hoffte, diese Friedlichkeit
würde anhalten, dann würde sie es ihnen sagen. In aller Ruhe. Sie
hatte im Lauf des Tages einen Entschluss gefasst und fand, es war
nur recht und billig, dass sie endlich auch einmal an sich selbst
dachte.

Der heutige Tag war mal wieder der normale Wahnsinn gewe-
sen. So konnte es einfach nicht weitergehen. Als sie daran dachte,
seufzte sie und strich sich eine Haarsträhne aus der Stirn. Diese
blöden Haare fingen doch tatsächlich schon an, grau zu werden.
Und das mit gerade mal Anfang vierzig.

Heute Mittag war es ganz besonders schlimm gewesen. Jonas
war als erster aus der Schule gekommen, er hatte seinen Ranzen
in die Ecke gepfeffert und beim Hinausstürmen mit seiner hellen
Kinderstimme „Ich geh noch zu Simon!" gebrüllt. Kaum, dass sie
noch hatte rufen können „Wir essen um halb zwei, sei bitte pünkt-
lich!", war schon die Tür hinter ihm ins Schloss gefallen.

Dann war Katja gekommen. „Mann, ist mir schlecht", hatte sie
geseufzt, ihre Schultasche zu Jonas' Ranzen gefeuert und war in
ihr Zimmer gestürmt. Die Musikanlage hatte sie so laut gedreht,
dass man hätte meinen können, die Nachbarn zwei Häuser weiter

könnten noch Ed Sheeran hören. Hellas Klopfen mit der Bitte, die Musik etwas leiser zu drehen, war im Seufzen von Eds Stimme untergegangen. Als Hella die Tür geöffnet und eigenmächtig die Musik leiser gedreht hatte, hatte ihr das nicht nur einen vernichtenden Blick von Katja eingebracht, sondern auch ein böses „Lass mich in Ruhe!"

„Wir essen um halb zwei", hatte Hella eigentlich sagen wollen, es sich jedoch verkniffen, als Katja sie angefunkelt hatte „Ich hab Kopfschmerzen. Verzieh dich! Du nervst!"

„Was is'n hier für'n Krach?" hatte eine dreiviertel Stunde später Sina gefragt, die als letzte von der Schule nach Hause gekommen war und ihren Sportbeutel zu Jonas' und Katjas Ranzen geworfen hatte.

„Bring dein Sportzeug bitte gleich in die Waschküche, das müffelt", hatte Hella sie gebeten, doch Sina war nicht ansprechbar gewesen. Allerdings hatte sie einen kleinen Umweg in die Küche gemacht. „Was gibt's denn zu Mittag?" hatte sie gefragt und erst gar nicht Hellas Antwort abgewartet. „Oooch, schon wieder Spaghetti!". Irgendwie vorwurfsvoll hatte das geklungen. Sie hatte ihren Kopf dermaßen geschüttelt, dass ein paar ihrer langen blonden Haare in der Bolognese-Soße gelandet waren. Und noch bevor Hella sagen konnte „Aber das habt ihr euch doch gewünscht", war auch Sina in ihr Zimmer gerauscht und hatte die Tür zugeknallt.

Lustlos hatten die Kinder am Tisch gesessen, auf ihre Fragen nach der Schule nur einsilbig geantwortet und Jonas hatte sich sein neues T-Shirt mit Tomatensoße bekleckert. Keines der Kinder hatte freiwillig geholfen, den Tisch abzuräumen. Warum musste sie das bloß jedes Mal sagen? Nach dem Mittagessen hatte sie getan, was sie immer tat. Tag für Tag: sie hatte die Küche aufgeräumt, den Geschirrspüler angestellt, die Wäsche und

Sportsachen in die Maschine gepackt, Sina und Katja zum Reitunterricht und zum Ballett gefahren und Jonas zum Fußballtraining.

„Wo sind meine Reitstiefel, wo mein Trikot, der Reißverschluss vom Tutu klemmt, den musst du erneuern, Mama…“.

Dieser Tag heute war mal wieder einer dieser Tage gewesen, die niemand brauchte. „Ein ungebrauchter Tag“, würde Arno sagen. „Recht hat er“, fand Hella. Wo blieb er denn bloß? „Ich kämpfe hier auf verlorenem Posten, damit alles funktioniert“, dachte sie, „und er macht sich ein schönes Leben im Büro.“ Viel Unterstützung bekam sie ja nicht gerade von ihm. Haushalt und Kinder seien Frauensache, hatte er doch tatsächlich neulich gesagt.

Der Tee war noch zu heiß und Hella verbrannte sich die Zunge. „Hoffentlich mögen sie Malventee!“, dachte sie und hatte ein schlechtes Gewissen, dass sie vergessen hatte, Rotbuschtee zu kaufen, den Lieblingstee von Arno und den Kindern.

Irgendwie drehte sich immer alles um die Kinder. Und um Arno. Das wusste sie sehr wohl. Vielleicht war sie sogar selbst schuld daran, sie hatte ihre Familie einfach viel zu sehr verwöhnt. Und jetzt ließ sich das kaum noch ändern. Es war selbstverständlich geworden, dass sie die Töchter zum Ballett und zur Reitstunde kutschierte und Jonas zum Fußballplatz, dass sie einkaufte, morgens die Betten machte, staubsaugte, das Katzenklo säuberte, Arnos Hemden bügelte. Jeden Tag ein frisches Hemd, kein Problem, mein Schatz.

Es war selbstverständlich, dass sie im Kopf hatte, wer wann Schulbeginn und Schulschluss hatte und wer wann welches Training. Dabei waren sie alt genug, den Bus zu nehmen. Sina war schließlich schon fünfzehn, Katja zwölf, fast dreizehn, und Jonas acht. Wie hatten Arno und sie sich gefreut, dass nach den beiden Mädchen noch ein Junge gekommen war. Obwohl die alte Wohnung dadurch zu klein für ein zusätzliches Kinderzimmer wurde.

Also Kredit aufgenommen und Häuschen gekauft. Noch lange nicht abgezahlt, obwohl ihr Erbe bereits hineingeflossen war. Irgendwie hatte sie sich armselig gefühlt, als sie ihre Eltern gebeten hatte, ihnen finanziell zu helfen. Eigentlich hätte Arno ja auch seine Eltern fragen können, fand sie, aber die hatten ja selbst nicht genug. Hatte er jedenfalls behauptet.

„Was meinst du wohl, für wen ich das alles tue?" fragte er jetzt jedes Mal, wenn er von Überstunden faselte und davon, wieviel Arbeit sie in der Firma hatten und weshalb er mal wieder am Wochenende arbeiten musste, damit sie den Bankkredit bedienen und sich einmal im Jahr eine Urlaubsreise leisten konnten, alle zusammen, und zwei Autos und Klassenfahrten der Kinder und die teuren Reit- und Ballettstunden und so weiter und so weiter.

Hella seufzte. „Was bin ich denn für sie alle?" fragte sie sich und gab sich gleich selbst die Antwort. „Nichts als Chauffeuse bin ich. Und Putzfrau und Haushälterin und Krankenschwester und Sorgentelefon, alles in einem. Und Köchin."

Da hatte sich die Bagage Spaghetti gewünscht, und dann mäkelten sie daran herum. Zumindest Sina, aber der konnte man zur Zeit ja sowieso nichts recht machen.

Ja, in diesem Haus herrschte der normale Wahnsinn, fand sie. Sie selbst kam einfach zu kurz dabei.

„Sina, Jonas, Katja – wo bleibt ihr denn?" rief sie. noch einmal. Gleich, wenn alle da waren, wollte sie ihnen sagen, in aller Ruhe, dass sie eine Auszeit brauchte und ein Wellness-Wochenende für sich ganz allein buchen würde. Kraft tanken an der Nordsee und sich verschönern lassen bei Thalasso und so. Ihre Lieben mussten dann eben einmal ohne sie zurechtkommen. In anderen Familien ging so etwas ja auch. „Gleich sage ich es ihnen", dachte sie und übte in Gedanken schon einmal ihre Ansprache.

Das Abendessen verlief jedoch anders, als Hella es sich gedacht hatte:

Arno kam mit einer fast einstündigen Verspätung, und als er sich zu ihr hinunter beugte, um ihr einen Kuss aufzudrücken, roch sie ein ihr unbekanntes Parfum, das in seinem Hemd hing, dem zart hellblau gestreiften, das sie heute früh noch extra für ihn gebügelt hatte, weil er ausgerechnet dieses hatte anziehen wollen, warum auch immer.

„Du riechst nach Parfum", sagte Hella und es klang vorwurfsvoll und erstaunt zugleich. „Ach, Schatz, du weißt doch, diese junge Kollegin parfümiert sich immer so stark, dass das halbe Büro danach stinkt". Hella wusste nicht, was sie davon halten sollte, aber um des lieben Friedens willen wollte sie ihrem Mann glauben. „Nur keinen Streit provozieren", dachte sie, „sonst gibt er mir womöglich nicht seinen Segen für mein Wellness-Wochenende", beschloss jedoch, in der Parfüm-Sache aufmerksam zu bleiben.

Jonas kam schniefend vom Fußballplatz nach Hause. „Simon ist doof, mit dem spiel ich nie wieder! Nie, nie mehr!" schimpfte er und zeigte heulend seine Wunde, die Simon ihm mit den Stollen seines Fußballschuhs zugefügt hatte.

„Das sieht ja fürchterlich aus. Wir müssen zur Notaufnahme ins Krankenhaus, das muss genäht werden!" sagte Arno und sah Hella an: „Tu doch was!"

„Quatsch", antwortete sie, „das ist doch bloß ein Kratzer. Wenn das Blut abgewaschen ist, sieht es nur noch halb so schlimm aus."

Arno war ziemlich unbeholfen in solchen Dingen. Und Blut konnte er auch nicht sehen. „Mimose" zischte sie unhörbar und ärgerte sich. Dann stand sie wortlos auf und holte Desinfektionsspray und Pflaster. „Geh in dein Zimmer und ruh dich aus, mein Junge", sagte sie zu Jonas. „Ich komme gleich".

Endlich traf auch Katja ein. Hella glaubte nicht richtig zu sehen. Das war doch nicht ihr Kind? Die schwarzen Haare in zammeligen Strähnen über den Augen verteilt, die Augen selbst kaum erkennbar durch schwarze Kriegsbemalung und der Mund kirschrot geschminkt. Dazu ein bauchfreies Top und ein Minirock, der kaum bis an die Oberschenkel reichte. „Wie siehst du denn aus?" fragte Arno konsterniert und fügte sogleich hinzu: „Zieh dich ordentlich an, so kommst du mir nicht an den Tisch!".

„Ihr seid die totalen Spießer. Richtig ätzend!", antwortete Katja und drehte sich abrupt um. „Andere Eltern...."

Was mit anderen Eltern war, konnten sie nicht mehr hören, denn Katja stürmte zurück in Zimmer, aus dem nur einige Sekunden später Ed Sheerans Stimme die Diskussionen am Abendbrottisch übertönte.

„Ich werde nachher zu ihr raufgehen und mit ihr reden, so von Mutter zu Tochter oder eher von Frau zu Frau", nahm sich Hella vor. „Falls ich das schaffe. Ist ja nicht so einfach mit pubertierenden Töchtern." Bestimmt heulte sich das Kind gerade die Augen aus und verschmierte alles mit seiner schwarzen Schminke.

Und dann kam Sina. Sie verkündete, sie sei schwanger. Arno und Hella waren entsetzt, und nach dem ersten Schock über diese Eröffnung gingen die Vorwürfe los.

„Aber wieso denn? Du bist doch erst fünfzehn! Hast du etwa einen Freund? Und wieso wissen wir nichts davon?" Arnos Stimme überschlug sich. „Und überhaupt: was sollen denn die Leute sagen?"

„Ist das wirklich dein größtes Problem? Die Leute...?" Typisch Arno, fand Hella. Sie selbst sah ganz andere Probleme: Ein Baby im Haus? Wie sollte das denn gehen? Sina musste ja noch zur Schule, schließlich wollte sie doch Abitur machen.

Sie wandte sich an ihre Tochter: „An wem bleibt denn die Arbeit wohl wieder hängen? Wie kannst du uns nur so was antun?"

Sina sah ihre Eltern an und grinste.

„Was gibt's denn da zu grinsen?" fragte Arno wütend. „Ich sollte dich..."

Weiter kam er nicht. Was er sollte, wurde von Sinas Lachen unterbrochen. „Nee, nee,", sagte sie grinsend, „natürlich bin ich nicht schwanger, ich hab auch keinen Freund. Ich hab bloß 'ne 6 in Mathe und meine Versetzung ist gefährdet".

„Wiieee, deine Versetzung ist gefährdet?" Arno guckte so ungläubig, als ob man ihm gerade erzählt hätte, der Mann vom Mond sei auf die Erde gestiegen.

„Allen Ernstes", erklärte Sina, „überlegt doch mal: was ist denn wohl schlimmer, schwanger zu sein mit fünfzehn oder ne 6 in Mathe zu haben?"

Arno hielt die Luft an. Die aufsteigende Röte in seinem Gesicht kannte Hella nur allzu gut. Gleich würde er explodieren. Doch bevor es dazu kam, sagte Sina „Ich muss noch lernen", verließ ohne weitere Erklärung ebenfalls den Abendbrottisch und die verdutzen Eltern blieben allein zurück.

„Ich muss noch lernen" Ja, das war ein Argument, dem man sich nicht verschließen konnte, fand Hella. Schließlich stand die Versetzung auf dem Spiel. Ein Baby im Haus wäre selbstverständlich weitaus schlimmer. „Trotzdem: Ich sollte mit ihr über die Pille sprechen. Man weiß ja nie... Was meinst du?" Hella wandte sich an Arno, aber genau in diesem Augenblick klingelte sein Handy. Er verdeckte das Display mit der Hand, sprang hektisch von Tisch auf und stürmte zum Telefonieren in den Garten. Da stand er noch immer und redete und redete und redete.

Und sie saß hier jetzt ganz allein. Der Tee war inzwischen kalt geworden. „Dies war mal wieder der ganz normale Wahnsinn", fand sie.

Was sollte ihre Familie bloß ohne sie machen? Die brauchte sie doch. Nein, sie konnte nicht einfach wegfahren. Nicht jetzt.

„Den Wellness-Urlaub kann ich später immer noch machen", dachte sie und griff zu der letzten Scheibe Ziegenkäse, die sie für sie übrig gelassen hatten.

Rita Schepp-Wohlgethan

Christoph Große
In welcher Familie ist schon alles in Ordnung?

Diese Geschichte ist der zweite Teil von „Der ganz normale Wahnsinn", nur aus der Sicht des Ehemannes erzählt

Ich bin verzweifelt. Ich, Arno, 51 Jahre alt, habe mein Leben nicht im Griff. Wie sieht das eigentlich aus: Das Leben im Griff haben? Ich meine, ich habe einen guten Job, nein das stimmt nicht: Ich verdiene Geld aber eigentlich hasse ich meinen Job. Eintönig, stressig, viel Arbeit. Und dann noch diese Frau Rottbach, die sich jeden Tag aufbrezelt wie ein liebestoller Maikäfer. Ich hab mir schon überlegt, morgens ins Vorzimmer zu gehen, ihr meinen Ringfinger unter die Nase zu halten und zu sagen: Ich-bin-verheiratet. Ich bin mir sicher, Hella ahnt irgendwas. Frauen haben eine Nebenbuhlerin im Gespür, ganz egal, ob sich der Mann darauf einlässt oder nicht. Naja, dazu später mehr. Denn das ist nicht mein einziges Problem. Viel größere Sorgen bereitet mir meine Familie. Meine Frau, die sich von den Kindern zur Putzfrau, Köchin und Chauffeuse degradieren lässt – und mir deswegen auch noch Vorwürfe macht. Ist es etwa meine Schuld, dass sie sich von den Kindern so drangsalieren lässt? „Du solltest die Kinder ein bisschen weniger verwöhnen und mehr zur Selbstständigkeit erziehen," habe ich einmal im Streit zu ihr gesagt. „Du, du hast gut reden, du bist ja nie da!" Hella ist doch selber schuld, mit Kindern ist es wie mit Katzen: Verwöhnt man sie zu sehr, tanzen sie einem auf der Nase herum. Diese Weisheit stammt nicht von mir, sondern von Irene. Doch so was macht Hella nur noch wütender. „Deine Mutter", hatte sie wütend gefaucht, „kann sich mit ihren Tipps zur Erziehung zum Teufel scheren, ich habe schon eins von ihren Kindern daheim und will mit Sicherheit nicht noch so eines"! Schon klar, damit meinte sie mich. Aber ich habe eine bessere, nein ich will sagen, eine andere Erziehung genossen als meine Kinder es derzeit tun. Mir wäre im Traum nicht eingefallen, von meinem Vater zu verlangen, dass er für mich Taxi spielen soll. Und wenn ich mich so dermaßen laut mit ABBA zugedröhnt hätte, wie meine Katja das heute mit diesen Rothaar-Schnuckel aus England tut, da wäre mein Vater nach der zweiten Ermahnung einfach zum Sicherungskasten gegangen und dann wär Ruhe gewesen. Meine Mutter war auch nicht damit einverstanden, wenn ich beim Essen gemäkelt hab oder meine Klamotten im ganzen Haus verteilt lagen. Schlechte Noten, Lügen, Dreck in die Küche tragen, sowas muss einfach Konsequenzen haben. Klar brauchen die Kinder auch ihre Rechte und Freiheiten, aber sie brauchen auch Regeln, Grenzen und Pflichten. Doch bei Hella stoße ich mit so was auf taube Ohren. Dann braucht sie sich aber auch nicht zu beschweren, dass sie sich als Sklavin von Haushalt und Kindern fühlt. Tja, bei der Erziehung haben wir beide ganz schön was falsch gemacht, wir sind uns aber auch nie einig gewesen. Wenn ich den Kindern was nicht erlaubt oder nicht gekauft habe, sind sie einfach zu Hella gegangen und schon war die Welt in Ordnung. Auch wenn ich etwas mehr Benehmen und Anstand erwartet habe, ist Hella gleich dazwischen gegangen. „Sie müssen deiner Mutter nicht die Hand geben, wenn sie das nicht wollen." Dann wäre da ja noch das leidige Thema mit der Hausarbeit: Hella fühlt sich permanent überfordert aber wenn ich den Kindern sage , sie könnten doch auch mal den Müll rausbringen, Spülmaschine ausräumen und ihr Zimmer aussaugen , kommt von ihr im hohen Bogen: „Wir sind hier nicht bei der Kinderarbeit , es wird sich um die Schule gekümmert und um nichts anderes." Haha, schön wär es ja. Papa darf die ganzen schlechten Noten unterschreiben und die sinnlosen Nachhilfestunden bezahlen. Dafür ist er gut genug! ...

Aber genug gejammert: Als Team Familie muss man zusammenhalten und man darf auch nicht schlecht über die anderen denken. Doch an manchen Tagen geht es nicht anders. Eben an Tagen wie heute, besonders wenn eine aufdringliche Sekretärin dir fast auf dem Schoß sitzt.

So, jetzt steh ich hier unschlüssig auf der Einfahrt vor unserem Haus. ... „over the Castle on the hill..." singt mir Ed Sheeran in ohrenbetäubender Lautstärke entgegen. Das passt auch irgendwie: Das Haus, der Garten: zu groß, zu teuer. Wenn ich die Kreditraten abbezahlt habe, wird mir jedes Haar ausgefallen sein und ich werde mehr Falten haben als ein ungebügeltes Hemd. Das Hemd. Mein Liebling, blau-weiß nach Seemannsart, stinkt nach diesem widerlichen Parfüm. Ich werde es Hella heute Abend erklären. Jetzt noch schnell zum Briefkasten. Oh, ein Brief von Sinas Klassenlehrerin. Mit Dringlichkeitsvermerk. Den lese ich später. Der Tag war heute schon deprimierend genug.

Und jetzt das Abendbrot. Katastrophe pur. Hella wirft mir böse Blicke zu. Das Parfüm. Sie wird die Wahrheit noch erfahren. Katja hat sich als Gothic-Girl verkleidet. Mal ehrlich, das ist so dermaßen abstoßend. Ich finde das nicht schön, da bin ich gerne ein Spießer-Vater. Jonas hat sich beim Fußball verletzt, nichts Schlimmes, doch mir ist der Appetit vergangen. „Typisch Mann," knurrt Hella, als ich beim Desinfizieren der Wunde ganz blass werde. Blass werde ich auch, als Sina behauptet, sie erwarte ein Kind. Da ist mir die Alternative 6 in Mathe und Sitzenbleiben ja tausendmal lieber. Eine Ehrenrunde wird Sina sicher guttun. Es ist ein Neuanfang.

Jetzt auch noch das Telefon. Ich eile in den Garten und nehme das Gespräch an. Mein Chef. Ausnahmsweise hat er gute Nachrichten. „Frau Rottbach kommt zu Karin, die ist 63 Jahre alt und eine Frau. Da kann Ihre Sekretärin aufhören mit Flirten und anfangen zu arbeiten. Sie kriegen einen jungen Mann, keine Angst, der ist nicht schwul." Er lacht laut und herzlich. Der Chef und seine Witze. Ich bin erleichtert. „Vielen Dank." Mein Chef hat sich wieder von seinem Lachanfall erholt. „Das ist doch wohl das Mindeste, was ich für Sie tun kann, ich lasse Sie doch mit so einem Problem nicht allein. Ehrlich Arno, Sie machen einen guten Job. Ich muss Ihnen für Ihr Engagement in unserer Firma herzlich danken." Oh, ein Kompliment, wie komme ich denn zu dieser Ehre? „Also gut, Chefchen, dann bis morgen."

Gott sei Dank. Endlich eine gute Nachricht. Endlich Feierabend. Hier draußen unter dem großen Baum ist mein Lieblingsplatz. Ich sehe Hella in der Küche sitzen. Sie sieht ziemlich erschöpft aus. Die Mädchen sind natürlich viel zu sehr mit sich selbst beschäftigt um beim Tisch-Abdecken und Küche-Aufräumen zu helfen. Ich werde ihr heute Abend gleich vorschlagen, ob wir nicht demnächst verreisen wollen. Nur wir zwei. Wohin sie möchte. Wir könnten beide ein bisschen Wellness gebrauchen und uns dabei gleich über einige Dinge aussprechen. Irene würde sicher auf die Kinder aufpassen und gleich für Ordnung sorgen. Eine Katzentatze angelt nach mir. Es ist Josepha, die auf einem Ast des Baumes kauert und sich schrecklich einsam und überflüssig fühlen muss. Mit einem Satz sitzt sie auf meinem Schoß. Neben mir liegt die Spielzeugmaus. In meinem Schoß zusammengerollt übt Josepha für die Jagd und schnurrt. Jonas und ich hätten ja lieber einen Hund gehabt, aber die Mädchen wollten ja unbedingt eine Katze. Und jetzt ist die Katze da und ist Luft. Sie haben entsetzt und angewidert aufgeschrien, wenn sie ihnen voller Stolz eine Maus präsentierte oder das Katzenklo stank. Jetzt lebt die Katze draußen, ich habe mich durchgesetzt. Im Blumenbeet ist der Katzendreck sicher ein guter Dünger. Zweige knacken. Ich fahre herum. Hinter mir steht Jonas. Manchmal will er abends noch Fußball spielen.

Heute aber nicht. Er setzt sich zu mir. „Du, Papa ist eigentlich was mit dir? Du hattest so schlechte Laune heute." Ich lege meinen Arm um Jonas. Die Katze verteilt ihre Gunst gerecht und streckt sich über die vier Beine aus. „Das war nur eine Ausnahme. Morgen ist alles wieder gut, versprochen. Und am Wochenende gehen wir zusammen zum Fußballplatz, abgemacht?" „Au ja, aber nur wir beide, Simon kommt nicht mit, denn mit dem will ich nichts mehr zu tun haben! Hab ich dir eigentlich schon erzählt, dass ich der Beste in der Deutsch-Arbeit war?" Der Tag wird nun doch ein gutes Ende nehmen. Ganz sicher. Und mal ehrlich, in welcher Familie ist schon alles in Ordnung?

Christine Herbold-Ohmes

Katharina Nolte
Kinderalltag

Frühstück, 7:30 Uhr. Müsli, Fruchtbrei, Augenringe. Gott sei
Dank gibt es Kaffee.

Alles Abmarsch bereit Richtung Kindergarten? Jacke an! Schuhe
an! Nein, anders herum! „Oh, Mama ich muss nochmal aufs Klo!"

„Mamaaaaaa! Ich hab gekaaaaaackert!" Jup, das wissen jetzt
auch die Nachbarn. Und jetzt los, wir sind schon wieder spät
dran.

Im Kinderwagen, mein kleiner vor sich hin plappernder Junge.
Der große winkt mir nochmal, eh ich gehe. Die Sonne lacht und
mir erscheint ein zweites Frühstück im Café sinnvoller, als die
Beseitigung der Bügelwäsche in meinem Wohnzimmer.

Linus kommt mit Papa zur Tür herein. Ich habe noch Spuren
vom Mittagsschlaf im Gesicht. Schnell ein paar Kekse, Saft und
Decke geschnappt und ab zum See.

„Ihh, Mama was sind denn das für komische Fische da im Was-
ser?" „Das sind keine Fische, das sind Kaulquappen. Daraus wer-
den mal Frösche." „Oh, ich hab noch nie Tiere gesehen, die sich
verwandeln können. Das ist ja cool!"

Eis zum Abendbrot? Naja, ausnahmsweise. Der Kleine hat sich
neben Papa eingekuschelt. Der Große lässt seine eingefangenen
Kaulquappen wieder frei. Die Sonne wandert Richtung Horizont
und färbt den Himmel orange.

„Mama, das war ein schöner Tag. Können wir morgen wieder
zum See?", fragt Linus gähnend als er endlich im Bett liegt. „Na
klar, mein Schatz! Wenn die Sonne scheint, fahren wir wieder
hin." „Die scheint morgen! Versprochen, Mama!" Dann fallen ihm
die Augen zu.

Ruth Finckh

Sonntagmorgen

Dein Strahlen, Lini,
als heute morgen
dein Tablett mit deinem
Obstsalat –
alles
selbst
gemacht! –
dich hereintrug.

Eva Jänecke-Lauke
Seine Familie

Hinter unserem Haus, etwas verborgen von einer wild wuchern-
den Fliederhecke, wohnt Achim allein in einem Einfamilienhaus.
Achim ist Frührentner, seit seiner Kindheit hat er mit den Folgen
einer Kinderlähmung zu kämpfen. Sein rechtes Bein folgt nicht
seinem Willen, und eine erhöhte Sohle hilft, den Körper beim Ge-
hen einigermaßen zu stabilisieren. Meist läuft er langsam und be-
dächtig, wenn ihn gelegentlich ein Impuls überkommt, sich
schneller zu bewegen, muss er sofort wieder abbremsen, um
nicht ins Trudeln zu kommen. Auch zuckt sein rechtes Augenlid
unkontrollierbar, wenn er anfängt zu reden, erst wenn das Ge-
spräch in ruhigen Bahnen verläuft, beendet das rastlose Lid sein
Auf und Ab. Vielleicht sind die körperlichen Unsicherheiten der
Grund dafür, dass Achim nie geheiratet hat, es gab allerdings eine
Zeit, in der gelegentlich junge Frauen seines Alters auf seinen Bal-
kon traten, aber keine schaffte oder wählte dauerhaft den Weg in
sein Heim. Hinter seinem Haus hat sich ein naturbelassener Gar-
ten entwickelt, nur die Obstbäume lässt er regelmäßig von einem
alten Mann aus dem Dorf schneiden.

Manchmal sehe ich Achim hinter dem Küchenfenster hantie-
ren, dann wieder flackert Fernsehlicht im Obergeschoss. Gele-
gentlich unterhalten wir uns durch die Hecke, wenn ich mich in
meinem Garten zu schaffen mache, und dann erfahre ich, wenn
ich Glück habe, von seinen ausgedehnten Reisen in exotische Ge-
filde, die er noch gelegentlich unternimmt, weit ab vom Massen-
tourismus und immer an Orte mit kulturellen Schätzen. Auch er-
zählt er manchmal von seiner Liebe zu schweren Motorrädern,
die er aber leider wegen seiner Behinderung nicht mehr fahren
kann. Dann ist sein Augenlid meist sehr aufgeregt. Seine

Maschine, die ihn früher in die Ferne getragen hat, verbringt inzwischen ein ereignisloses Dasein in der Garage neben einem alten Rover Coupee, Jahrgang 1946, sozusagen einem Abschiedsgeschenk seines Vaters. Seine Einkäufe und seine Wege erledigt Achim mit seinem karminroten Golf.

Bis vor einem Jahr sorgte er sehr intensiv für seine demente Mutter, die ihm immer seine jüngere Schwester vorgezogen hatte, und nun waren beide tot. Seine Mutter war in einem Pflegeheim in der nahen Stadt gestorben, und seine Schwester war ganz unerwartet, jedenfalls für ihn, einem Herzleiden erlegen. Sein Vater, der die Familie verlassen hatte, sobald die beiden Kinder aus dem Gröbsten heraus waren, hatte schon vor Jahren ein größeres Vermögen verteilt und sich dann sozusagen aufgelöst, jedenfalls war er sehr zur Trauer Achims nicht mehr aufzufinden. Es blieben nur Andeutungen, es gäbe eine andere Familie, die er parallel zu der von Achim, seiner Mutter und seiner Schwester gehabt habe, aber er konnte nicht herausfinden, ob die Gerüchte stimmten.

Einmal verriet er mir, dass er gerne studiert hätte, Kunstgeschichte oder Archäologie, aber er hätte es seiner Mutter nicht antun können, sie allein zu lassen, wo doch gerade sein Vater verschwunden und seine Schwester zu ihrem Freund gezogen war. Dann war er eben Kaufmann geworden wie sein Vater und hatte sich mit der Hoffnung getröstet, immer eine Anstellung zu bekommen. Tatsächlich hatte er dann 30 Jahre in einer kleinen Firma gearbeitet und war vor zwei Jahren vorzeitig in Ruhestand gegangen, angeblich wegen gesundheitlicher Probleme. Er ließ aber damals durchblicken, er habe sich unter seinen neuen jungen Kollegen nicht mehr wohl gefühlt, es sei einfach nicht mehr seine alte Firma gewesen.

Schon lange habe ich niemanden bei ihm ein- und ausgehen sehen, und er scheint recht selten das Haus zu verlassen. Mittags holt er sich regelmäßig sein Essen bei einem Pizza-Bringdienst um die Ecke, und zweimal die Woche macht er einen größeren Einkauf, häufig klötern dann leere Flaschen beim Beladen seines Golfs.

Aber in unregelmäßigen Abständen höre ich ihn nachts um 22.30h noch einmal losfahren, und ich weiß, dass er es ist, denn ich kenne das Geräusch seines Anfahrens genau. Ich glaube, er bleibt dann lange weg, jedenfalls höre ich ihn nicht mehr wiederkommen. Ich habe ihn natürlich nie danach gefragt, was er denn nachts noch unternehme, und es war auch bisher kein Thema für den Nachbarschaftstratsch.

Doch neulich, als ich mit Freunden nach einem Konzert noch aus einem Restaurant kam, sah ich ihn, wie er sicheren Schritts eine kleine Bierkneipe, wie es sie kaum noch gibt, betrat, und schon aus der noch offenen Tür schallte es durch einen Schwall herausströmenden abgestandenen Zigarettenrauches bis auf die Straße:"Hey Achim, altes Haus, du kommst aber spät heute!" Dann ging die Tür wieder zu, und mein Nachbar war wohl angekommen.

Kapitel 4

Spuren der Ahnen

Christine Herbold-Ohmes

Ruth Finckh

Sippentreffen 1

Stammbaumgewucher
Flechten und Moose
Austrieb aus
Schlafenden Augen,
luftiges Blütengezweig.
Schützender Schatten
würgende Wurzeln
Rhythmus von Wachsen und Welken.

Heimat jenseits des Raums.
Heimat aus Zeit.

Ruth Finckh

Sippentreffen 2

Wir kennen uns kaum.
Wieso bist du „du"
und nicht „Sie" und nicht
„Sehr Geehrter"?
Warum
sprichst du mit mir
als sei ich ein Mensch
und hörst doch nicht zu?
Auch das ist
Familie?

Martina Maly

Ferdinand und Fernanda

Ein Giebel meines Hauses geht gen Osten. Im ersten Stock gibt es eine großeFensterfront mit breiter Fensterbank. Darauf habe ich Familienfotos gestellt. Die Treppe hält auf einem Podest vor den Fenstern inne, bevor sie weiter nach oben führt. Ich sehe gern hinaus auf die mächtigen Rotbuchen des angrenzenden Parkes.

Zwei Fotografien auf der Fensterbank halten heute meinen Blick fest. Sie stehen erst seit ein paar Tagen dort.

Eindringlich sieht mich ein etwa fünfzigjähriger Mann aus dem Foto heraus an. Auf dem zweiten Foto kniet ein wunderschönes Mädchen mit langem, welligem Haar und sehr dunklen Augen, anmutig einen Rosenstrauß in den Händen. Mir fallen Marienbilder bei ihrem Anblick ein.

Es sind mein vermisster Neffe Falk und seine Tochter Fernanda.

Nach über 24 Jahren hat er sich gemeldet.

Seine Geschichte ist noch zu bewegend für mich, als dass ich sie schon erzählen kann. Aber ein kleiner Zufall gefällt mir sehr. Er hat mit Namen zu tun.

Durch Krieg, Vertreibung, die deutsche Teilung und den frühen Tod meiner Mutter war das Familiennetz nicht nur löchrig geworden, es war zerrissen, ließ sich nicht mehr verknüpfen.

Und nun, da ich dachte, mit meiner Asche werde im Wald die Geschichte unserer Familie vergessen fallen, da taucht vom anderen Ende der Welt, aus Venezuela, ein neues Kind in der Familie auf. Ihm werde ich alles erzählen und die letzten Zeugnisse der Familie weitergeben. Die Ahnentafel, die mit Ferdinand Lagodni beginnt und viele Namen nennt; eine Edeltraut und Margarete, Mechthild und Sabine- Erdmute, Mareike und Manfred, einen

103

Uwe und Jonas, Dörthe und Jan-Niklas, Martina und Falk und jetzt mit einer Fernanda vorläufig endet. Du hast eine Familie, die Du nicht kennst, Fernanda. Du wirst sie kennenlernen, das weiß ich. Irgendwann werden wir uns sehen und unsere Familiengeschichte wird weitergeschrieben.

Martina Maly

Falk

Wie ein Falke solltest Du fliegen
hoch hinaus

Du spanntest deine Flügel weit
Verbrannte Federn hielten dich nicht auf

Jetzt wolltest du nach Hause fliegen

Du kamst und bautest ein Nest
Für dich und für Fernanda

Wohin werdet ihr ziehen

Manfred Kirchner

Gefangen

Zahlreiche Menschen waren in der DDR Spitzel der Stasi, freiwillig oder gezwungen. Und noch viele Jahre nach Ende der DDR waren oder sind die Betroffenen Gefangene dieses Systems. In den nachfolgenden Texten wird aus der sehr unterschiedlichen Sicht der Beteiligten geschildert, wie stark die Stasi auch in das Familienleben eingegriffen hat.

IMS „Pilot"

Ina hatte gedrängt, immer wieder. Schon zwanzig Jahre. Seit der Wiedervereinigung. „Es kann nicht sein, dass es keine Stasi-Akte über dich gibt. Denk doch, 1972, die Aktion des Verfassungschutzes. Das hat die Stasi doch sicher mitbekommen. Wann stellst du endlich einen Antrag auf Akteneinsicht?"

Jonas hatte immer wieder abgewehrt, gezweifelt, Bedenken vorgetragen.

„Wer weiß, auf was wir da stoßen. Ich will es nicht wissen. Was wird dabei herauskommen? Doch nichts Positives. Hass? Mißtrauen? Verdächtigungen? Dann hat die Stasi doch noch das erreicht, was sie immer wollte. So viele Jahre nach der Wende."

Ina hatte den Fall schon abgeschrieben, als Jonas sie mit der Mitteilung überraschte, dass er nun doch Akteneinsicht beantragt habe.

„Wie kommt es, dass du jetzt doch wissen willst, was die Stasi über dich aufgeschrieben hat?", hatte Ina ein wenig zynisch kommentiert.

„Bauchgefühl. Irgendwie lässt mich dieses Grummeln im Bauch nicht los."

Es folgten wieder einmal lange Debatten über das Für und Wider. Das konnte Ina überhaupt nicht verstehen. Ihr Mann und Bauchgefühle? Wo doch alles für ihn logisch und erklärbar sein sollte.

Schon vor etwa zwei Jahren hatte Jonas einen Zwischenbescheid bekommen, der ihm bestätigte, dass es eine Akte über ihn gab. Er hatte nicht mehr daran geglaubt, dass ihm Akteneinsicht gewährt werden würde, da er seit diesem Bescheid nichts mehr gehört hatte. Er hatte oft gezweifelt, ob es richtig gewesen war, Einsicht in seine Stasi-Akte zu verlangen. Nun lag er da, auf dem Esstisch, ein großer brauner Brief. Seine Stasi-Akte? Nachdenklich drehte Jonas den Brief von der Stasi-Ermittlungsbehörde hin und her. Wollte er es wirklich wissen, was man über ihn ausspioniert hatte? Er hatte schon immer vermutet, dass jemand aus seiner Familie mit der Stasi zusammengearbeitet hatte. Wer? Warum? Was hatten die erfahren? Sollte er ihn öffnen, den Brief? Was würde darin stehen? Könnte es hinterher noch sein wie früher? Er fasste den Umschlag, legte ihn wieder weg ... Dann nahm er den Brief entschlossen in die linke Hand, in die andere Hand den Brieföffner. Ein kräftiger Schnitt, ein Griff hinein in den Umschlag. Da hielt er es in der Hand, ein unscheinbares Heft, etwa dreißig Seiten, mit einem Heftstreifen zusammengefasst, seine Stasi-Akte. Warum hatten sie ihm die Akte zugeschickt und nicht, wie üblich, die Einsicht in Erfurt arrangiert? Er wusste es nicht. Am 20.11.2014 hatte er den Antrag gestellt, so stand es im Anschreiben. Und jetzt zeigte der Kalender den 18. Juli 2017. Nachdenklich ließ er das Heft auf den Tisch sinken. Hatte die Zeit für ihn gearbeitet? Wer war, seit es die DDR nicht mehr gab, gestorben? Wer würde ihm als Stasi-Mitarbeiter gegenüberstehen? Absurd, diese Gedanken?

Ina war dazugekommen, hatte spontan das Heft in die Hand genommen und darin geblättert. Schnell legte sie es wieder auf den Tisch, kopfschüttelnd.

„Ich glaube, ich mache uns erst mal nen Kaffee! Das dauert wohl etwas länger ... Da steht ja auch was über mich drin. Ich brauche jetzt jedenfalls einen. Du auch?"

Jonas nickte. Dann nahm er das Heft wieder auf und blätterte ebenfalls darin.

Übersichtsbogen zur operativen Personenkontrolle 10.07.1972: ‚K. ist im grenznahen Raum wohnhaft und soll lt. Befehl 40/68 aufgeklärt und für eine Kontaktierung vorbereitet werden ... Eingesetze IM/GMS „IMS Pilot"'. Jonas schoss es durch den Kopf: Juli 1972 ... da hatten Ina und er geheiratet. Und dann IMS Pilot... Jonas schloss die Augen. Vor ihm lief ein Film ab: die Hochzeitsfeier ... ohne seine Eltern, keine Ausreisegenehmigung. Und dann IMS Pilot? War der Name Zufall? Er sah seinen Vater... vor einem Agrar-Flugzeug? Nein!

Ina kam mit dem Kaffee.

„Jonas? He, träumst du?"

Jonas hatte nicht bemerkt, dass Ina wieder zurückgekommen war.

„Was sagt dir IMS Pilot, Ina?"

„IMS? Informelle Mitarbeiter der Stasi? Ich glaube, davon habe ich schon gehört. Aber Pilot?"

„Eine hässliche Einrichtung der Stasi, diese IM. Die haben der Stasi geplaudert, was sie so wussten. Von ihren Nachbarn, Freunden, von der Familie ... oder zum Beispiel, wer damals Westfernsehen gesehen hat. Sie haben sie verpfiffen, ihre Freunde und Nachbarn und gehofft, dass es sich für sie irgendwie auszahlt. Beruf und Karriere, Einkauf im Fressex-Shop. Wie hießen diese Läden doch offiziell, wo es Westwaren gab? Ein fieses Geschäft. Wie eine Marionette. Irgendwer zieht an einem Faden und du funktionierst. Plapperst das, was sie wissen wollen. Erfindest was dazu... Vermutungen... Annahmen... Und schon bis du voll im „System" integriert, vom Opfer zum Täter". Jonas war sichtlich erregt. Seine Hand zitterte, mit der er die Kaffeetasse nahm.

„Pervers. Und wer ist nun IMS Pilot, Jonas?"

„Ina, unsere Hochzeit ... Überleg mal. Wir haben meine Eltern eingeladen, blind, berauscht von der Annäherung zwischen Bundesrepublik und DDR, euphorisch..., die Hoffnung auf freien Reiseverkehr! Unser Wunsch, sie an unserer Seite beim Standesamt und in der Kirche, leider unerfüllt. Die Einladung in dieser Akte, Wort für Wort abgeschrieben. Ich werde noch verrückt. Was hatten die vor? Mein Vater und mit ihm die Stasi? Schau dir das Ding mal in Ruhe an. Auch noch andere Briefe an meine Eltern... Wie kommen die zur Stasi und in diese Akte? Und dann dieser Vermerk, dass IMS Pilot einen weiteren Brief seines Sohnes der Stasi übergeben hat... Verstehst du? Mein Vater war IMS Pilot..."

Jonas schaute ungläubig zu Ina auf, an seinem Stuhl festgeheftet, wie gelähmt.

„Ina, ich begreif das nicht... Der hat riskiert, dass ich meinen Job verliere, in den Knast gehe, wenn die nicht rechtzeitig den Spion hochgenommen hätten, der mich anwerben sollte. Was hat ihn geritten? Was war ich ihm wert? ...ich, sein Sohn?"

Ina hatte sich zu Jonas gesetzt und ihren Arm auf seinen Rücken gelegt.

„Du Jonas..., ich sehe sie noch, die Leute vom Verfassungsschutz. Wenige Tage nach unserer Hochzeit ... in unserer neuen Wohnung. Schränke offen, Wäsche durchwühlt, Kommoden von den Wänden gerückt, der Teppich aufgerollt. Damals wäre ich am liebsten davongelaufen. Was hatte ich da für einen Mann geheiratet? Heute bin ich froh, dass die den Spitzel damals rechtzeitig geschnappt haben. Hier, schau mal: IMS Pilot „Kontaktperson wurde in WD festgenommen, es besteht die Gefahr der Dekonspiration.... 15.1.73 IMS Pilot..."

Jonas schwieg. Regungslos saß er am Tisch, den Blick starr auf das Bild seines Vaters gerichtet, das im Bücherregal an der Wand gegenüberstand. Die ersten grauen Haare, dieser starre, ernste, ein wenig traurige Blick, verschlossen. Das Bild hatten Jonas und Ina bei ihrem ersten Besuch bekommen.

Ina und Jonas nahmen sich die Akte immer wieder vor, blätterten erneut durch, verweilten auf der einen oder anderen Seite, diskutierten über das, was sie da gelesen hatten.

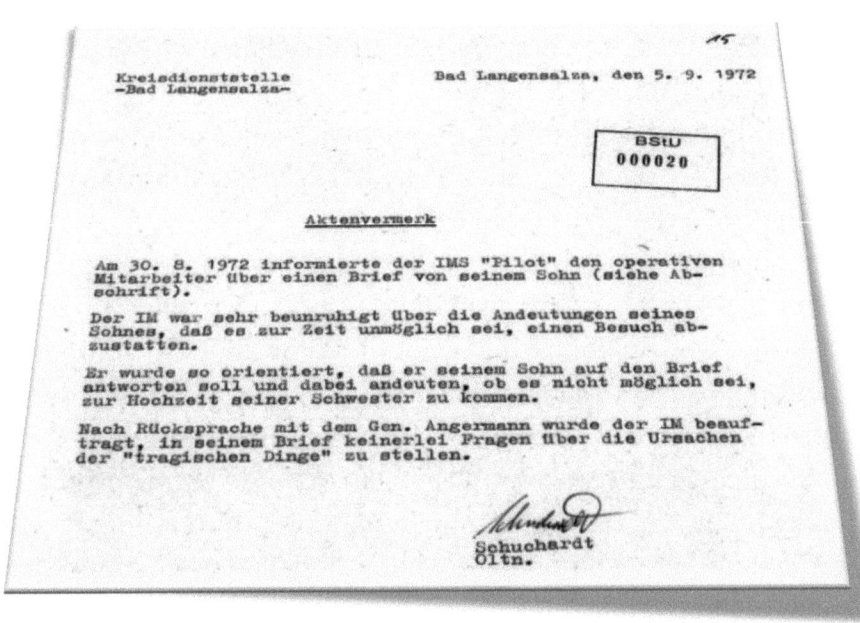

„Deine Mutter hatte wohl keine Ahnung, wenn ich das hier sehe, Jonas. Ich frag mich, was die gegen deinen Vater in der Hand

hatten? Oder was deinen Vater geritten hat, sich mit der Stasi ein-
zulassen?"

„Ina, ich weiß es nicht. Hast du das hier gelesen? Nach Rück-
sprache mit dem Gen. Angermann wurde der IM beauftragt, in sei-
nem Brief keinerlei Fragen über die Ursachen der „tragischen
Dinge" zu stellen. Die haben meinem Vater vorgeschrieben, was
er mir schreiben sollte. Warum konnten die das?"

Ina und Jonas sprachen an diesem Nachmittag und Abend viel
über „die Akte", die Familie hier und in der DDR, über fünfund-
vierzig gemeinsame, getrennte Jahre. Zur Nacht wälzte Jonas sich
in seinem Bett hin und her, konnte nicht schlafen. Und als er dann
schlief: Dieser Traum! Wände, überall Wände, und hinter jeder
ein neues Geheimnis, Wände wie Gummi, geben nach, wenn er
sich gegen sie stemmt, fallen aber nicht um, behalten ihr Wissen,
verschieben sich, wenn man hinter sie schauen will, werfen Schat-
ten, riesige dunkle Schatten. Dann ist da eine Tür, verschlossen,
eine Klingel, Jonas klingelt, es macht niemand auf, er klingelt noch
mal, nein, hier dürfen Sie nicht rein. Wer kann ihm Auskunft er-
teilen? Die Uniform: keine Ahnung.

September, Einreise in die DDR: Im Zug von Bebra nach Erfurt
Menschenmassen, Mitreisende im Abteil, verschlossen, teilweise
verängstigt auf Jonas blickend, ein Westdeutscher? Oder einer
von der Stasi? Grenzkontrolle Gerstungen, VoPos, Zöllnerinnen,
preußischer Drill, Papiere sind in Ordnung, zu verzollen? Nein, er
hat nichts zu verzollen und Ina, ihre Hände zittern leicht, eben-
falls nicht. Der Zug steht nun schon 30 Minuten, immer wieder
Kommandotöne, krachende Militärstiefel, Menschen werden an-
geschnauzt, mit ihren Koffern aus dem Zug geholt, Ina fasst ganz
fest Jonas' Hand. Der Zug fährt weiter, im Abteil haben alle einen
Platz gefunden, Ostkleidung gegen Jeans, fragende Blicke: Was
wollen die hier in dem Zug? „Wo fahren Sie hin?" „Bad

Langesalza?" „Wir müssen nach Riesa, haben gestern meinen Vater in Köln beerdigt. Hatten ne Sondergenehmigung."

Stopp in Gotha, Reisende eilen hastig davon, andere steigen um, ein Triebwagen, voll besetzt, Eisenräder rattern über alte marode Schienen, tack tack …, tack tack …. Verdächtig unverdächtig zwei Herren in grauen Jacken, jeder sein Gesicht in eine Zeitung eingegraben. Eine dritte „Graujacke" diktiert einer alten Frau einen Brief. Stasi-Offiziere? Der Triebwagen schaukelt heftig, das dumpfe Brummen des Dieselmotors, leichter Nebel über den Feldern, dann Bad Langensalza, wieder Menschenmassen, am Ende sind sie alle gegangen, auch die Graujacken, nur ein Mann steht noch am Bahnsteig. Im fahlen Licht der tiefstehenden Septembersonne ein langer Schatten. Der Vater? Oder ist er es nicht? Wiedersehen nach 15 Jahren.

Abrupt endete der Traum und Jonas lag wieder wach in seinem Bett, grübelte und zweifelte. Wie passten diese Bilder, vor über vierzig Jahren eingebrannt, zu dem, was er heute wusste? Wer stand damals auf dem Bahnsteig mit einer abgetragenen Jacke und ausgebeulten Hose? Ein Informant der Stasi, der bereit war, seinen Sohn zu opfern für die eigene Karriere, lächelnd, freudig, einschmeichelnd, ein Judas? Oder stand dort ein Opfer des Regimes? Täter oder Opfer? Abschöpfung des WD-Bürgers … durch den IMS „Pilot" – Einreise vom 24.9. bis 11.10.1971, so die Stasi-Akte. Wie schmal war der Grat gewesen, auf dem er und sein Vater damals gewandelt waren…? Zumindest eine Wand war gefallen, hatte dahinter verborgenes Wissen preisgegeben, aber nur wenig, hatte Erklärungen geliefert, warum Ina und Jonas trotz vielfacher Missachtung der Ausfuhrbestimmungen der DDR immer mit einem blauen Auge davongekommen waren, als sie später regelmäßig im kleinen Grenzverkehr Jonas' Eltern besuchten. Babywindeln aus dem Krankenhaus Bad Langensalza,

Kinderkleidung, Eier, Wurst, Hähnchenschenkel, der erhobene Zeigefinger der Grenzer. Dann durchgewunken. Sicher ein indirekter Lohn für gute Zuarbeit des Wilhelm Seiler und seiner „Zweitfrau" Berta Baum von der Stasi.

Wie würde er heute auf den Vater zugehen, wenn der Vater noch leben würde? Ihn fragen? Ihm sein Verhalten vorhalten? Oder ihn meiden? Das Verhältnis zwischen ihm und dem Vater war immer etwas gespannt gewesen. Hatte er, Jonas, doch das „Erbe" seiner Mutter bekommen. Der Vater war immer der Meinung gewesen, dass ihm mit der Heirat des einzigen Kindes des Schuhmachers Paul Fischer damals 1943 auch das Erbe seiner Frau zustand. Er hatte sich dann 1947 aber mit den Schwiegereltern überworfen und die hatten ihre Tochter in der Erbfolge ausgeschlossen, indem sie Haus und Land 1966 an ihren Enkelsohn Jonas „verkauften". Der Vater hatte es nie verwunden, hatte es Jonas immer wieder spüren lassen und hatte ihn in seiner eigenen Erbregelung ebenfalls ausgeschlossen. Das hatte der Vater mehrfach Jonas gegenüber angedeutet, ohne aber ein Gespräch hierzu zu suchen. 1998, damals am Sterbebett, hatte Jonas lange die Hand des Vaters gehalten, hatte seinen schwachen Pulsschlag gespürt, der bei jeder neuen Berührung schneller wurde. Wollte der Vater noch etwas sagen? Wollte er sich erklären? Sprachlos verabschiedeten sie sich voneinander.

Jetzt war Jonas froh, dass er nicht mehr die Möglichkeit gehabt hatte, dass der Vater nicht mehr antworten konnte. Es wäre sicher eine schmerzhafte Begegnung geworden, voll Mißtrauen, Argwohn, Missbilligung.

Dreißig Seiten Papier, die annähernd fünfzig Jahre familiäre Bindungen in ein völlig anderes Licht rücken: Jonas hatte es befürchtet, als er den Antrag auf Einsicht in seine Stasi-Akte stellte.

Am nächsten Morgen ging er zum Bücherregal mit dem Photo seines Vaters. Lange schaute er auf das Bild. Dann legte er es um.

Briefe, Begegnungen, Aktenvermerke

18. November 1963

„Liebe Minna!

Ich habe jetzt meine Schulungen abgeschlossen und warte nun auf eine neue Aufgabe. In einer Pause ist gestern ein Herr Dohrenbusch, er ist SED-Sekräter bei der Kreisverwaltung, an mich herangetreten und hat mich gefragt, ob ich mir einen Einsatz in der Schädlingsbekämpfung und Düngung von Äckern aus der Luft zutraue. Es gibt da in Mühlhausen ein Agrar-Flugzeug, mit dem große Ackerflächen aus der Luft bespritzt werden, damit Unkraut verhindert, Schädlingsbefall ausgeschlossen und das Land gedüngt wird. Ich bin dann für die Planung der Flugzeugeinsätze und die Bereitstellung der erforderlichen Chemikalien und Düngemittel verantwortlich, so Dohrenbusch. Ich war sehr überrascht und hatte mit so einem Angebot nicht gerechnet. Der Herr Dohrenbusch sollte meine Akte kennen und von der Stasi über das erfolglose Parteiausschlussverfahren gegen mich informiert sein. Ich habe ihn daher gefragt, wo der Haken liegt. Er sagte, man brauche im Hangar zuverlässiges Bodenpersonal für die Überwachung der Piloten und die Meldung verdächtiger Wahrnehmungen. Schließlich sei es von Mühlhausen bis zur Grenze nicht weit. Daher dürfen nur zuverlässige Genossen eingesetzt werden. Auf meine Frage, ob ich dann Stasi-Spitzel sei, wich er aus. Das sei jetzt nicht das Thema, sagte er. Er suche einen zuverlässigen Einsatzleiter für den Agrarflug und habe eine Empfehlung bekommen. Es ist eine verantwortungsvolle Aufgabe, so Herr Dohrenbusch. Wenn ich das Angebot annehme, werde er mir alle wichtigen Dinge in einem weiteren Gespräch mitteilen. Ich solle aber in keinem Fall etwas zu meiner Familie über den Inhalt dieser Unterredung sagen, nur das Angebot könne ich erwähnen. Ich habe jetzt zwei Wochen Zeit für eine Entscheidung.

Was soll ich machen, liebe Minna? Nach den vielen Nackenschlägen der vergangenen Jahre und der Tatsache, dass unsere Zwangsaussiedlung nicht rückgängig gemacht wird, will man wohl Wiedergutmachung betreiben. Allerdings schmeckt mir nicht, dass ich Genossen bespitzeln soll.

Sonst geht es uns gut, liebe Minna, was ich auch für Euch erhoffe. Ich würde mich über eine baldige Antwort freuen.

Herzliche Grüße
Wilhelm"

***

23. November 1963

„Lieber Wilhelm!
Ich kann Deine Bedenken verstehen und mir ist nicht wohl bei dem Gedanken, dass Du ein Stasi-Spitzel werden könntest, wo sie Dir doch so viel Unrecht getan haben. Es ist schade, dass Du mich nicht besuchen kannst, dann würden wir ausführlich darüber sprechen. Diese verflixte Sperrzone. So bleibt mir vorerst nur, Dir trotz meines grässlichen Bauchgefühls verstandesmäßig zu empfehlen, das Angebot anzunehmen.

Ich habe heute einen Besuchsantrag gestellt und hoffe, euch bald besuchen zu können. Dann sollten wir noch einmal darüber reden. Ich denke, das ist besser als Briefe zu schreiben. Und falls Du bis dahin jemanden bespitzeln solltest, musst Du dich ja nicht besonders hervortun.

Lieber Bruder! Ich freue mich, dass Du mich nicht vergessen hast und mir immer noch Sachen anvertraust, wie in früheren Jahren.

Uns geht es gut. Wir werden hier im Sperrgebiet bestens versorgt und können nicht klagen. Wenn wir doch nur frei reisen dürften.

Liebe Grüße an Deine Familie und an Berta!

Deine Minna"

***

Zu Besuch in Bollenstedt, Sonntag, 26. September 1971

„Schön Minna, dass Du gekommen bist. Schade, dass wir meinen Geburtstag schon gefeiert haben. Wir hätten sicher damit gewartet, wenn wir gewusst hätten, dass Du kommst. Aber wir haben ..."

„Schon gut, Wilhelm. Ich bin ja froh, dass ich noch den Frühbus bekommen hab. Ist garnicht so einfach, mit dem Bus bis zu euch zu reisen. Nun lass mich erst mal Kathi, Lisa und Lina begrüßen. Aus deinen beiden Mädels sind sicher kesse Damen geworden. Hab sie ja seit über einem Jahr nicht gesehen." Sie hängte ihren Mantel an die Garderobe und ging in die Küche. Nach dem ausgiebigen Begrüßungsritual drängte Wilhelm.

„Lass uns mal ein Stück gehen. Lina braucht noch etwas, bis das Mittagessen fertig ist. Die Mädchen werden ihr sicher dabei helfen. Und Berta kommt erst um drei von der Arbeit, mit dem Nachmittagsbus."

„Was ist denn los, Wilhelm?

Wilhelm leise, flüsternd: „Ich brauche mal deinen Rat."

Minna stimmte zu, zog ihren Mantel wieder an und so gingen sie den hinter dem Haus beginnenden Feldweg ein ganzes Stück, bevor sie in einem weiteren Weg rechts abbogen und über verschiedene andere Wege das Dorf umrundeten.

„Sag mal, wie geht es mit deiner Arbeit? Hast mir ja schon lange nicht mehr davon geschrieben. Musste deine Genossen immer noch bespitzeln? Das war doch ... 1962, als Du mir den Schlamassel geschildert ...?"

„Nein Minna. Das war 1963. Wenn das doch alles anders gekommen wäre. Ja, ich muss bespitzeln. Einmal in der Woche taucht der Füllhorn, das ist der Nachfolger vom Dohrenbusch, bei mir auf. Mein Führungsoffizier, sagt er. Und dann fragt er und fragt er und fragt er. Als ich ihm vor zwei Wochen nichts berichten konnte, hat er sich vor mir aufgebläht und gedroht: „Genosse Seiler, ihnen ist schon klar, dass wir auch anders können. Dann haben Sie ganz schnell eine neue Einsatzstelle in der Lausitz. Also, ich erwarte von ihnen mehr Kooperation und entsprechende Berichte. Es kann doch nicht sein, dass hier nichts zu berichten ist." Die ziehen mir den Stuhl glatt unterm Arsch weg und schicken mich in die Wüste."

„Mensch Wilhelm. Was soll ich jetzt dazu sagen. Ich habe gedacht, die wollen dir was Gutes tun mit der neuen Arbeit und dich für das erlittene Unrecht entschädigen. Dabei bist Du, so scheints mir, dem Teufel in die Klauen geraten. Haste mit Lina und den Kindern darüber gesprochen? Und was ist mit Berta, weiß die etwas davon."

„Nein Minna, Lina und die Kinder wissen nichts. Berta schon, die ist ja im Gemeinderat und wird da ebenfalls vom Füllhorn „geführt". Der klopft sie immer mal im Bus ab, was hier so im Dorf passiert und ob ich mit Berta ..., hat sie mir gesagt. Aber es kommt ja noch schlimmer ...".

„Bevor Du weiterredest: Kriechst Du etwa immer noch mit Berta ins Bett...? Ah, ja. Dein Gesicht sag mir alles. Ganz schön riskant, was Du da treibst. Da können die von der Stasi dir aber einen ordentlichen Strick draus drehen?"

„Das ist ja das Problem. Der Füllhorn hat gesagt, er kenne genug Wege, es Lina und den Mädchen zu stecken. Und dann wieder die Drohung mit der Lausitz. Im nächsten Satz erwartet er von mir, dass ich Jonas und Ina ausspioniere, wenn sie nächste oder übernächste Woche zu Besuch kommen ..., ihr erster Besuch hier in Bollenstedt. Meinen Sohn und seine Verlobte ausspionieren ...! Ich habe ihn das letzte Mal vor sechzehn Jahren gesehen, kurz bevor sie die Grenze zugemacht haben. Soll seine Gesinnung abklopfen. Die werden mir ne großzügige Reiseerlaubnis erteilen, haben sie gesagt. Tagesausflüge überall hin, wo Jonas und Ina hin wollen. Ich soll sie ködern. Oberhof, Kyffhäuser, Rappbode-Talsperre, Erfurt, Weimar, die Wartburg, Inselsberg ... Soll die DDR von ihrer besten Seite zeigen. Der erpresst mich, der Füllhorn! Hat mir vorgeworfen, dass ich den Ottmar Denecke decken wollte..., ein Pilot von uns. Die haben anscheinend ne Wanze in meinem Büro installiert. Den Ottmar haben sie in der Nähe von Frankfurt/Oder verfrachtet. Mir ist ganz schlecht bei dem Gedanken daran, dass sowas auch mir ..."

„Schöne Scheiße, Wilhelm. Da is guter Rat teuer. Und ich habe keinen, der nicht irgendwo einen Haken hat. Jonas und Ina ausspionieren, das ist verdammt hässlich. Ich denke, Du solltest reinen Tisch machen, damit Du nicht mehr erpressbar bist. Ist sicher schmerzhaft. Aber weiter spionieren und ein Doppelleben auch. Lass es dir noch mal durchn Kopf gehen. Und unser Gespräch heute ..., von mir erfährt niemand was, das versprech ich dir."

Minna und Wilhelm sind wieder bei Wilhelms Haus angekommen und werden schon zum Essen erwartet.

„So können wir nicht rein, Wilhelm. Schau mal, wie unsere Schuhe aussehen. Wenn ich das gewusst hätte, wie schlecht dieser Weg ist, hätte ich ihm nen Korb gegeben, Lina. Aber die frische Luft und der Spaziergang haben mir gutgetan. Haben schon lange nicht mehr von alten Zeiten gesprochen. Na ja, und Wilhelm wollte natürlich wissen, was so bei uns zu Hause passiert ist."

Lina hatte eine knusprige große Flugente aufgetischt, dazu Thüringer Klöße und Rotkohl. Und zum Nachtisch stand noch ein Glas Kirschen aus dem Keller auf dem Küchenschrank.

Minna: „Eure Enten sind dieses Jahr aber prächtig geworden, Lina, wenn ich diesen Burschen hier sehe. Wie viel habt ihr denn noch?"

Lina: „Wir hatten dreiundzwanzig. Zwölf haben wir abgeliefert. Das hat sich richtig gelohnt im Portemonnaie. Drei haben wir mit Nachbarn getauscht, brauchten dringend einen neuen Wasserhahn und einen Absteller für die Wasserleitung. Jetzt haben wir noch fünf. Die werden wir den Winter über schlachten und selbst verzehren. Und eine natürlich, wenn Ina und Jonas kommen. Auf den Besuch freue ich mich schon.

Ich wünsche einen guten Appetit!"

***

Kreisdienststelle   Bad Langensalza, den 22.9.1972
- Bad Langensalza -

OPK Reg. Nr. 280/72
Gen. Hptm. Peetz, Abt. XV gab am heutigen Tag zum Stand der Bearbeitung angeführter OPK folgenden Information:

In Durchführung offensiver Maßnahmen im Operationsgebiet erfolgte die Festnahme des Einsatzkaders, in deren weiterer

Folge es wahrscheinlich zur Dekonspiration des Kandidaten sowie unseres IMS „Pilot"gekommen ist.

Auf Grund dieses Sachverhaltes ergeben sich folgende Maßnahmen:

1. Die weitere Bearbeitung der OPK wird eingestellt und als Material im Archiv abgelegt.

2. Der IMS „Pilot" ist unter M-Kontrolle zu stellen und bei den Treffs ist eingehend auf mögliche Verhaltensänderungen zu achten. Dem Faktor der Dekonspiration ist in der weiteren Zusammenarbeit Rechnung zu tragen.

Sachs
Oltn.

***

16. Januar 1990

Liebe Minna,

hast Du das gestern auch im Fernsehen gesehen, die Erstürmung der Stasi-Zentrale in Berlin? Diese Aktenberge, die dort lagern. Ob die dort auch meine Akte haben?

Ich bin innerlich zerrissen. Ich wüsste schon gern, wer mich damals 1958 verpfiffen hat. Und ich werde Rehabilitation beantragen für das dreiviertel Jahr politische Haft. Andererseits, wir haben ja öfter darüber gesprochen und geschrieben. Die werden sicher auch Aufzeichnungen über meine IM-Tätigkeit haben. Ich fürchte mich davor, wenn rauskommt, dass ich in unserer Familie spioniert und Jonas und Ina fast ans Messer geliefert habe. Irgendwie habe ich keine offenen Gespräche mit Jonas führen können, es war immer was zwischen ihm und mir. Und dann hat er sich ja auch noch gegenüber Lisa in einem Brief so geäußert, dass er mein Verhältnis mit Berta unerträglich findet und ich keinen

119

Arsch in der Hose habe und endlich zu unserem gemeinsamen Kind stehen solle. Die Briefabschrift hat mir wohl die Stasi zugespielt. Ohne Absender. War einfach morgens bei der Post mit dabei.

Ich denke, seine Oma hat ihn versaut, indem sie mich immer in ein schlechtes Licht gesetzt hat. Und Lina und die Kinder. Nun, Kathi ist selbst im Staatsdienst und musste regelmäßig bei der Stasi zum Rapport antreten. Die kann mit einem IM in der Familie sicher umgehen. Aber Lina. Die ist nach fast fünfzig Jahren Ehe immer noch blauäugig und kann sich so etwas nicht vorstellen. Aber das ist mir egal, die Ehe existiert ja doch nur noch auf dem Papier.

Liebe Minna, es ist einiges schiefgelaufen und lässt sich heute nicht mehr ändern. Ich hoffe, dass über meine IM-Tätigkeiten in der Zwischenzeit Gras gewachsen ist, zumindest in der Sache mit Jonas. Die wollten ja damals, 1972, die Akten ablegen. Sollte es dennoch eine Akte über meine IM-Tätigkeit geben, so hoffe ich, dass niemand aus der Familie Einsicht in diese Akte bekommt. Ich werde dazu schweigen, keine schlafenden Hunde wecken.

Der Weg zu dir ist für Jonas und Ina, da die Grenze ja nun offen ist, kurz. Ich denke, sie werden sicher in nächster Zeit bei dir zu Besuch kommen. Ich bitte dich inständig, ihnen gegenüber kein Wort über meine IM-Tätigkeit fallen zu lassen.

Ich freue mich schon auf deinen nächsten Besuch bei uns.

Viele Grüße
Wilhelm

***

20.11.2014

Wilhelm Seiler ist vor ein paar Jahren verstorben. Jonas Seiler, sein Sohn, stellt Antrag auf Einsicht in seine Stasi-Akten.

Brigitte Rosetz
Gedicht in der Zeitung

Mein erstes öffentliches Gedicht erzählt
von rosafarbenen Wolkenrändern.
Von goldgebündelten Sonnenbändern.

Von Schattenwellen, die eilig wandern,
die über Wiesen, Weiden, Äcker laufen.
Von platzenden Knospenhaufen.

Ein Frühlingsgedicht.
Drei Strophen, zwölf Zeilen lang.
Sechs D-Mark aufs Sparbuch bei der Bank.

Das Gedicht konnte jeder lesen
im Tageblatt auf Seite eins.
Dieses Gedicht war meins.

Dreizehn war ich, älter nicht.
Meines Vaters schwielige Hand
drückte meine mit ernstem Gesicht.

Gut gemacht, Töchterchen.
Mach so weiter.
Sein Mund wurde weich und heiter.

Er war ein Gärtner, schrieb nicht auf Papier.
Umschrieb mit dem Spaten
Beete und Saaten.

Schrieb Sommerblumen und hellgrünes Gras.
Schrieb Beerensträucher, Flieder und Fichten.
Schrieb schönste Gartengeschichten.

Manfred Kirchner

Familienschatz

Es fing ganz harmlos an: Jonas fand in einem wurmstichigen
Schrank seiner Oma auf dem Boden im zarten Alter von elf Jahren

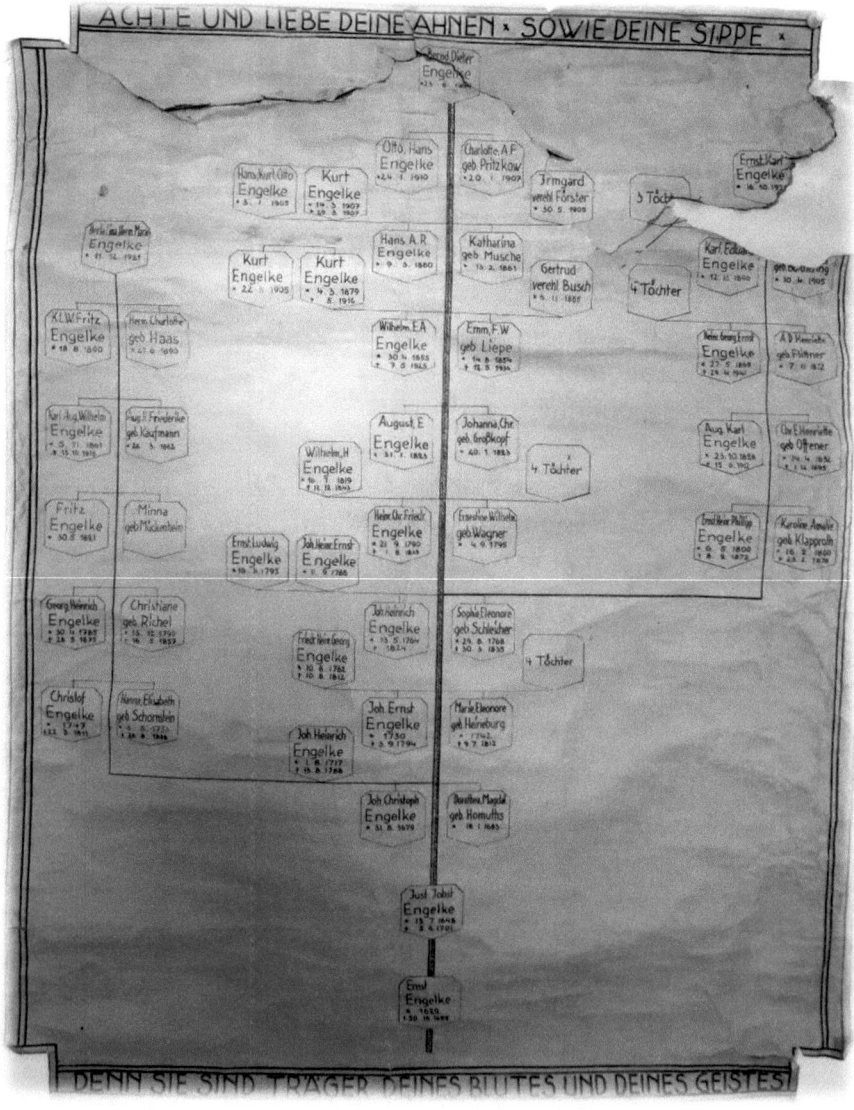

einen großen zusammengerollten Plan, ein wenig ramponiert, an verschiedenen Stellen schon geflickt und mit Papierstreifen hinterklebt. Er hatte ihn auf dem alten Tisch, der unter einem Lichtziegel stand, vorsichtig ausgerollt und auf die Ecken alte verstaubte Bücher, die im Schrank herum lagen, gelegt, denn der Plan wollte sich immer wieder zusammenrollen.

Jonas dachte sofort an eine Schatzkarte. Hatte er doch schon viele Bände von Karl May gelesen und im Geiste den Schatz im Silbersee gefunden. Doch waren auf dieser Karte nur Namen und keine Orte, Flüsse und Berge zu sehen. Zum Glück kam Oma mit einem Korb Wäsche unter dem Arm dazu und konnte Jonas alles erklären. „Also: Das ist ein Stammbaum und das ist unsere Familie. Eigentlich nur die von Opa. Meine Familie steht da nicht mit drauf. Das hier ist Opa." Sie zeigte auf einen Namen in dem Zweige- und Ästegewirr. Irgendwie hat das tatsächlich was von einem Baum, dachte Jonas. Schön sauber gezeichnet und beschriftet, das sah richtig gut aus. „Und das ist der Vater von deinem Opa und darunter der Opa vom Opa und zwei Brüder vom Opa vom Opa und ... Ach, ich glaube, das ist noch zu hoch für dich. Soviel Opas und Opas von Opas. Du kennst doch das Hochzeitsbild von Tante Elfriede. Viele, die auf diesem Bild sind, sind auch hier in diesem Stammbaum eingezeichnet. Sieh mal dort, deine Tante Hermine und dort Onkel Wilhelm." „Wozu braucht man sowas, Oma?" „Du hast doch schon oft gehört, dass wir vom Krieg gesprochen haben und von der Zeit davor, von Hitler, den vielen Arbeitslosen, vom Arbeitsdienst und von den Juden, die man nachts einfach abgeholt und verschleppt und wohl auch ermordet hat, so sagen sie heute." „Durften die das denn, Menschen einfach verschleppen und ermorden, Oma"? „Weiß ich nicht, haben die einfach gemacht... Jedenfalls suchte dieser Hitler dafür Helfer, die keine Juden waren. Wollte jemand Helfer bei Hitler werden, zum

Beispiel bei der Staatsschutzpolizei, man nannte sie SS, musste er nachweisen, dass seine Eltern, Großeltern und Urgroßeltern keine Juden waren. Juden kennst du ja aus dem Religionsunterricht, oder?" „Ja. Aber warum durften keine Juden Helfer von Hitler sein?" Jonas merkte, dass Oma die Fragen unangenehm waren. Oma etwas müssrisch: „Das ist eine lange Geschichte. Ehrlich, ich habe die nie verstanden. Das war einfach so. Jedenfalls kam eines Tages einer, der zur Staatschutzpolizei wollte und sagte, er sei mit uns verwandt. Wir gehörten zu seiner Familie, sagte er, ging ins Rathaus, zur Kirche und überall dort hin, wo er Dokumente mit unserem Namen vermutete. Dann zeichnete er diesen Stammbaum. Und als er fertig war, brachte er ihn uns. Das ist er." Oma zeigte auf einen Namen an der Spitze des Baums. „Den haben wir danach nie wieder gesehen. Aber nun weg mit dem Ding. Vielleicht erkläre ich dir das noch einmal etwas genauer, wenn du älter bist. Jetzt muss ich erst mal Wäsche aufhängen."

Jonas fand es schade, dass Oma den Stammbaum zusammenrollte, im Schrank verstaute und den Schrankschlüssel abzog. Nach einigen Tagen und einem weiteren Old Shatterhand-Abenteuer war der Opa vom Opa vom Opa vergessen. Oma ist darüber hin gestorben, ohne noch einmal den Stammbaum zu erklären und nach vielen, vielen Jahren - Jonas wollte den alten brackligen Schrank vom Boden auf den Sperrmüll bringen - fiel ihm wieder der Stammbaum in die Hände. Und ein völlig verstaubtes Fotoalbum. Ein vorsichtiger Blick in das Album. Nein, beides musste im Haus bleiben. Vielleicht ...? Wenn er mal Zeit hat? Familiengeschichten? Das könnte spannend sein. Und dann diese alten Fotos...

Einige Wochen vor seinem Ruhestand rollte Jonas den Stammbaum aus und heftete ihn an die Wand im Arbeitszimmer. Erstaunt trat Ina vor das vergilbte und zerfranselte Stück Papier.

„Woher hast du denn das Ding?" Jonas erklärte Ina, das sei sein Stammbaum, das sein Opa, indem er auf ein Feld in diesem Baum zeigt, dann der Opa vom Opa und Opa vom Opa vom Opa. „Aber die kanntest du doch nicht, Jonas." „Nein, nur meinen Opa und meine Oma." „Schade, ich hatte nie einen Opa. Der ist wohl ganz früh gestorben, als mein Vater noch klein war. Und was willst du jetzt machen, mit dem Stammbaum hier an der Wand?" „Ahnenforschung", platzte es aus Jonas heraus. „Wenn ich erst einmal im Ruhestand bin, dann Ahnenforschung! Und diese alten Bilder. Schau mal, das muss meine Uroma sein, um 1890. Hier hinten auf dem Foto mit Bleistift „E.E. 1889". Die hieß Eleonore Ehrhardt. Schau hier!" Jonas drehte das Bild um und zeigte dann auf eine Stelle des Stammbaums. „Da steht sie. Elegante Frau! Diese hohe Stirn und diese freundlichen Augen, dieses leichte Lächeln und diese Grübchen. Ich hab sie leider nicht kennen gelernt." Jonas schwärmte. Ina schaute ihn ungläubig an. Wieder mal so spinnerige Ideen! Das wird doch nichts!

Doch dann ging es los: Ruhestand! Ein Computerprogramm musste her, ein Scanner, ein schnellerer Internet-Zugang und und und. Jonas fand bald selbst nicht mehr durch sein Arbeitszimmer hindurch: Überall Kopien von Geburts- und Sterbeurkunden, Auszüge aus Standesamtsregistern und Kirchenbüchern, Häuserbeschreibungen von 1590 bis heute. Und jedes Mal, wenn er wie ein Eichhörnchen auf Sammeltour war, in Stadtarchive, in Kirchenarchive, in Uni-Bibliotheken, nach Magdeburg, nach Dassel, Holzminden, Wolfenbüttel, Bleicherode und Weißenborn oder die Verwandtschaft abklapperte, bekannte und nie gekannte, wurde der Stapel an Dokumenten in seinem Arbeitszimmer höher und höher. Zu allem Überfluss war ihm Ina in Sachen Familienforschung sogar ein Stück voraus. Hatte doch jemand vor einigen Jahrzehnten ihre Familie gründlich ausgeforscht und auf rund

200 Seiten im Internet veröffentlicht. „Siehst du, jetzt habe ich auch einen Opa", hatte sie triumphierend gesagt und darauf verwiesen, dass der Opa vom Opa und so weiter schon früher gelebt hat, als der älteste bekannte Vorfahre von Jonas. Das wurmte ihn. Und dann diese flapsigen Bemerkungen von Ina, dass ja nur männliche Nachfolger in seinem Stammbaum dokumentiert waren. Begriffe wie Patriarchat, Chauvinismus, Männerwirtschaft und Unterdrückung der Frauen flogen ihm um die Ohren. Das konnte Jonas nicht auf sich sitzen lassen, wühlte in den Papieren, suchte Vorfahren, Nachfahren, Ehefrauen, Geliebte, Töchter, Töchter der Töchter und ... oha, da hatte er einen Stammbaum mit eintausendzweihundert Verwandten auf seinem Computer. „Und hat es dir geholfen?", frotzelte Ina. „Du hattest zwei Opas, von denen du nur einen kanntest und ich hatte zwei Opas, die ich nicht kannte. Wem nützt das? Wen interessiert das noch?"

Je mehr Ina stichelte, umso mehr packte Jonas der Ehrgeiz. Mittlerweile war sein Terminkalender so voll wie zu Arbeitszeiten. Irgendetwas musste er doch schaffen, was bleibenden - zumindest ideellen – Wert hatte, was die Nachwelt, was auch Ina überzeugen würde.

Nach seiner letzten Diskussion mit Ina schlief Jonas unruhig, träumte. Er stieg in einen Zug, einen alten Zug, mit einer Dampflok. Doch der Zug wollte nicht losfahren. Menschen standen am Bahnsteig und winkten. Dann fuhr die Lok los, ohne die Waggons. Die Lok kam zurück, koppelte an das andere Ende der Wagen an und fuhr los, erst ganz langsam, dann immer schneller und schneller. Bäume und Sträucher flogen an Jonas vorüber, Häuser, Dörfer, Städte, alte Städte. Pferdegespanne standen am Weg, Menschen arbeiteten auf den Feldern, ärmlich gekleidete Menschen. Der Zug verringerte sein Tempo und hielt schließlich an, mitten zwischen Feldern, Wiesen und Weiden. Frauen kamen auf den Zug zu, teils nackt, teils in Lumpen gekleidet und klagten. „Sieh uns an! Der Kaiser hat uns unsere Männer genommen, hingeschlachtet bei Verdun, in Galizien und an der Düna! Unsere Kinder hat er geholt, will aus ihnen Soldaten machen. Sieh uns an, wir haben nichts mehr, an das wir glauben können." Der Zug fuhr langsam wieder an, die klagenden Frauen am Bahndamm zurücklassend, hielt dann aber nach wenigen Minuten vor einem weiten Tal. Bauarbeiter waren auf der Strecke, schleppten Schienen und Schwellen über einen schmalen Steg auf einer Brückenkonstruktion aus Holz. Ein Aufseher trieb die Arbeiter mit einer Peitsche an. Ein Arbeiter stürzte in die Tiefe. Der Aufseher lächelte nur verächtlich, der Arbeiter aber hatte große Flügel bekommen und flog davon. Ein anderer Arbeiter wollte ihm folgen, stürzte aber hart auf den Boden unter der Brücke. Die Bauarbeiter waren fleißig, hatten die Schienen schnell verlegt und der Zug konnte die Fahrt fortsetzen. Jonas kam in eine große Stadt mit einem schmucken Bahnhof. Hier endete seine Zugfahrt und ein Kutscher lud ihn zur Weiterfahrt ein. Sie fuhren heraus aus der Stadt, über holprige Landstraßen mit Kopfsteinpflaster und Schlammlöchern. Vor den Mauern einer anderen alten Festung lag ein großer Berg Reisig, Zweige und dünner Holzstämme und auf diesem Haufen stand ein dicker Holzpfahl, an ihm gefesselt eine Frau. Die sah aus wie seine Uroma auf dem Bild von 1889... Viele Menschen liefen um den Haufen herum und riefen: „Verbrennt die Hexe, damit wir endlich von Unwettern verschont werden. Verbrennt sie, verbrennt sie!" Die Frau aber rief zu Jonas in der Kutsche: „Jonas, rette mich! Ich bin doch deine Ur-Ur-Uroma. Ich habe nichts getan, ich will hier nicht sterben!" Auf ein Zeichen von Jonas hielt der Kutscher. Doch bevor er aussteigen konnte, stand der Reisig- und Zweighaufen in hellen Flammen. Die Frau aber war nicht mehr zu sehen, nur die zerschnittenen Seile hingen am Pfahl.

Für die weitere Reise stieg Jonas auf ein Pferd um. Die Landschaft, durch die er ritt, war teilweise verbrannt. Felder lagen brach, Dörfer brannten und nur wenige Menschen traf er, Menschen, ausgehungert, zerlumpt, mit vernarbten Körpern. Er ritt immer schneller, wollte fliehen vor diesem Elend. Da lag vor ihm ein großes Schloss. Jonas fragte die Menschen am Wegesrand, wer dort wohne. „Der Kaiser." Der Kaiser..., dachte er. Der hatte doch die Männer in den Krieg geschickt und ermorden lassen. Das hatten doch die vielen Frauen ihm erst geklagt.

Jonas erwachte, es war dunkel. Hatte er geträumt? Neben ihm im Bett lag Ina. Er fühlte ihre Hand. Sie war warm. Er war in der Gegenwart angekommen. Jonas grübelte lange. Es war früh und nicht an der Zeit, aufzustehen. Wie war er in diesen Traum geraten? Sollte dass die Ursache sein...? Er war vor einigen Wochen über einen Kirchenbucheintrag gestolpert: Johanna, Kindstod, drei Tage alt. Vater Knecht beim Freiherrn von Minnigerode. Dann, einen Tag nach Johanna, die Mutter tot; Kindbettfieber. Zwei Kinder waren direkt nach der Geburt gestorben. Standen die zwei weiteren Kinder am Totenbett der Mutter oder waren sie bei Oma oder Tante? Eine einzige Tragödie.

Und dann Onkel Johann, vermisst bei Verdun. Tante Liesbeth hat nie die Stimme ihres Vaters gehört, diesen herrlichen Tenor im Männergesangverein „Harmonie", von dem Tante Amanda, seine Frau, immer schwärmte.

Familienforschung? Jonas wollte mehr. Sie durfte sich nicht auf Namen, Geburts- und Sterbedaten beschränken. Sie braucht Geschichten und Orte der Handlung. Und vielleicht interessiert sich ja später doch jemand dafür, warum der Ur-Opa vom Ur-Opa vom Ur-Opa ein armer Leineweber war, der Tochter Elsbeth mit dem Bauern Justus verheiratete, seinen dritten Sohn Heinrich nach Amerika schickte, dieser Heinrich im amerikanischen Bürgerkrieg gefallen ist und dessen Sohn Alexander den Weg zurück nach Deutschland nahm. Oder es erzählt jemand einmal seinen Kindern die Geschichte von Johanna, die nur drei Tage alt wurde und von der in den Kirchenbüchern steht: „an der Friedhofsmauer in aller Stille beigesetzt". Sie waren keine Fürsten, Prinzen oder Prinzessinnen. Sie waren arme Leute auf dem Eichsfeld und im Südharz und wurden oft vergessen. Und doch könnte ihre Geschichte ein Schatz sein, den zu suchen sich lohnt.

Rita Schepp-Wohlgethan

Brigitte Rosetz
Mein Vater

Mein Vater auf Gärtnertour,
ich in seiner Spur.
Geht später hinter mir,
zählt meine Schritte.

Mein Vater, ruhig und stark,
spricht mit den Bäumen im Park.
Pflanzt rosarote Rosenkreise
wie Blütenteiche, Feuerrohr in der Mitte.

Gräbt die gesamte Erde um.
Streut Krokus darum herum.
Milchweiße, enzianblaue, blutrote.
Im Hausgarten strotzen Tomaten und Quitten.

Mit Wonne formte er grüne Räume.
Von Dämmerungsfrühe bis in nächtliche Träume.
Irgendwann ging er durch mich hindurch:
Stieg weltenhoch hinter die Sonne.

Christine Herbold-Ohmes

Martina Maly

Verbirg mich in deinem Vergessen

Vor einiger Zeit schrieb ich die Zeilen
Mein Abschied hat keine Trauer
Verbirg mich in deinem Vergessen
So ist es gut
Ich werde immer bei dir sein
Eine verloschene Spur in deinem Gedächtnis
Ein Pfad zu deinem Herzen
Ich schrieb sie für einen jungen Mann. Wir mochten uns beide
sehr. Ich war verliebt, er nicht. Der Altersunterschied war wohl
zu groß. Ich nahm Abschied.

Das Gedicht bekam viele Jahre später eine andere Bedeutung.

Ich denke oft an meinen Vater, von dem ich nur zwei Fotografien habe und die spärlichen Erzählungen meiner Patentante Olga. Meine Mutter hat nie von ihm gesprochen. Und ich habe nicht gefragt.

Aber ich habe diese zwei Bilder und ich weiß von Tante Olga, dass mich mein Vater stolz auf den Armen umhergetragen hat. Er hatte in Rußland drei Söhne, mit mir, endlich, ein Töchterlein.

Er hat mich im Arm gehalten und mir in die Augen gesehen.

Mein Vater wurde von der russischen Militärpolizei bei uns zuhause abgeholt und verschwand für immer. Ich war zu diesem Zeitpunkt anderthalb Jahre alt. Ich kann mich nicht an ihn erinnern.

Aber er hat mir in die Augen gesehen.

Und nun ist mir, als ob er mir sagt

Ich werde immer bei dir sein
Eine verloschene Spur in deinem Gedächtnis
Ein Pfad zu deinem Herzen
Mein Abschied hat keine Trauer
Verbirg mich in deinem Vergessen
So ist es gut

Kapitel 5

Träume und Fantasien

Ursula Buchhorn

Petra Mielcke

FAMILIENLABYRINTHE

Fundament, Fels in der Brandung, Festung, Frieden, Freiheit, Freude, Fröhlichkeit, Fragezeichen, Fehlverhalten, Feigheit, Falschheit, Femme fatale, Fiesling, Flegel, Fersengeld, Flucht, Feindschaft, Fehde, Freifrau, Fazit: Fake

Abendrot, Anstand, Anmut, Abgott, Abenteuer, Akzeptanz, Alltag, Abrakadabra, Alkohol, Angst, Affentheater, Albtraum, Anarchie, Achterbahn, Absage, Abgang, Abschied, Abstinenz, Alternative, Arrangement

Minnesänger, Märchenprinz, Miteinander, Manager, Machtanspruch, Misston, Methode, Machenschaften, Magendrücken, Mangel, Marter, Melancholie, Monotonie, Moralvorstellung, Männer

Individuum, Idealismus, Initiative, Ideengeberin, Idealbild, Immunität, Irritation, Informationsquelle, Imponiergehabe, Irrgarten, Irrlicht, Impertinenz, Isolation

Lachen, Lärmen, Lässigkeit, Lockruf, Liebe, Lust, Leidenschaft, Leichtigkeit, Lob, Lebensbund, Lasten, Launen, Langeweile, Leere, Leid, Lügen, Luftikus, Lolita, Lotterleben, Loslassen, Lösung

Imponiergehabe, Illusion, Irritation, Indiskretion, Irrtum

Ereignis, Eros, Einheit, Ehe, Empfängnis, Entbindung, Elternliebe, Elternzeit, Entwicklung, Euphorie, Erziehung, Energie, Eskapaden, Erlebnisse, Eifer, Elan, Erfolg, Ehre, Erben, Enkel, Erinnerungen, Ende

Claire Seibt
Alles für die Katz'

Das Erste, was ich tat, als ich aufwachte, war ausgiebig zu gähnen und mich zu strecken. Helles Mondlicht fiel durchs Fenster und auf mein schwarzes Fell. Ansonsten war das Zimmer von nächtlicher Dunkelheit eingenommen. Ich zuckte mit den Schnurrhaaren und setzte mich auf. Es kümmerte mich eigentlich nicht, welche Tag- oder Nachtzeit es war, aber davon hing ab wie leicht ich an mein Essen kam. Die Zweibeiner schliefen nachts sehr gerne. Dies tat Carlo neben mir gleichermaßen. Die Schnauze auf seine Beine gelegt, schlummerte er leise schnarchend neben mir auf dem Sofa.

Verbotenerweise! Keine Ahnung, ob die Zweibeiner dem Hund verboten hatten hier zu liegen, jedenfalls hatte ich das getan.

Das war mein Sofa! Im Grunde mochte ich ihn, aber er roch, naja, er roch eben nach Hund und den Geruch brauchte ich wirklich nicht in der Nase, wenn ich schlafen wollte. Ich leckte mir die Pfote. Sollte ich ihn aufwecken? Er war sehr naiv und ein Trottel. Mit ihm zu spielen war immer sehr spaßig, aber ein schönes Stück Fleisch, bestenfalls Rind, interessierte mich gerade mehr, als in Carlos verwirrte und verschlafene Hundeaugen zu sehen. Später konnte ich ihn immer noch ärgern.

Voller Vorfreude sprang ich vom Sofa, an diversen Katzenkratzbäumen und -betten vorbei, die ich sonst auch geflissentlich ignorierte, durch den Flur in die Küche. Dort stellte ich mit Entsetzen fest, dass nichts zu essen für mich bereit stand. Nicht mal der kleinste Fisch. Diese Zweibeiner! Sie waren auch Idioten, ähnlich wie Carlo, aber solange sie nicht in dieser lächerlichen Brabbelsprache mit mir zu reden gedachten, wie sie es mit dem dusseligen Hund taten, behagte mir ihre Nähe. Ich kuschelte auch gerne mit ihnen, aber nur in Maßen und wenn sie sich als meiner würdig erwiesen.

Wen sollte ich jetzt wecken?

Ich entschied mich für das Zimmer, in dem die zwei großen Zweibeiner zusammen in diesem unglaublich bequemen Bett schliefen. So war die Wahrscheinlichkeit größer, dass jemand von meinem wehleidigen Jammern und Kratzen an der Tür geweckt wurde und mir schleunigst etwas zu Essen vorsetzte. Nach einer gefühlten Ewigkeit öffnete sich zu meiner Überraschung die Tür schräg hinter mir. Es war das jüngere Zweibeinermädchen, Mia. Ich fand es immer wieder spannend zu sehen, dass sie nachts so anders, ich nenne es mal, besonders, aussah. Ihre roten Haare waren ziemlich zerzaust. "Minerva", grummelte sie und trottete auf mich zu. Schnurrend strich ich um ihre Beine und maunzte.

"Es ist drei Uhr, ich hab morgen Mathe Abi." Da ich nicht wusste, was dies bedeuten sollte, strich ich ihr weiter unbekümmert um die Beine und verlangte gefüttert zu werden. Allerdings klang dieses Mathe Abi unangenehm. Ich ließ mich kurz von ihr streicheln. Sie tat das hinter den Ohren und das fühlte sich wirklich göttlich an. Dennoch waren Zuneigung und Streicheleinheiten nicht der Grund, weswegen ich sie geweckt hatte. Dafür hätte Carlo auch gereicht, aber das spielte jetzt keine Rolle. "Na dann komm", seufzte Mia, richtete sich wieder auf und schlurfte in Richtung Küche. Ich tänzelte ihr mit aufgerichtetem Schwanz hinterher und setzte mich erwartungsvoll neben meinen ungeheuerlich leeren Futternapf. Kurz darauf schüttete Mia mir diese trockenen Brocken hinein. Sie schmeckten in Ordnung, aber das war jetzt nicht das, was ich erwartet hatte.

Ich blickte sie an und maunzte vorwurfsvoll. "Ja was", murrte sie und wies auf ein leeres Regalfach des Wandschranks. "Nassfutter is leer." Sie sah so bedrückt aus, wahrscheinlich tat es ihr wirklich von Herzen leid, dass ich mich mit mittelmäßigem Essen zufrieden geben musste. Garantiert war es das der Grund. Ihr zu Liebe aß ich also ein paar Brocken und strich ihr dann wieder um die Beine. "Wenn ich wegen dir morgen mein Abi verhaue." Aus ihrem Ton schloss ich, dass sie meine Anwesenheit nötiger hatte, als ich mein gebratenes Fleisch. Ohne auf ihr Gemurmel zu achten, dass ich sie umsonst aus dem Schlaf gerissen hätte, lief ich gemächlich vor ihr her und sprang in ihrem Zimmer auf ihr Bett. Ich legte mich neben sie und ließ mich von ihr in den Schlaf kraulen. Neben einem meiner Zweibeiner auf einem warmen und weichen Bett zu schlafen, war immer noch besser, als allein auf dem Sofa. Zufrieden schlief ich ein.

Christine Herbold-Ohmes

Ruth Finckh

Mein Wolkenkind

Wolkenkind, Nebelkind, Luftkind,
leicht
und hell:
Ich steh wie die Kiefer am Hang
und suche
mit rettenden Ästen zu halten
was doch
zieht und sich selbst seine Form sucht
im Wind

Petra Mielcke
Im Garten der Püschelbergers

Die Nacht lag zäh und drückend auf der Stadt. Dichte Wolken hatten Mond und Sterne verschluckt und die Welt in ein undurchdringliches Dunkel getaucht. Häuser und Straßen, Gärten und Parkanlagen, alles war zu einem einheitlichen Schwarz verschmolzen. Vom untersetzten Kirchturm mit seinem spitz aufragenden Schieferdach am Markt erklangen zwölf dumpfe Schläge, Mitternacht.

In ihrem Bett unter der Schräge der karg möblierten Kammer warf sich die junge Frau schlaflos hin und her, Schlaflosigkeit war seit einiger Zeit ihr Problem und um die nicht enden wollenden Nächte zu bezwingen, hatte sie begonnen, den Figuren, die sie in den Mustern der Tapete meinte erkennen zu können, Wirklichkeit zu verleihen. Sie ließ sie lebendig werden und allerlei Lustiges oder manchmal auch Trauriges erleben. In dieser Nacht jedoch wollte ihr das Fantasieren nicht recht gelingen. Nichts war von der Wandverkleidung in der Schwärze der Nacht zu erkennen.

Und dennoch war da plötzlich etwas, etwas Unerklärliches in der Finsternis des Raumes, das ihre Aufmerksamkeit fesselte. Ein schwach leuchtender, hüpfender Punkt, der sich unstet auf der Tapete hin und her bewegte, setzte sich schließlich zitternd auf der Fußleiste nieder und erstarrte. Während er aber erstarrte, nahm seine Leuchtkraft zu und er begann auf dem unebenen Untergrund der Strukturtapete zu wandern. Zunächst aufwärts, dann in einem sanften Bogen nach rechts und schließlich wieder abwärts der rauen Fußleiste entgegen. Er hatte die Form einer schmalen Tür auf die Wand gemalt, deren leuchtendes Schlüsselloch er nun mit kühnem Sprung bildete.

Noch während sie sich furchtsam und doch zugleich neugierig dem Lichtgebilde näherte, begann das kleine Tor Wirklichkeit zu werden. Es war aus Holz mit schmiedeeisernen Querlatten und einem rostigen viereckigen Schloss mit geschwungener Klinke. So, ja genauso, hatte das großelterliche Gartentor hinter dem Haus ihrer Kindheit ausgesehen und beim Öffnen in seinen unge-ölten Angeln erbarmungsvoll gequietscht.

Diese Tür quietschte nicht. Geräuschlos und ohne Widerstand schwang sie sehr langsam auf und gab den Blick frei auf einen Obstbaum bestandenen, herbstlichen Garten und dessen Bewoh-ner. Noch war kein Laub gefallen. Prall und glänzend in der schmeichelnden Herbstsonne hingen Birnen und Äpfel im tief ge-beugten Geäst. Unter dem prächtigsten der Apfelbäume, dessen Früchte beinahe bis hinab auf einen Tisch reichten, war eine Kaf-feetafel gedeckt, deren Goldrand verziertes Geschirr mit der Sonne im Glanz wetteiferte. Urgroßmutters Geschirr, staunte die junge Frau, die, barfuß und in ein luftiges Hemd gekleidet, sprach-los und verwirrt im Türrahmen verharrte. Den Duft von frisch ge-brühtem Kaffee, von reifen Äpfeln und herbstlicher Erde ver-meinte sie wahr zu nehmen.

Am gedeckten Gartentisch standen Stühle und Hocker mit aus-geblichenem Binsengeflecht und zwischen den Streben der Rück-lehnen hatten Spinnen zarte Verbindungsleitern gestrickt. Auch die Möbelstücke weckten Erinnerungen in ihr an unbeschwerte Kindertage, Spiele mit Gefährten, Freiheit und liebevolle Gebor-genheit, an duftenden Apfelkuchen und verträumte Stunden im Geäst der ausladenden Buche hinter dem Haus.

Unter derselben stand nun der Urgroßvater, bekannt als der „Reitende Förster" aus dem Ossenbrügger Land, in seiner schmu-cken preussischen Uniform mit tressenverziertem Wams, der halbmondförmigen Kopfbedeckung mit Federpuschel und

Sporen an den wadenengen Stiefeln. Er nahm die Parade seiner fünf Nachkommen ab, die artig und adrett und wie die Orgelpfeifen nun den Garten betraten, gekleidet in der Mode ihrer Zeit, die weder Freiheit noch Bequemlichkeit gestattete. Die drei Söhne trugen an diesem Sonntag kurze Gehröcke und ein Jabeau über dem gestärkten Hemd. Ihre steifen Hüte verdeckten die straffgezogenen Scheitel und das mit Wasser gefügig gemachte Haar. Dem Vater zur Freude präsentierte der Jüngste sein Spielzeuggewehr und eine kleine Jagdtasche, die hölzerne Messer und ebensolche Munition enthielt, die beiden Großen erfreuten ihn mit Zitaten und Versen aus einem Almanach.

Auch die beiden Töchter, das älteste und das jüngste der Försterkinder, trugen kleine bestickte Täschchen, in denen sie ihre spitzenumhäkelten Taschentücher verbargen. Sie knicksten artig vor dem Vater, wobei ihre knöchellangen Festtagsgewänder fast den gepflasterten Boden berührten. Wie bei den Buben waren auch ihre Spitzenkragen aufs heftigste gestärkt. Sie verhalfen den Mädchen unfreiwillig steife und aufrechte Haltung anzunehmen. Zierliche Lackschühchen über weißen Strümpfen vervollständigten ihren Sonntagsstaat.

Als letzter der familiären Kaffeerunde stürmte Hasso in den Garten, ein schwarz-weiß gefleckter temperamentvoller Münsterländer, treuer jagdlicher Begleiter seines Herrn und bester Spielkamerad der fünf Kinder. Er zog schwanzwedelnd begeisterte Kreise um den nach Kuchen duftenden Tisch. Die Nase in der Luft näherte er sich dann der imaginären Tür, in der die junge Frau noch immer regungslos und fasziniert verharrte. Der Hund verlangsamte seine Schritte, sein Fell sträubte sich über einem gekrümmten Rücken und ein leises, bedrohliches Knurren wurde hörbar. Noch ehe das Tier zum Sprung ansetzen konnte, erklang vom nahen Kirchturm ein einzelner Glockenschlag.

Als die junge Frau am Morgen nach unruhiger Nacht ihr Bett verließ, stieß sie mit ihrem nackten Fuß gegen einen rotbackigen, glänzenden Apfel.

Christine Herbold-Ohmes

Gerhard Diehl

Familiennachmittag

„Familie ist grad unser Thema in der Schreibwerkstatt", hatte sie gesagt, „das wird unser neues Buchprojekt! Am nächsten Sonntag bei uns im Garten, jeder bringt was mit, anderthalb Stunden schreiben und dann lesen wir vor .... Kannst ja auch mal wieder mitmachen, wenn du Lust hast. Vielleicht fällt dir ja was dazu ein." Anscheinend hatte ich sie etwas zweifelnd über den Rand meiner Tasse angeschaut. „Mit nem Akrostichon geht das toll, du." Sie wedelte mit einem Blatt herum. „War Albrechts Idee! Ganz einfache Übung ..."

Sonntag, Sonnenschein, leichtes Blätterrascheln, ein paar Vögel, im Hintergrund das gleichmäßige Summen der Autobahn. Im Garten verteilt die geschäftige Schreibwerkstatt, Stifte huschen über das Papier und ich hocke hier irgendwie verloren auf der Bank unter dem Apfelbaum auf meinem Lieblingsplatz – komisch, den wollte offensichtlich niemand. Aber was tue ich hier? Himmel, Familie? In anderthalb Stunden? Wo anfangen, wo enden? Irgendwo zirpt plötzlich eine Grille, eine andere antwortet. Familie? Vielleicht ist ein Akrostichon ja doch keine schlechte Idee als Einstieg, habe ich im Zweifelsfall wenigstens schon mal ein paar Stichwörter auf dem Papier.

„Du, kannst du bitte mal eben? Die große Pumpkanne ist schon leer und da geht sicher noch eine weg, wie ich meine Leutchen einschätze." Definitiv ist in dieser Situation ein Akrostichon das beste, so neben dem simmernden Kaffeewasser. Wenige Wörter, schnell gemacht, knapp, funktional, bei jedem Buchstaben einfach was nach rechts weg und Schluss.

F amilie

A lles

M iteinander

I rrsinn

L iebe

I ntimität

E rleben

So einfach ist das also!

Aber ist das nicht zu einfach, zu anspruchslos für so ein Thema? Ein Akrostichon geht ja auch noch eine Nummer raffinierter. Der Kaffee ist inzwischen durchgelaufen. Deckel drauf und erst mal die Kanne raus. Figurengedicht heißt das dann, war im Frühmittelalter ganz „in", Hrabanus Maurus, und wieder im Barock, voll christlich, in Kreuzform, als Sanduhr, als Kelch, was für ne Symbolik. Nicht grad passend für die Familie, könnte leicht falsch aufgefasst werden.

„Papa, du, meinst du, ich kann noch vom Kuchen ein Stück? Drin ist aber kein Teller mehr. Kommst du mal mit? Kannst du mir nochmal den Ablauf vom Tag erklären? Ich will ja auch was schreiben!"

Irgendwie ist an der Sache mit dem Kelch vielleicht ja doch was dran. Muss man Familie nur ins Zentrum rücken und dann los. Rechts und links immer die gleiche Anzahl von Buchstaben, nach unten weniger werdend und dann noch einmal breit als Fuß.

Kamp	f	zone
gew	a	ltig
im	m	er
n	i	e
a	l	t
w	i	e
end	e	nd

Kampfzone, ein ganz schön starker Start, klingt irgendwie nach griechischer Tragödie. Haut aber so nicht hin. Schon in der zweiten Zeile ein Buchstabe zu viel und in der letzten fehlt dann auch noch einer. Zu blöd! Die Grillen zirpen immer noch im Wechsel, Tauben gurren gemeinsam im Nachbargarten. So wird das wohl nichts, so einfach ist das mit der Symmetrie auch wieder nicht.

„Kann ich jetzt auf den Schuppen klettern? Da kann ich nämlich besonders gut denken! Ich will doch mit meiner gruseligen Geschichte weitermachen. Ich hab da schon eine ganze Menge toller Ideen ..." „Das muss jetzt aber echt nicht sein! Du willst doch bloß fürs Klettern bewundert werden und machst dich außerdem auch noch dreckig. Der Garten ist nun wirklich groß genug, du findest auch sonst noch das richtige Plätzchen." „Papa, du bist schuld, wenn mir am Ende jetzt nichts mehr einfällt!"

Na so weit war ich gerade auch irgendwie schon, schießt es mir durch den Kopf. Zwei weiße Schmetterlinge tanzen vorbei. Leise nicken die Sonnenblumen. Immer noch hört man die Autobahn in der Ferne. Vielleicht versuche ich es doch noch mal ganz klassisch mit der Würfelform. Also los, Familie senkrecht links runter und dann auch nach rechts in der ersten Zeile. Das sieht doch schon

mal richtig gut aus. Jetzt noch schnell sechs Wörter mit je sieben
Buchstaben und das Ding steht.

F	A	M	I	L	I	E
A	N	M	A	C	H	E
M	I	R	A	K	E	L
I	R	R	S	I	N	N
L	I	E	B	E	N	D
I	M	M	E	R	Z	U
E	R	L	E	B	E	N

Na bitte, so einfach ist das. Ein paar hatte ich ja eben schon.
Aber Mirakel klingt arg konstruiert, oder? Außerdem ist es so in
dieser Form noch nicht der „richtige" Würfel. Da müssen sich
nämlich die waagrecht verwendeten Wörter in der Senkrechten
wiederholen, ganz lässig ein Gitter bilden. Also, wenn ich das hin-
kriegen würde, wäre das der echte Hingucker in dem geplanten
Buch. So schwer kann das gar nicht sein. Erleben kann ich ohne-
hin gleich wieder nehmen, das hat doch sieben Buchstaben, passt
super. Ganz klasse, ein toller Rahmen für das Ganze.

F	A	M	I	L	I	E
A						R
M						L
I						E
L						B
I						E
E	R	L	E	B	E	N

Jetzt brauch ich nur noch was für die Mitte. Zur Not hol ich mir den Duden und blätter ein wenig.

„Du, Schatz ...?" ich schaue auf. „Wir holen uns jetzt alle nochmal was vom Kuchen und treffen uns anschließend im Schatten vom Walnussbaum zum Vorlesen." Ein kurzer Blick streift mein Klemmbrett. „Na das sieht ja ganz produktiv aus mit all den angefangenen Blättern. Dir scheint ja ne ganze Menge zum Thema eingefallen zu sein."

„Aber klar doch" höre ich mich sagen und spüre mein schiefes Grinsen.

Rita Schepp-Wohlgethan

Ruth Finckh

Tacitus

Es war ein großer, geflochtener Korb, den mir meine Mutter an einem sonnigen Vormittag brachte. Ich war allein zu Hause, Mann und Kinder waren unterwegs, und ich fühlte mich ein wenig von dem Besuch überrumpelt. Er kam überraschend, obwohl ich im Grunde mit einem Abschiedstreffen gerechnet hatte. Denn eine lang erwartete Reise stand bevor; mein Vater war bereits vorausgefahren. Meine Mutter hatte alle notwendigen Maßnahmen für eine längere Abwesenheit getroffen – die Zeitung abbestellt, das Telefon abgemeldet (ein Handy besaß sie nicht) und den Garten einem professionellen Gärtner übergeben. Und nun stand sie mit diesem riesigen Korb vor meiner Tür. In seinem Inneren raschelte und ruckte es verdächtig. Hatten sich meine Eltern etwa noch kurz vor der Abreise einen Hund zugelegt? Manchmal hatte ich in letzter Zeit leise Anzeichen von geistiger Verwirrung bei ihnen zu entdecken geglaubt. Aber da sie noch wortkarger geworden waren als früher, wusste ich kaum etwas über ihren Alltag.

„Was ist das, Mama?", stammelte ich unsicher. „Er heißt Tacitus.", antwortete meine Mutter ruhig und fuhr zu meiner Verblüffung fort: „Du kennst ihn doch. Er hat schon immer bei uns gewohnt. Nun können dein Vater und ich uns nicht mehr um ihn kümmern und du musst ihn in deine Familie aufnehmen. So einfach ist das." Mit einer flüchtigen Umarmung wandte sie sich ab, stieg in ihren Wagen und fuhr davon.

Mir stockte der Atem. Ich fühlte mich geehrt, einerseits. Ein Familienerbe, von dem ich bisher nichts gewusst hatte, wurde mir anvertraut. Bei näherem Betrachten hatte der Korb tatsächlich etwas Kostbares an sich. Er sah schlicht aus, war aber sorgfältig geflochten, aus dunkelbraun gefärbter Weide. Die Seitenflächen waren mit geometrischen Mustern verziert, den Deckel hielten breite Lederbänder mit festen Schnallen. Ein edles Stück, das sicher noch Generationen überdauern würde.

Andererseits: Wer sagte mir, dass das Wesen in diesem Korb es gut mit mir meinte? Wie hatte meine Mutter sich die Pflege von Tacitus vorgestellt? Was würde meine Familie zu dem neuen Mitbewohner sagen, der da so unversehens ins Haus kam? Sollte ich nachsehen, um mir selbst ein Bild zu machen? Misstrauisch betrachtete ich den Korb. Das Rascheln darin blieb leise, doch es stammte unverkennbar von einer ziemlich kräftigen Kreatur. Ein seltsamer, leicht stechend-metallischer Geruch stieg mir in die Nase.

Nein, den Deckel einfach zu öffnen kam nicht in Frage. Ich musste mich erst informieren. Vielleicht gab der Name etwas her? Doch Google war wenig hilfreich. „Publius Cornelius Tacitus. 58-120 n.Chr. Bedeutender römischer Historiker. Die Namenswurzel basiert auf dem lateinischen Wort tacere, dt. schweigen."

Für römische Geschichte hatten sich meine Eltern, soweit ich mich erinnern konnte, niemals interessiert. Gab es noch andere Spuren, die ich verfolgen konnte? Mir fiel nichts ein, und so hatte ich keine Wahl als auf den Rest der Familie zu warten. Ereignislose Stunden vergingen; die Geräusche im Korb verstummten und der seltsame Geruch verflog, doch meine Unruhe wuchs. Schließlich kam ich zu dem Schluss, dass ein kleiner Blick unter den Deckel nicht schaden konnte. Vorsichtig öffnete ich die Schnallen und hob die schwere Abdeckung an. Fast hätte ich sie vor Überraschung gleich wieder fallen lassen. Denn der Korb war leer. Das Ruckeln und Rascheln zu Anfang war, so schien es mir nun, ein Produkt meiner Phantasie gewesen. Erleichtert öffnete ich den Deckel ganz. Das helle Licht der Wohnzimmerlampe fiel in jeden Winkel. Kein Zweifel: Tacitus war ein Phantom.

Ohne recht zu wissen, warum, packte ich nun den Korb am Rand, kippte ihn ein wenig an und schleppte ihn in die Abstellkammer, wo ich ihn mit alten Decken und ausgemusterten Handtüchern bedeckte. Ein Bedürfnis nach Geheimhaltung breitete sich in mir aus. Niemand brauchte etwas von dem Besuch meiner Mutter oder von dem eigenartigen Erbstück zu erfahren, fand ich. Diskretion und Zurückhaltung waren Tugenden, die ich bisher vielleicht unterschätzt hatte.

Wenig später kehrte meine Familie nach Hause zurück, erschöpft und wortkarg nach einem langen Schul- und Arbeitstag. Niemand fragte, womit ich die letzten Stunden verbracht hatte, und das war mir auch ganz recht so. Die nächsten Wochen vergingen, der Alltag nahm uns in Anspruch, und so dauerte es lange, bis ich die Veränderung bemerkte. Zuerst fiel mir das Ticken der alten Pendeluhr im Wohnzimmer auf. Es wurde immer leiser und leiser, bekam einen dumpfen, erstickten Klang und hörte schließlich ganz auf, obwohl das Uhrwerk tadellos weiterlief. Ich fragte einen Uhrmacher um Rat, doch der konnte keinen Fehler entdecken. Dann stellte ich fest, dass die alte Holztreppe ins Obergeschoss keinen Laut mehr von sich gab, obwohl doch ihre dritte und siebte Stufe bisher immer jämmerlich geknarrt hatten, sodass man sich in acht nehmen musste, wenn man nachts hinunter zum Kühlschrank schleichen wollte. Diese neue Stille war eigentlich ein recht angenehmer Effekt; er beunruhigte mich aber zugleich ein wenig. Doch ich behielt meine Beobachtungen für mich, um keine unliebsamen Fragen auszulösen. Darum allerdings brauchte ich mir ohnehin keine Sorgen zu machen. Meine dreizehnjährige Tochter, die schon bisher wenig mitteilsam gewesen war, verschwand neuerdings direkt nach der Schule in ihrem Zimmer, den Blick auf den Handybildschirm gesenkt, und tauchte, wenn überhaupt, erst zum Abendessen wieder auf. Selbst ihr kleiner Bruder, der auf der Straße und im Garten eine richtige Plaudertasche war, verstummte nun, sobald er das Haus betrat, flezte sich aufs Sofa und beschäftigte sich mit Harry-Potter-Büchern und Fußballstickern. Mein Mann, von der Arbeit gestresst, verschanzte sich stundenlang hinter den großflächig ausgebreiteten Seiten der ZEIT und stand für Familiengespräche nicht mehr zur Verfügung. Die Veränderung ging so schleichend vor sich, dass ich unsicher wurde und mich fragte, ob dieser Zustand vielleicht schon immer, von mir unbemerkt, geherrscht hatte. Ich fühlte mich bedrückt, beklommen, vom Schweigen eingekesselt. Doch ich fand keine Lösung. Bis ich eines Nachts nach einer unruhigen Wachphase endlich wieder einschlief.

Ich ging im Traum die Treppe hinunter – die dritte und siebte Stufe gaben wieder ihr anheimelndes Knarren von sich. Ich durchquerte den Flur und steuerte auf die Abstellkammer zu. Doch statt vor der abgewetzten Holztür stand ich vor einem trüben Spiegel mit geometrischen Mustern am Rand, der mir unscharf meine eigene Gestalt im Schlafanzug zeigte. Wenn ich in die Kammer hineinwollte – und ich musste in die Kammer hinein, das war mir im Traum ganz deutlich – dann blieb mir nichts übrig, als die Scheibe zu zerschlagen. Entschlossen holte ich einen großen Kochtopf aus der Küche, packte ihn am Griff und schleuderte ihn mit aller Kraft gegen den Spiegel. Das Geräusch berstenden Glases weckte meine Familie. Alle kamen herbeigerannt, stellten sich hinter mich, spiegelten sich schweigend in den übriggebliebenen Scherben. Gemeinsam betraten wir den Abstellraum („Die Kammer des Schreckens", flüsterte mein Sohn) und öffneten den Korb. Feindselig starrte uns ein struppiges, dunkelgraues Wesen entgegen, das ich sofort erkannte: Tacitus. Außer gelben, kalten Augen war von seinem Gesicht nichts zu erkennen und auch der Rest des Körpers verschwand im Dunkel. Aber offenbar hatte er eine Kehle und kräftige Gliedmaßen. Mit einem giftigen Knurren sprang er an uns vorbei und durch den zerschlagenen Spiegel ins Haus hinein.

Ich erwachte mit rasendem Puls und rüttelte meinen Mann an der Schulter. Doch der brummte nur gereizt „Lass das, bin müde!" und schob meine Hand weg. Für einen kurzen Moment hatte ich das Gefühl, vor einer Wahl zu stehen. Jetzt oder nie konnte ich von dem Besuch meiner Mutter und von der seltsamen Erbschaft erzählen. Doch es gelang mir nicht. Ich ließ meinen Mann in Ruhe und hörte seinem Atem zu, der wieder ruhiger wurde, während ich schlaflos aus dem Fenster sah.

Von da an drang Tacitus in unsere Wirklichkeit ein. Immer öfter tauchte er auf, wenn die Familie vor dem Fernseher saß oder am Mittagstisch, grau und struppig wie in meinem Traum. Er schlich lautlos heran, setzte sich zwischen uns und starrte ausdruckslos von einem zum anderen. Sein metallischer Geruch verbreitete eine seltsame Müdigkeit. Am Anfang versuchte ich trotzdem noch, ihn zu verscheuchen. Ich schrie ihn an, fuchtelte mit den Armen und machte meinen Mann und die Kinder auf den ungebetenen Gast aufmerksam. Doch sie zuckten nur die Achseln, niemand schien sich über ihn zu wundern oder sich an seiner Anwesenheit zu stören. Also ließ ich ihn eben gewähren.

Doch vielleicht war das ein Fehler. Denn seit einigen Wochen hat sich sein Verhalten verändert. Zuerst hat er nur die Nudeln vom Teller meiner Tochter gefressen, was die sich mit ungewohnter Demut gefallen ließ. Sie habe ohnehin keinen Appetit, meinte sie. Dann begann er, bereits in der Küche die vorbereiteten Töpfe zu leeren und im Garten die Rosenblüten abzubeißen. Bunte Vorhänge und Teppiche frisst er ebenfalls. Alles, was fröhlich aussieht, glänzt oder duftet, scheint ihm zu schmecken. Unser Haus wird zusehends leerer und grauer.

Gestern ist meine Tochter nicht von der Schule nach Hause gekommen – ich kann es ihr nicht verdenken. Eigentlich hätte ich herumtelefonieren und nach ihr suchen müssen, aber meine wachsende Erschöpfung lässt mir kaum Kraft. Die Stimme meines Sohnes, der hinausgegangen ist, um mit seinen Freunden Fußball zu spielen, habe ich auch schon seit Stunden nicht mehr gehört. Und ob mein Mann irgendwann von der Arbeit heimkommt, weiß ich nicht. Aber Tacitus – der ist bei mir, o ja. Struppig, grau und reglos sitzt er seit heute morgen zwischen mir und der Ausgangstür. Er wird mich nicht gehen lassen. Er wartet, dass ich aufgebe und verstumme. Aber noch bin ich nicht besiegt. Ich habe meinen Laptop geholt und schreibe diese Zeilen. Solange ich schreibe, bin ich in Sicherheit. Denn irgendjemand wird meine Worte einmal lesen und

Christine Herbold-Ohmes

Mareile Steinsiek
Das Schächtelchen

„Großvater", setzte ich an und schaute aus dem Fenster in die Ferne, „wie schwer ist das Meer?" Deine tiefe Stimme wartete nicht lange, um mich mit der Antwort zum Lachen zu bringen. „Federleicht, so wie eine Ameise!" „Ach Großvater", lachte ich, „Du Quatschkopf, das Meer ist viel, viel schwerer. Es ist bestimmt so schwer wie 20 Elefanten. Denn 20 Elefanten sind so stark, dass sie ein Boot tragen können." „20 Elefanten ... das Meer ist wirklich ziemlich schwer", schmunzeltest du.

„Und Großvater, wie groß ist das Meer?" Deine Antwort brachte mich zum Staunen. „Das Meer ist gerade so groß, dass es in deinen kleinen Kopf hinein passt. Denn mit deinen Vorstellungen in deinem Kopf kannst du dir alles erklären." „Aber, was sind Vorstellungen?" „Vorstellungen sind Bilder, die du in deinem Kopf in einer kleinen Zauberschachtel sammelst. Je älter du wirst, desto voller und größer wird deine Schachtel, denn es kommen ja immer neue Dinge hinein." Eine Zeit lang war es still. „Und, wie groß ist so eine kleine Schachtel?", wollte ich wissen. „Die ist nicht größer als ein Sandkorn, vielleicht auch etwas kleiner. Denn du musst wissen, du hast ja auch noch ganz viele andere Schächtelchen. Eine für Erinnerungen, dann noch eine, die all' dein Wissen enthält und eine, in der du alles Wichtige hineinsteckst. Natürlich gibt es auch ein Schächtelchen für deine ganzen Wünsche und Träume." „Das ist toll, das wusste ich gar nicht", murmelte ich. „Dafür gibt es Großväter", sagtest du. Ich kuschelte mich an dich heran und lauschte deinem Atem.

Mittlerweile war es dunkler geworden, am dämmrigen Himmel waren schon die ersten Sterne zu erkennen. „Ich glaube, das Weltall, die Sterne ... das alles ist viel zu groß für mein

Vorstellungsschächtelchen", flüsterte ich in die Stille. „Oh ja, für das Weltall ist selbst meine Schachtel zu klein." „Aber du bist doch schon Großvater, du kennst doch alles!" „Ach", seufztest du, „vielleicht weiß ich etwas mehr über die Welt als du. Aber das Weltall und die Sterne sind so geheimnisvoll, dass ich gar nicht alles wissen möchte. Eines kann ich dir aber sagen", gespannt schaute ich dich an, „egal, wo du auf der Erde bist, die Sterne sind immer dieselben. Vielleicht kannst du sie nicht immer sehen und doch sind sie immer da. Schau mal", du zeigtest auf einen besonders hellen Stern am Horizont. „Dieser Stern leuchtet so hell, weil wir ihn jetzt gerade gemeinsam anschauen. Wenn du wieder Zuhause bist und den hellsten Stern am Horizont siehst, dann weißt du, dass ich ihn genau in dem Moment auch ansehe."

„Das ist eine schöne Vorstellung für mein Schächtelchen", gähnte ich. „Du und ich, die ganze Familie, wir sind miteinander verbunden, wenn wir in die Sterne schauen, egal, wo wir gerade sind und sein werden. Schau einfach zum hellsten Stern, dann weißt du, dass ich da bin."

Mit diesen Worten schlief ich ein, ein Lächeln im Gesicht.

Kapitel 6

Am Scheidepunkt

Ursula Buchhorn

*Die Verfasser des folgenden Textes **EntScheidungen** von Carmen Lotzmann, geb. 1998 und Wilfried Seitz geb.1949 haben den Text im Rahmen eines Generation-übergreifenden Tandem-Projektes erstellt. Beide Verfasser waren mit dem Familienthema Ehescheidung konfrontiert und lassen ihre persönlichen Erfahrungen in einer fiktiven Geschichte durchscheinen.*

Carmen Lotzmann und Wilfried Seitz

EntScheidungen

Ungläubig stand Charlotte im Wohnzimmer. Sie verstand die Welt nicht mehr, sie war doch nur über das Wochenende bei einer Freundin gewesen. Und doch - es war einfach alles anders. Wenn man jahrelang in ein und derselben Umgebung lebt, fallen selbst die kleinsten Veränderungen auf. Ihre Mutter hatte es also ernst gemeint. Sie war gegangen. Sie war gegangen und hatte ihre Sachen mitgenommen. Bei ungefähr 25 Jahren des Zusammenlebens sammelt sich viel an. Charlotte liefen Tränen über die Wangen. Sie war nicht hysterisch, schluchzte und schrie nicht. Sie war stumm. Und das war wahrscheinlich viel schlimmer als wenn sie der Wut laut Ausdruck gegeben hätte.

„Charly?", fragte da eine leise Stimme hinter ihr. ,*Nein*', dachte Charlotte. ,*Ich will jetzt um Gottes Willen nicht reden.*' Aber ihr blieb ja nichts anderes übrig. Sie war ja „die Große", wie ihre Eltern oft mit stolzem Unterton gesagt hatten. Also drehte sie sich zu der zaghaften Stimme um und ließ das Chaos zu. „Was ist denn?", fragte sie ihren jüngeren Bruder Timo. „Sie hat es ernst gemeint. Als wir weg waren hat sie ausgeräumt. Es ist nichts mehr da. Also von Marie." Leise, in der Hoffnung Timo würde es nicht hören, fügte Charlotte hinzu: „Und von dieser Familie. Da sind nur noch Scherben." Das konnte sie ihm natürlich nicht ins Gesicht sagen. Timo war drei Jahre jünger als sie, also vierzehn. Marie war die Dritte im Bunde, die Nachzüglerin. Sie war sechs und der absolute Liebling der Geschwister.

Charlottes Mutter hatte schon öfter angedroht, ihre Sachen zu packen und die Familie zu verlassen. Sie hatte sich fast allein um drei Kinder, den Familienhund und das große Haus kümmern müssen. Die Familie hatte nicht allzu viel Geld und es wurde am Ende des Monats nicht selten knapp. Charlotte empfand die Vorwürfe, ihre Mutter mache alles alleine, manchmal als sehr verletzend. Neben der Schule, wo sie mit großen Schritten auf ihren Abschluss zuging, kümmerte sie sich so gut sie konnte um ihre Geschwister und half im Haushalt. Ihre Freunde sah sie nicht so oft wie andere Jugendliche in ihrem Alter, außer in der Schule. Eine Beziehung? In dieser Familienkonstellation unmöglich. So häufig wie es zuhause Streit gab, traute sie sich nicht, jemanden mitzubringen. Jetzt hatte die Mutter also Ernst gemacht. Nach dem großen Knall vor ein paar Tagen war deutlich geworden, dass sie einen anderen Mann hatte. Mit dem war sie jetzt also zusammengezogen und hatte Marie, das Nesthäkchen, mitgenommen. Obwohl Charlotte durchaus bewusst war, dass das richtig war, weil ihr Vater immer lang arbeitete und sie sich auf die Schule konzentrieren musste, tat das unglaublich weh. Zu verstehen war es noch schwerer. Aber sie konnten sich nicht so kümmern, wie Marie es verdiente und brauchte.

Timo hatte angefangen zu schluchzen. Charlotte atmete tief durch, wischte sich die letzten Spuren der Tränen aus dem Gesicht und ging zu ihm. Sie nahm ihn in den Arm und Timo ließ sie gewähren. Spätestens jetzt wusste sie, dass er mehr zu kämpfen hatte als er zugab. Von der großen Schwester in den Arm genommen zu werden war in dem Alter nämlich eigentlich *superpeinlich*, wie Timo immer sagte. „Hey", flüsterte sie ihm ins Ohr. „Ich weiß, dass es wehtut. Mir tut das auch weh. Lass es raus, okay? Sie kommen zwar nicht wieder, aber nach einem richtigen Heulkrampf geht es meistens besser." So saßen sie ungefähr zwei Stunden bis ihr Vater sie zum Abendbrot rief. Er hatte sich frei genommen, um mit der neuen Lage klar zu kommen. Auch er hatte zu kämpfen, obwohl er seinen Kindern gegenüber stark sein wollte. Die letzten Drei aßen stumm und waren deshalb bereits nach zwanzig Minuten fertig. Timo verabschiedete sich umgehend, er wollte ins Bett gehen. Vom Weinen bekam er Kopfschmerzen und wurde müde. Ihr Vater schnappte sich den Hund und brach zu einem ausgedehnten Spaziergang auf. „Den Kopf frei kriegen" nannte er das. Charlotte räumte also den Tisch ab, stellte die Spülmaschine an und ging in ihr Zimmer. Sie überlegte, ob sie jemanden anrufen könnte, um über ihre Situation zu reden. Aber wen denn? Die Sommerferien hatten gerade begonnen und ihre Freunde waren alle verreist. Sie hatte bereits versucht, ihre beste Freundin zu erreichen, aber die ging einfach nicht ran. Egal zu welcher Uhrzeit.

Obwohl Charlotte ihre Probleme oft mit sich selbst ausmachte, wollte sie dieses Mal drüber reden. Das alles zog sie zu sehr runter, als dass sie es allein durchhalten würde. Ihre Eltern waren aktuell keine Bezugspersonen, sie kam sich von beiden verraten vor. Mit Verrätern spricht man nicht über die Dinge, die einen verletzen. Nachher machen sie es noch schlimmer. Ihr kam der Gedanke, sich in einem dieser bescheuerten Foren anzumelden, die es für jede Situation gab. Eigentlich hielt sie überhaupt nichts von diesen Dingern. Fremde Leute diskutieren über unglaublich private Dinge und wollen Ratschläge von diesen Fremden, deren Namen sie nicht einmal kennen. Sowas war nichts für sie, sie hatte sich dafür immer zu überlegen gefühlt. Auch wenn das irgendwie arrogant war. Jetzt, so alleine wie sie war, kam sie sich nicht mehr so überlegen vor. Außerdem musste sie ja nicht selber etwas schreiben. Es reichte ja, zu sehen wie es andere machten, wie andere mit der Situation umgingen. Bevor der Mut sie verlassen konnte, startete sie den Laptop, öffnete den Browser und fing an zu googeln. Nach ein paar Minuten fand sie unter dem Suchbegriff *Forum Scheidung* eine Seite, die einigermaßen seriös wirkte. Allerdings musste man sich zuvor registrieren, einen freien Zugriff auf die Inhalte gab es nicht. Charlotte seufzte. Es war zu spät. So weit wie sie sich jetzt durchgerungen hatte, würde sie nicht noch einmal kommen, wenn sie jetzt aufgab. Also tippte sie in ihrem dunklen, nur vom Laptopbildschirm erhellten Zimmer einen Nutzernamen und ein Passwort ein. Danach kam sie auf eine Startseite, wo es einen offenen Austausch gab. Nutzer konnten hier Beiträge erstellen und wieder andere konnten darauf antworten. Charlotte scrollte ein wenig und klickte sich durch. So verbrachte sie etwa eine halbe Stunde. Ihren Vater hatte sie bisher nicht zurückkommen hören. Sie scrollte wieder nach oben und stellte fest, dass die neusten Beiträge erst ein paar Minuten alt waren. ‚Tja‘, dachte sie daraufhin. ‚Nachts beginnt die Zeit der Einsamen und Verlassenen.‘

<< Mai 24, 2016, 09:22:01 Vormittag>>
*„Hey Leute ich will raus aus der Ehe, hat jemand Erfahrung damit …?
Charlie“*

„Wow, was für ein Arschloch", sagte Charlotte laut, als sie diesen Beitrag las. Als wäre die Ehe einfach ein Geschäft aus dem man aussteigt, wenn man keinen Bock mehr hat. „Ob der Kinder hat? Ob der auch nur einmal daran gedacht hat, wie die sich dann fühlen?" Erwachsene konnten so grauenhaft sein. Dachten sie in solchen Situationen eigentlich jemals an ihre Kinder? Verletzt und genervt wollte sie das Forum schon wieder verlassen. Sie war hergekommen, um zu reden. Also würde sie genau dies jetzt tun.

Bevor sie einen Rückzieher machen konnte, tippte sie folgenden Beitrag:

<< Mai 25, 2016, 022:41:01 Nachmittag>>
„Hallo zusammen...gestern ist meine Mutter ausgezogen, wir sind wie gelähmt. Wie geht sowas weiter?
Carlyle"

Danach meldete sie sich ab, fuhr den Computer herunter und ging ins Bett. Nur weil sie den Mut aufgebracht hatte, einen Beitrag zu verfassen, hieß das nicht, dass sie auch den Mut hatte, eine Antwort abzuwarten.

***

Die große Ausfallstraße in der Hannoverschen Nordstadt erschien ihm fremd obwohl er viele Jahre Hannover als Wohnsitz gehabt hatte. Sein altes Zuhause war in der Südstadt, mit viel Grün, nicht weit von den Kies-Seen. Vor einigen Tagen hatte er die spärlich möblierte, kleine Wohnung in der Amalien-Straße bezogen, im vierten Stock eines der alten, einst vornehmen Stadthäuser aus der Gründerzeit. In den vielen Jahrzehnten bekamen die stolzen Sandsteinfassaden eine schmutzige, graue Patina aus Ruß und Staub. Der Anblick dieser Häuser lässt die Menschen ahnen, dass Altern nichts Gutes bedeutet. Sorge hatte ihm die Straßenbahnhaltestelle bereitet. In seiner Ausbildungszeit zum Justizvollzugs-Sekretär hatte er in einer ähnlichen Straße gewohnt, das heulende Kreischen der hässlichen gelben Wagen waren ihm immer noch in Erinnerung. Leise surrten jetzt die neuen, schick lackierten Wagen heran, schnieke und in galanter Ruhe kamen sie stillschweigend zum Stehen. Nein, mit der Straßenbahn und dem Autoverkehr würde er sich arrangieren können, aber die Treppen zu seiner Wohnung machten ihm zu schaffen. Auch die mit anderen Mietparteien zu praktizierende Müllentsorgung gefiel ihm nicht. Im Container häuften sich die Pappkartons des *Pizza-Liefer-Service*. Ekel, wenn er auf halbverschimmelte Essensreste im Restmüll stieß. In seinem Häuschen in der Südstadt hatte er dafür einen sichtgeschützten, gepflegten Abfall- und Kompostbereich gehabt. Karl Weber, jetzt alleinstehend, verdrängte schnell die Gedanken an seinen klinkersauberen Bungalow mit dem gepflegten Rasen. Heute hatte er noch zusätzlich einen freien Tag, Überstunden abfeiern. Er hatte Hunger und ihm war nach einem Döner. Das Straßen-Geschäftsleben hier hatte unverkennbar anatolische Züge, was Karl nicht unsympathisch fand im Gegensatz zur uniformen Öde der Filialisten in der Innenstadt. Er blickte auf: Hausnummer 183, darunter ein schlichtes Firmenschild:

Carola Steffens
Fachanwältin für Familienrecht
Termin nach Vereinbarung
Intuitiv tippte er den Namen in sein Smartphone-Adressbuch.

Zwei Häuser weiter an der Kreuzung fand er einen Eckladen: **Efendi Döner.** Vor der Ladentür drei kleine, runde Stehtische, im Laden eine saubere Kühltheke mit den Dönerzutaten. Alles machte einen friscen Eindruck. Über der Theke eine knallig gelbe Werbetafel mit fototechnisch armseligen Abbildungen der Speisen und mit dickem roten Filzstift dahinter die moderaten Preise dazu. Neben der Toilettentür der obligatorische Getränkekühlschrank. Der Raum mit den wenigen Tischen strömte eine sachliche Behaglichkeit aus. Aus einem Flachbildschirm flötete eine glutäugige, überschminkte Schwarzhaarige unbeachtet von den wenigen Gästen im Laden. Die drei bärtigen, jungen Männer, das Smartphone in der rechten Hand, nahmen Karl gleichgültig wahr. Noch während er die Speisentafel studierte, kam es hinter dem

Tresen in geschäfts-mäßiger Unfreundlichkeit hervor: „Was soll's sein?" „Döner, scharf mit allem dazu!" erwiderte Karl. Ohne den Verkäufer anzuschauen legte er einen Zehn-Euro-Schein auf den Tresen. Mit einer Flinkheit, die er dem Speckwülste-behangenen Türken nicht zugetraut hätte, füllte dieser in blinder Routine den vorgewärmten Teigfladen, rollte ihn in das Pergamentpapier und reichte ihn Weber wortlos rüber. Noch im Rausgehen biss Weber zu, die mit Fleischsaft durchzogene Yoghurtsauce begann durch seine Finger und auf die Lederjacke zu rinnen. Fluchend schüttelte er die Finger aus und aß mechanisch weiter. Er nahm sich vor, gleich zu Hause die Rechtsanwältin anzurufen.

***

Knapp und sachlich schlug die Sekretärin ihm einen Termin vor. Karl Weber stimmte sofort zu. Zwei Tage später, mit dem Gefühl, sich nicht richtig vorbereitet zu haben, saß er im Wartezimmer. Aktuelle Zeitschriften waren nicht zu entdecken. Weber nahm eine ältere Ausgabe der **Yacht** in die Hände. „Seglerin" ging es ihm durch den Kopf und er fühlte sich beruhigt. Gerade beim Überfliegen der Charterangebote flog die Tür auf: „Herr Weber?" Der klar bestimmende, fragende Ton, bestätigte Karls Vorahnung: Die ist handfest!

Ohne große Umschweife begann Carola Steffens: „Was kann ich für Sie tun, Herr Weber?" Noch während er nach einer Antwort suchte, prägte sich ihm ihr Bild ein: Küstentyp, schlank, hochgewachsen, zusammengebundenes blondes Haar, freundlich-kühler Charme, eine Frau, die Ansagen zu machen gewohnt ist.

„Frau Steffens, ich glaube ich brauche rechtlichen Beistand, es geht um eine Scheidung!" Fast wie ein Röntgenstrahl traf ihn der klare, prüfende Blick der Rechtsanwältin. „Verstehe!" kam es knapp von ihr, um fortzufahren: „Herr Weber, Sie bekommen jetzt einige Vorinformationen und dann können Sie entscheiden, ob wir zusammenarbeiten". Rechtsanwältin Steffens nannte ohne Umschweife 300,- € Gebühr für das erste ausführliche Beratungsgespräch. Karl schluckte. Bisher war der Begriff „Scheidungskosten" etwas abstrakt Entferntes gewesen und jetzt spürte er, dass etwas auf ihn zukam, etwas Unvermeidliches, das sein Leben grundlegend verändern würde. Knapp und prägnant umriss die Rechtsanwältin die Situation mit der Karl Weber konfrontiert sein würde: Vermögensaufstellung, Zugewinnausgleich, nachehelicher Unterhalt, Haushaltsteilung und die finanziellen Belastungen durch die Kinder. Natürlich hatte sich Karl im Internet schon informiert, aber diese Informationen schienen vor ein paar Tagen noch gar nichts mit ihm direkt zu tun zu haben. Jetzt, Auge in Auge mit einer leibhaftigen Scheidungsanwältin realisierte er, dass alles für ihn bald harte Wirklichkeit werden würde.

Mit einem versöhnlich klingenden „Das soll's für heute sein Herr Weber und hier die notwendigen Unterlagen: Honorarvertragsformular, Vollmacht, Datenschutzerklärung usw., die Sie bitte in Ruhe durchsehen, dann können wir den Termin für ein Beratungsgespräch vereinbaren!" stand Rechtsanwältin Carola Steffens auf. Zögernd sammelte Karl die Papiere ein, erhob sich und erwiderte den angebotenen Handschlag der Rechtsanwältin. Beim Verlassen der Kanzlei spürte er die prüfenden Blicke der Sekretärin in seinem Rücken. Draußen an der frischen Luft wusste er, dass seine Entscheidung gefallen war: ‚Rechtsanwältin Steffens ist es!'

***

Der Discounter auf dem Weg zu seiner Wohnung in der Amalien-Straße ließ ihn stoppen. Immer wenn zu viel auf ihn einstürmte, genehmigte er sich, allein und diskret, „ein Gläschen". Karl bevorzugte dabei Wodka. Das hatte Vorteile. Wodka produziert kein „Fahne" und lässt sich wunderbar zu scheinbar harmlosen *happy hour drinks* mixen. In der Hand den ersten *Wodkatini* machte er es sich auf dem Billigsofa bequem, zappte im TV und nickte schließlich ein. Das Klingeln der Sprachbox weckte ihn. Ohne sich für die Nachricht zu interessieren sah er nur die Uhrzeit: 22:10 Uhr. Dann der Blick auf die Wodkaflasche, den Wermut. Ruckartig stand er auf, schlurfte in die Küche zum Eisfach. Die Eiswürfel klimperten den *Tumbler,* ein mächtiger Schuss Wodka und fast schon bedächtig etwas *Vermouth dry.* Auf die Olive verzichtete er. Das Glas in der Hand stierte er in den immer noch flimmernden Bildschirm: *Tagesthemen, 500 Flüchtlinge im Mittelmeer gerettet, AfD bricht Gespräch mit Zentralrat der Muslime ab....*

Er griff nochmal zur Wodkaflasche. Das wärmende Gefühl im Körper und alkoholstimuliert, ging er zu seinem kleinen Schreibtisch mit dem PC. Er googelte das Stichwort *Forum Scheidung.* Schon die Vorauswahl war ellenlang. Planlos klickte er einige Seiten an, bis er bei http://www.trennung-forum.de/forum/index.php/topic.....html landete. Er begann die Beiträge zu lesen:

« **am:** Mai 25, 2016, 7:22:01 Vormittag »
„Hey Leute ich will raus aus der Ehe, hat jemand Erfahrung damit.......?
Charlie"

« **am:** Mai 25, 2016, 8:05:01 Vormittag »
„Meine Scheidung steht an, bin Beamter was hat das für Auswirkungen auf meine Pension
und wie muss ich mich rechtlich verhalten...
Paule"

Karl wurde es ganz heiß, er war im Mittleren Dienst des Justiz-Vollzuges.

„Was bleibt mir da vom Gehalt und der Pension übrig?" schoss es ihm durch den Kopf.

« **pm:** Mai 25, 2016,22:41:01 Nachmittag »
„Hallo zusammen, gestern ist meine Mutter ausgezogen, wir sind wie gelähmt. Wie geht sowas weiter?
Carlyle"

Als Karl diese Zeilen las, tauchten Franziska und Ronald, seine Kinder vor ihm auf. Ein Kloß schnürte ihm den Hals zu, er löste ihn mit einem vierten Wodka. Dann tippte er ein:

« **pm:** Mai 27, 2016, 21:05:01 Nachmittag »
„Hallo Carlyle,
habe Deine Mail mit flauem Gefühl im Magen gelesen. Ich habe meine Familie verlassen und bin ausgezogen. Habe zwei Kinder zurückgelassen. Würde mich gerne mit Dir direkt austauschen."
Karl"

***

Zwei Tage später, nachdem sie mit ihrer restlichen Familie einen Plan gemacht hatte, wie es weiter gehen sollte, ging Charlotte abends wieder online in das Forum. Sie erwartete keine Antwort, aber eine leichte Neugier trieb sie dazu. Kaum hatte sie sich eingeloggt, sah sie, dass sie eine Privatnachricht bekommen hatte. Also kein öffentlicher Beitrag, sondern nur an sie gerichtet. Zitternd klickte sie das Icon an und öffnete die Nachricht.

« **pm:** Mai 27, 2016, 21:05:01 Nachmittag »
„Hallo Carlyle,
habe Deine Mail mit flauem Gefühl im Magen gelesen. Ich habe meine Familie verlassen und bin ausgezogen. Habe zwei Kinder zurückgelassen. Würde mich gerne mit Dir direkt austauschen.
Karl"

166

Ungläubig sah Charlotte den Bildschirm an. Ihr erster Impuls war, den Laptop einfach zuzuklappen. Der Zweite war, diesem Typen, der seinen Kindern genau das Gleiche angetan hatte, was sie gerade durchmachte, ordentlich die Meinung zu geigen. Nach kurzer Überlegung ließ sie das aber bleiben. Sie würde antworten. Was, das wusste sie noch nicht. Darüber musste sie erst eine Nacht schlafen. Am nächsten Tag würde sie sich mit diesem Karl auseinandersetzen.

Aus dem Vorsatz, am nächsten Tag zu antworten, wurde aber nichts. Sie hatte viel um die Ohren, auch wegen Timo und war abends oft so erledigt, dass sie sich nicht mehr an den Laptop setzte, sondern einfach ins Bett fiel und schlief. Einige Tage nachdem sie die Nachricht bekommen hatte, war sie einen Abend aber nicht ganz so sehr eingespannt und öffnete das Portal. Charlotte loggte sich ein und öffnete den Chat mit Karl. Sie saß vor dem Bildschirm, begann immer wieder neue Nachrichten, nur um sie kurz darauf wieder zu löschen.

‚Okay, es reicht jetzt. Atme tief durch und dann antwortest du gefälligst. Ohne dumme Kommentare, du kennst ja seine Situation nicht‘, sagte sie sich selbst. Einmal tief durchgeatmet, dann begann sie zu tippen. Charlotte las den Text noch zwei Mal durch und änderte ihn ab, bis sie nichts mehr zu ändern wusste:

« **pm:** Mai 31, 2016, 23:05:10 Nachmittag »
„Hallo Karl.
Ich bin ein wenig überrascht von Deiner Mail. Ich habe nicht damit gerechnet, dass jemand darauf antworten würde. Du musst wissen, es ist nicht leicht für mich über dieses Thema zu sprechen. Deshalb würde ich vorschlagen, wir stellen uns gegenseitig erst mal vor. Also nichts zu persönliches, aber vielleicht kannst Du mir ja mal Deine Situation genauer schildern, damit wir uns austauschen können?
Carlyle"

Noch zögerte sie. Sollte sie wirklich absenden? Einem völlig Fremden anvertrauen, was sie durch-machte? Skepsis überfiel sie. Aber im Endeffekt konnte Charlotte den Austausch ja stoppen, wenn dieser Karl doch nicht ganz geheuer sein sollte. Nochmal atmete sie tief durch, dann klickte sie auf „absenden". Was jetzt passieren würde, wusste sie nicht. Charlotte wollte auch keine Vermutungen anstellen. Sie meldete sich ab und fuhr den Laptop herunter. Heute würde sie den Chat nicht wieder öffnen. Ob sie es morgen tun würde, wusste sie auch nicht. Sie wollte das alles auf sich zukommen lassen und abwarten. Sonst konnte sie ja doch nichts tun. Mit diesem Gedanken ging sie ins Bad, um ihre Zähne zu putzen und fiel danach in einen tiefen Schlaf.

***

Den Rest der Woche war Karl zu einer Schulung in Wolfenbüttel: *„Rechtsvorschriften bei der Festsetzung kriminalisierter Personen mit Migrationshintergrund"*. Auf der Rückfahrt am Freitagabend dachte er an den Dönerladen und die ganze Straße voller Migrationshintergrund. Auf dem Weg zur Wohnung kam er wieder an dem Discounter vorbei.

Karl wachte auf. Er schwitzte. Langsam nahm er wahr, dass er mit voller Bekleidung im Bett lag. Durch das offene Fenster hörte er den morgendlichen Verkehrslärm, begleitet von endlosem Gurren der Tauben auf dem Mauerabsatz unter dem Dach. Es war seine Unruhe, er war Frühaufsteher. Mühsam versuchte er die LED-Anzeige seines Funkweckers zu erkennen: Sa 28.05.2016 4:21h, er schaute auf den kleinen Tisch vor dem billigen TV-Gerät, das er sich gleich nach dem Einzug in die Wohnung besorgt hatte. Die Wodkaflasche war bis auf einen Fingerbreit leer. Er fühlte sich hundeelend. Im Badezimmer der Blick in den Spiegel. Zwischen den Blindflecken glotzte ihm sein Gesicht entgegen. Der der Spiegel schien sich mit leeren Gesichtern zu füllen. Nein! Es
168

waren keine Gesichter, es waren Gedankenbilderfetzen in seinem noch benebelten Hirn. Da war Frederikes vorwurfsvoller bis ins Verächtliche bekannter Blick. Das maulige Türknallen seines Sohnes Ronald. Die kalt-gleichgültigen Blicke der Knast-Insassen hinter seinem Rücken. Der Satz der Rechtsanwältin fiel ihm ein: „Nacheheliche Unterhalt ...das kann eine Reise ins Blaue werden." Kurz nach seiner Heirat am 14. März 1998 hatte seine Frau Frederike Ronald geboren, knapp zwei Jahre später war Tochter Franziska auf die Welt gekommen. Frederike, gelernte Bibliothekarin, hatte ihre Stelle aufgegeben. Ab dann war Karl Alleinverdiener, Besoldungsstufe A11 gewesen. Immerhin hatte er von seiner Mutter ein kleines Häuschen in der Solling-Stadt Uslar geerbt. Mit dem wirtschaftlichen Niedergang dieser Stadt war das Haus nur noch zu einem Bruchteil des eigentlichen Wertes zu verkaufen. Auch davon hatte Frederike Anspruch auf die Hälfte. Bitterkeit stieg in Karl Weber hoch.

Um acht Uhr begann seine Schicht in der Justizvollzugsanstalt, der JVA wie man sie nur nannte. Ihm fiel ein, dass in wenigen Tagen die Frist für die Abgabe der Einkommensteuererklärung ablief. Er fühlte sich hilflos, ja ohnmächtig, früher hatte sich immer Frederike drum gekümmert. Beim Duschen knallte ihm der Seifenspender auf die Fliesen und zersprang. „SCHEISSE!" schrie er. Langsam und fast unbewusst trocknete er sich ab, die Zukunft lag in grauem Nebel und doch wusste er ganz tief im Innern, es war richtig, dass er gegangen war.

Die nächsten Tage im Dienst waren zum Kotzen. Ein Neuzugang in Zelle 71 brachte ihn zur Weißglut. Ein Kollege war immer noch krankgeschrieben. Überstunden, öde Verwaltungsaufgaben und immer der gleiche Trott. Unter der kühlen, korrekten Sachlichkeit die von ihm im Umgang mit den Straffälligen verlangt wurde, brodelte es. Fast jede Pause checkte er sein Handy auf

Nachrichten von seinen Kindern. Fehlanzeige. Auf seine Mail mit der Einladung zu einem Besuch eines Erlebnisparks an seinem dienstfreien Tag hatten weder Ronald noch Franziska geantwortet.

Er hatte keine Ahnung wie es weiter gehen sollte. War es richtig gewesen, Frederike zu verlassen? Nein, nicht mehr zurück! Da war nichts mehr an Verbindung zu spüren. Genauso wie er im Dienst seinen Frust schlucken musste, hatte er sich nach den oft nächtlichen Auseinandersetzungen mit Frederike stillschweigend in „sein Zimmer" verzogen. Durch das Fenster sah man nur das Flimmern des PC. Dann war da plötzlich eine Nachricht:

« **pm:** Mai 31, 2016, 23:05:10 Nachmittag »
„Hallo Karl.
Ich bin ein wenig überrascht von Deiner Mail. Ich habe nicht damit gerechnet, dass jemand darauf antworten würde. Du musst wissen, es ist nicht leicht für mich über dieses Thema zu sprechen. Deshalb würde ich vorschlagen, wir stellen uns gegenseitig erst mal vor. Also nichts zu Persönliches, aber vielleicht kannst Du mir ja mal Deine Situation genauer schildern, damit wir uns austauschen können?
Carlyle"

***

In der Mittagspause fühlte er sich nicht wohl. Die Kollegen kamen ihm merkwürdig vor. Irgendetwas stand zwischen ihm und seinen drei Schichtkollegen, mit denen er auch privat öfter zusammenkam. Verlegen öffnete ihm gegenüber Franz Eckert die Tupperware-Dose, die dessen Frau Inge ihm eingepackt hatte, mit Broten, die dick mit Thüringer Mett bestrichen waren. Inge und Frederike joggten regelmäßig zusammen und Karl hatte sich immer lange die Neuigkeiten anhören müssen, die seine Frau von Ihrer Freundin berichtete. Sein Desinteresse daran konnte er nur schwer verbergen. Es war Teil seiner öden Ehe.

Vorsichtig kommt es von Franz: „Na Karl, wie geht's?" „Passt schon!" antwortet Karl gleichgültig, dabei merkt er, dass zwischen ihm und seinem besten Freund eine beunruhigende Veränderung eingetreten ist. Sie sind sich sehr vertraut. Franz weiß um Karls Prostata-Probleme und Karl weiß sehr wohl, dass Franz' letzte Fortbildung nicht zufällig mit der von Karla Gerlich, der Justizangestellten bei der Staatsanwaltschaft, zusammengefallen ist. Nie hätte er Frederike davon berichtet. *'Was erzählt Frederike beim Joggen wohl über mich?'* geht ihm durch den Kopf. Weber schaut auf die Uhr über der Tür des Pausenraumes, er hat noch zehn Minuten Zeit. Mit seinem Smartphone sucht er einen etwas abgelegenen, nicht besetzten Platz und schaut nochmal in die Mail von Carlyle um dann einzutippen:

« **pm:** Juni 01, 2016, 12:50:01 Nachmittag »

„Hallo Carlyle,

danke für die Nachricht. Ich bin Justizvollzugsbeamter in Hannover und 52 Jahre alt. Es ist schon ein komischer Zufall. Deine Mutter ist ausgezogen und hat euch zurückgelassen und ich bin ausgezogen und habe auch meine Kinder Franziska und Ronald zurückgelassen. Als ich deinen Eintrag las, habe ich sofort an meine Beiden gedacht. Deiner Mutter wird es vielleicht so gehen wie mir: Schuldgefühle über Schuldgefühle, Leere und trotzdem das Gefühl, wieder etwas vom Leben einfangen zu können nach vielen Jahren Sprachlosigkeit und ganz wenig Berührung.

Wir haben jung, vielleicht zu jung geheiratet und dann lebten wir nur noch fürs Eigenheim und hätten den Kindern mehr Zeit schenken müssen. Die drehen jetzt ihr eigenes Ding. Mein Schichtdienst in der JVA ist auch nicht gerade familienfreundlich. Vielleicht magst Du mir mitteilen wie es Dir als Scheidungskind geht.

Karl"

***

Charlotte war heute früher aus der Schule zurückgekommen. Na klar, es ging ja auch auf die Ferien zu, da machten die meisten Lehrer ja kaum noch vernünftigen Unterricht. Das bedeutete aber auch, dass sie bald der drückenden Stille zuhause nicht mehr entkommen konnte. Wenn die Schule erst einmal vorbei war, dann musste sie jeden Tag hier verbringen. Ihre Freunde fuhren alle in den Familienurlaub, während sie zuhause sitzen durfte. Ein Vater, der den ganzen Tag arbeitete und ein kleiner Bruder, der auch versorgt werden wollte. Naja, eigentlich war ihr Bruder alt genug, um sich selbst etwas zu kochen. Aber als typisches Sandwich-Kind war er meist doch drum herumgekommen. Also musste Charlotte dafür sorgen, dass mittags etwas Warmes auf den Tisch kam. Im besten Fall war das dann auch gut wieder aufwärmbar, damit ihr Vater abends auch noch eine warme Mahlzeit bekam. Also stellte sich Charlotte eher missmutig in die Küche und fing an, Kartoffeln zu schälen. Es musste etwas geben, wo sie nicht ständig daneben stehen musste um zu gucken, dass es nicht verkochte. Die Wäsche wollte ja schließlich auch gemacht werden. Deshalb war sie in der Schule zu dem Entschluss gekommen, ein ordentliches Kartoffelgratin zu machen. Für die Soße hatten sie ja noch eine von den Maggifix-Tüten, das musste reichen.

Als die Kartoffeln nach dem Kochen und Schneiden dann endlich mit der Soße übergossen im Ofen waren, ging sie ins Wohnzimmer zum Bügeleisen. Ihre Mutter hatte es dorthin gestellt. Während des Bügelns hatte sie oft irgendwelche komischen Talkshows gesehen. Sie hatte gerade einen halben Korb Bügelwäsche geschafft, als Timo durch die Haustür gepoltert kam. Alleine daran, wie er lief konnte Charlotte erkennen, dass er sehr schlechte Laune hatte. Das konnte ja ein schöner Nachmittag werden, dachte sie die Augen verdrehend. Sofort schallte auch ein „Wo bleibst du, ich hab' Hunger!" in das Wohnzimmer. Also stellte Charlotte das Bügeleisen ab und ging in die Küche. Ihr Bruder saß bereits am Tisch und zog ein Gesicht wie sieben Tage

Regenwetter. Trotzdem musste man ihm zugutehalten, dass er schon den Tisch gedeckt und den Backofen abgestellt hatte.

Das Essen verlief schweigsam, jeder hing den eigenen düsteren Gedanken nach und wollte den Anderen damit nicht noch weiter nach unten ziehen. Gemeinsam räumten sie ihr bisschen Geschirr in die Spülmaschine, danach war Timo schon wieder weg. Er wollte sich mit Lukas, seinem Kumpel zum Zocken treffen. Ihre Mutter war immer dagegen gewesen. Charlotte aber dachte, dass ihnen jede Ablenkung guttun würde. Außerdem war Timo dann wenigstens nicht allein. Sie wusste zwar nicht so ganz wie Jungs ticken, hatte aber ein wenig Hoffnung, dass Timo sich bei Lukas vielleicht einiges von der Seele reden konnte.

Noch schlechter gelaunt bügelte sie den Rest der Kleidung fertig, räumte sie in den jeweiligen Kleiderschrank und verzog sich in ihr Zimmer. Obwohl sie allein im Haus war, wollte sie sich nicht im Wohnzimmer aufhalten. Für Charlotte war ihr Zimmer der Rückzugsort schlechthin und aktuell konnte sie den sehr gebrauchen. Sie schnappte das Buch, welches sie angefangen hatte zu lesen. Sie musste aber nach einer Viertelstunde feststellen, dass sie nur zwei Seiten weitergekommen war und gar keine Ahnung hatte, was auf diesen zwei Seiten passiert war. Wenn sich ihre schlechte Laune überhaupt noch verschlechtern konnte, dann war das gerade geschehen. Verzweifelt auf der Suche nach Ablenkung fiel Charlottes Blick auf den Laptop, der zugeklappt auf dem Schreibtisch stand. Auf irgendwelche dämlichen Youtuber hatte Charlotte keine Lust. Aber vielleicht hatte dieser Karl ihr ja in dem Scheidungsforum geantwortet. Es war nicht so, dass Charlotte groß Lust auf Konversation gehabt hätte. Aber genau das war ja das Gute daran. Über den E-Mailverkehr konnte sie selbst bestimmen, wann sie sich mit Karl unterhalten wollte und wann nicht. Da er ja bestimmt berufstätig war, hatte er vermutlich auch keine

Zeit für eine konstant anhaltende Unterhaltung. Also brauchte sie kein schlechtes Gewissen haben, wenn sie mal nicht sofort antwortete. Bei ihren Freunden war das anders. Entweder man antwortete sofort oder am besten nie.

Mit leicht verbesserter Laune klappte sie also den Laptop auf und fuhr ihn hoch. Kaum war die typische Erkennungsmelodie erklungen, öffnete sie den Internetbrowser und meldete sich im Forum an. Und siehe da, eine neue Nachricht. Schnell las sie die Mail von Karl und war überrascht, wie offen und ehrlich er auf ihren Vorschlag eingegangen war. Schließlich war Charlotte ja für ihn eine völlig Fremde und Solchen erzählte man ja nicht mal eben so sein Privatleben. Aber da Karl so ehrlich gewesen war, beschloss sie, es ihm gleichzutun. Deshalb begann sie zu tippen:

« **pm:** Juni 01, 2016, 15:50:01 Nachmittag »

„Hallo Karl.

Ich muss sagen, mit einer so offenen und ehrlichen Antwort hätte ich nicht gerechnet. Du kennst mich ja schließlich gar nicht. Aber okay, das bedeutet, du hast jetzt das gleiche Recht was über mich zu erfahren. Also, mein Pseudonym ist Carlyle und das werde ich auch beibehalten. Wenn man das immer wieder eingeimpft bekommt, dass man im Netz aufpassen soll, kann man irgendwann gar nicht anders. Also hoffe ich, das ist in Ordnung für Dich. Ich bin 17 und gehe noch zur Schule. Wo genau ich wohne, behalte ich lieber für mich, aber es ist im Umland von Hannover.

Wie es mir als angehendes Scheidungskind geht? Tja, das ist eine gute Frage. Ich bin sehr durcheinander. Solange wie ich mich mit Schule oder so ablenken kann, geht es. Aber nachts kann man halt schlecht seinen eigenen Gedanken davonlaufen. Dann denkt man immer wieder darüber nach, warum die Eltern diesen Schritt gemacht haben. Natürlich kommt dabei auch ständig die Frage auf, ob man als Kind vielleicht die Schuld an der Trennung trägt. Das ist die schwerste Frage von allen und diejenige, die einen am wenigsten schlafen lässt. Zwar haben meine Eltern mit mir gesprochen und mir versichert, dass es nicht an mir liegt. Aber ganz ehrlich? Das zu glauben ist nicht so leicht. Zumal man eigentlich erst mal auf Abstand zu den Eltern gehen will, besonders dem Elternteil, das gegangen ist.

Wie ist denn das bei deinen Kindern, wie gehen die damit um? Vielleicht kann ich mir ja was von ihnen abgucken.

174

P.S.: Schichtdienst in der JVA klingt wirklich nicht so familienfreundlich. Eher die Familie belastend, weil man ja sicherlich einiges mit nach Hause nimmt. "

Als Charlotte den Text fertig hatte, war sie selbst überrascht, dass sie so viele Worte an einen Fremden richten wollte. Aber auf der anderen Seite musste sie sich auch Dinge von der Seele reden und jemand den man nicht kennt war dafür möglicherweise gar nicht schlecht. Die Bewertung der Dinge konnte so wesentlich objektiver sein. Wie auch immer, sie würde schon sehen wie das Gespräch weiter verlief. Irgendwie war Charlotte schon ein bisschen neugierig zu erfahren, wie es eigentlich auf der anderen Seite dieses Problems aussah. Ohne dass sie es bemerkt hatte, war ihre Laune besser geworden. Sie meldete sich ab und schaltete den Computer aus. Sie wollte ihre gute Stimmung nutzen und noch etwas von der verhassten Bügelarbeit erledigen. Dann könnte sie heute Abend eventuell ein bisschen länger lesen, einfach weil sie mehr Zeit dafür haben würde. Leise vor sich hin pfeifend verließ sie also ihr Zimmer, holte einen neuen Wäschekorb ins Wohnzimmer und machte sich an die Arbeit.

***

Es war nicht mehr lange bis Dienstschluss. Was würde er nachher machen, fragte sich Karl Weber. Früher war er, je nach Schicht, vor oder nach dem Dienst um den Kies-See in der Nähe seines Hauses gejoggt. Aber jetzt, mitten in der Stadt, hatte er null Bock dazu, er registrierte, dass er sich vernachlässigte. Sollte er wieder in seinen Friseur-Salon, wo Ihm meistens die sommersprossige Barbara die Haare schnitt und sie beide um lockere Sprüche nicht verlegen waren? Es war ihm zu weit und zu nah bei seinem Haus. In der Amalien-Straße gab es einen Billig-Friseur, da standen die Leute Schlange. Fühlte sich so sozialer Abstieg an?

Schlecht gelaunt kontrollierte er mit Sven Lüdecke, einem „Frischling" im Vollzugsdienst, die letzte von fünf pro Schicht vorgeschriebenen Zellen. Als Sven die Zellentür aufschloss, hörten sie die Toilettenspülung. Weber und Lüdecke schauten sich an und nickten. Da keine Leerzelle für die zwischenzeitliche Unterbringung des Häftlings zur Verfügung stand, wies Karl Weber den durchtrainierten, tätowierten, sichtlich benommenen Gefangenen an, auf dem Flur der Station zu warten. „Drogen" rutschte es Sven Lüdecke heraus, zu spät legte Karl Weber den Zeigefinger an die Lippen. Von draußen hörten sie: „Scheiß Wichser!" Sofort war Weber draußen und baute sich dicht vor dem Gefangenen auf, leicht berührte er ihn mit dem Ellenbogen. Daraufhin krümmte sich der Gefangene aus der Einzelzelle Nummer 72 zusammen, ließ sich auf den Boden fallen und begann zu stöhnen. „Was'n los?" kam Sven an. „Der markiert nur, der Heini!" kam es von Karl Weber. Das Stöhnen verstärkte sich. Sven Lüdecke vermerkte sachlich: „Das müssen wir wohl dem Schichtleiter melden!". Karl Weber wusste, was auf ihn zukam. Er hatte keinen Zeugen, der beweisen konnte, dass er dem Gefangenen **nicht** den Ellenbogen in den Magen gerammt hatte. Alles, aber bloß keine Dienstaufsichtsbeschwerde schoss es Weber in den Kopf. Der Vorfall bedeutete, dass er anderthalb Stunden später als sonst nach der Frühschicht die Tür seiner kleinen Wohnung aufschloss. Sofort schmiss er sich aufs Bett und begann zu grübeln. Es begann schon zu dämmern als er aufstand und ohne Plan, nur um sich abzulenken, den PC anwarf.

« **pm:** Juni 01, 2016, 15:50:01 Nachmittag »
  „Hallo Karl.

Ich muss sagen, mit einer so offenen und ehrlichen Antwort hätte…. Du kennst mich ja schließlich gar nicht. … mein Pseudonym ist Carlyle… hoffe ich, das ist in Ordnung für Dich…. bin 17 …. ich wohne… im Umland von Hannover.

Wie … als angehendes Scheidungskind geht? …. bin sehr durcheinander. … nachts kann man halt schlecht seinen eigenen Gedanken davonlaufen. …. denkt man immer…, warum die Eltern diesen Schritt … man als Kind vielleicht die Schuld an der Trennung … Eltern mit mir gesprochen, dass es nicht an mir liegt. … erst mal auf Abstand zu den Eltern Wie…bei deinen Kindern, wie gehen die damit um? ja was von ihnen abgucken.

Carlyle"

'Carlyle', ging es ihm durch den Kopf, *'…das hat sie gestern Nacht noch geschrieben.'* Die Worte von Carlyle brachten ihm sofort die Trennungssituation vor Augen. Dann fiel ihm die Rechtsanwältin Steffens ein. Er fluchte, weil er wieder vergessen hatte, den Briefkasten, vier Treppen tiefer, zu öffnen. „Mist" fluchte er um sich dann auf den Weg nach unten zu machen. Zwischen den lästigen Werbungsschreiben entdeckte er einen dicken Umschlag seiner Rechtsanwältin. Hastig riss er, wieder oben in der Wohnung, mit dem Zeigefinger das Kuvert auf und begann das Anschreiben zu lesen. Da stand was von „…bis zum Ende des Trennungsjahres warten…Scheidungsklage einreichen…alle Unterlagen, das Vermögen, die Versicherungen, die Kredite usw. betreffend, sichten und am Schluss die Aufforderung einen Besprechungstermin zu vereinbaren."

Er schaute auf den Kalender, in einer Woche hatte seine Tochter Franziska Geburtstag. Er spürte, wie sich seine Brust zuschnürte. Geistesabwesend stand er auf, schlurfte in die Küche, öffnete den Kühlschrank, angelte sich eine Flasche Bier aus dem Getränkefach und nahm aus dem Vorratsschrank noch eine Tüte Chips, damit zog er an den Schreibtisch und begann zu schreiben:

« **pm:** Juni 01, 2016, 22:15:07 Nachmittag »
„Hallo Carlyle,

danke für Deine Nachricht. Deine Worte haben mich sehr zum Nachdenken ge-
bracht, auch über mich.
1976, ich war vier Jahre alt, als meine Mutter meinen Vater und uns drei Kinder
verlassen hat. Mein Vater
war jähzornig und meiner Mutter gegenüber gewalttätig. Sie hat zwei Jahre
später wieder geheiratet und
ich habe noch zwei Stiefgeschwister bekommen, habe aber bis heute wenig Kon-
takt zu Ihnen.
Damals war das Scheidungsrecht sehr moralisch und, was die Erziehungsbe-
rechtigung betrifft, besonders an der Versorgungssituation der Kinder orientiert.
*Es galt: **Wer den Ehegatten "böswillig" verlässt, wird schuldig geschieden.** Mein*
Vater war Steuerberater und wir hatten materiell kein schlechtes Leben. Gespro-
chen hat er ganz wenig mit uns über die Situation. Seine Schwester, meine Tante
Kerstin, hat sich um uns gekümmert. Ich bin jetzt müde und habe morgen Früh-
dienst. Beim nächsten Mal werde ich Dir mehr über meine Kinder erzählen.
Karl
P.S Ja, Du hast recht, als Kind fühlt man sich irgendwie schuldig, wenn die Ehe
der Eltern zerbricht. Dieses Verlassenheitsgefühl begleitet mich das ganze Leben
und jetzt bin ich selber der SCHULDIGE. "

***

Freitag, 03. Juni 2016

Es war also so weit, Freitag und das ganze Wochenende lag vor
Charlotte. Es würde wahrscheinlich ein ausgesprochen langweili-
ges Wochenende werden. All ihre Freunde waren schon verplant,
da nächste Woche die Ferien beginnen würden, waren sie mit den
Vorbereitungen für ihre schicken All-inclusive-Urlaube beschäf-
tigt. Charlotte war noch nie so verreist. Für sie war es schon be-
sonders, wenn man alle zwei Jahre an die deutsche Ostsee fuhr.
Aber daraus würde dieses Jahr nichts werden. Papa hatte nicht so
viel Geld über und die Situation mit Mama war immer noch
schwierig. Ohne ihre kleine Schwester Marie würde sie sich
schlichtweg weigern, irgendwohin zu fahren und auf heile Welt
zu tun. Da sie keine Verabredungen für das Wochenende hatte,

178

schmiss sie sich auf ihr Bett und überlegte, was sie wohl machen könnte. Timo war das ganze Wochenende nicht da, er wollte mit seinem Kumpel zu irgendeiner Computermesse. Charlotte wusste nicht wohin, sie hatte sich für sowas nie interessiert. Ihr Vater hatte bereits angekündigt, dass er das ganze Wochenende arbeiten wolle, sogar am Sonntag. Das waren ja wirklich herrliche Aussichten für eine 17-jährige! Also nicht, dass sie mit ihrem kleinen Bruder oder gar ihrem Vater ausgegangen wäre. Charlotte ging so gut wie nie aus. Sie mochte die Musik in den Clubs nicht und aus Alkohol machte sie sich auch nicht viel. Einmal hatte eine enge Freundin sie als „absolute Langweilerin was Partys angeht" beschrieben. Allerdings hatte Charlotte das überhaupt nicht verletzt, im Gegenteil. Wenn man sie jetzt zu einer Fete überreden wollte, erwiderte sie grinsend, dass sie leider nicht mitkommen könne, sie wäre dafür einfach zu langweilig. Ein idealer Samstagabend war für sie, wenn sie sich mit einem spannenden Buch und der Decke von ihrer Oma auf die Couch kuscheln konnte, um dann beim Lesen alles um sich herum zu vergessen, besonders die Zeit. Oh ja, Charlotte war eine Stubenhockerin, wie sie im Buche steht. Allerdings begriff kaum jemand, dass sie damit absolut zufrieden war und das nicht ändern wollte.

„Also", sagte sie laut zu sich selbst, „dann werde ich das Wochenende wohl in Begleitung des Herrn Sebastian Fitzek verbringen." Das war ein Plan, den sie nur zu gern in die Tat umsetzen würde.

Kurze Zeit später polterte Timo in ihr Zimmer. „Hallo liebste Schwester!", grinste er sie an. Charlotte hob fragend die Augenbraue. Auch wenn sie nach der Trennung enger zusammengerückt waren, diese Anrede benutzte Timo grundsätzlich nur, wenn er etwas von ihr wollte. „Ich will dich eigentlich gar nicht lange stören, ich wollte nur fragen, ob ich dir was von der Messe

mitbringen soll. Ansonsten mache ich mich gleich auf den Weg."
Charlotte musste grinsen, denn damit hatte sie nicht gerechnet.
Sie verneinte und drückte ihren Bruder kurz an sich. Dieser ver-
ließ das Haus dann mit beschwingten Schritten, schließlich war
er als *Nerd* auf dem Weg in sein persönliches Paradies. Als die Tür
hinter ihm zufiel, war sie allein. Wann ihr Vater nach Hause kom-
men würde, wusste sie nicht. Nachdem sie im Wohnzimmer und
in der Küche noch ein bisschen aufgeräumt hatte, blieb sie un-
schlüssig im Flur stehen. Sie war sich nicht wirklich sicher, was
sie jetzt tun sollte. Zum Lesen hatte sie noch keine Lust und sich
vom Fernseher berieseln zu lassen, war nicht ihr Ding. Computer-
spiele spielte sie nicht, das war auch nicht so ihrs. Nach langem
Überlegen kam sie zu dem Schluss, dass sie den Laptop trotzdem
hochfahren würde. Ein bisschen im Netz surfen, vielleicht eine
historische Doku auf Youtube, mal sehen.

Sie richtete es sich also bequem auf ihrem Bett ein, den tragba-
ren Computer auf den angewinkelten Beinen. Bis zum frühen
Abend verbrachte sie die Zeit mit Dokumentationen über die eng-
lische Monarchie der Tudors. Charlotte war nun mal ein großer
Fan von Geschichte. Sie hörte die Tür ins Schloss fallen und
wusste, dass ihr Vater jetzt auch endlich zu Hause war. Vorsichtig
schlich sie in die Küche. Zurzeit wusste man nie, in welcher Ver-
fassung er gerade war. Er wurde nie grob oder laut, das nicht.
Aber ein erwachsener Mann der plötzlich in Tränen ausbricht
kann einen ebenso verunsichern. Charlotte war schon klar, dass
ihr Vater jedes Recht darauf hatte traurig zu sein und zu weinen.
Doch trotz allem war er ja schließlich ihr Vater und solange die
denken konnte, hatte sie zu dem starken, hart arbeitenden Mann
aufgesehen, der immer nur das Beste für seine drei Kinder wollte.
Den persönlichen Helden der Kindheit so tief fallen zu sehen, war
auch für sie mit siebzehn keine leichte Übung. Genau genommen

tat es ihr schon fast körperlich weh. Kurz überlegte sie, ob es den Kindern von Karl aus dem Forum ähnlich ging, dann verwarf sie den Gedanken wieder. Woher sollte sie das wissen? Sie hatte ja keine Ahnung, ob er ein guter Vater war oder wie sich das Verhältnis von ihm zu seinen Kindern gestaltete.

Charlotte hatte Glück, Papa war heute in außerordentlich guter Verfassung. Sie aßen zusammen das vom Chinesen, was er unterwegs besorgt hatte. Aufmerksam hörte er zu, wie ihr Tag gewesen war und wie ihre Pläne für das Wochenende aussahen. Als sie von den Büchern die sie zu lesen gedachte berichtete, lachte er kurz auf. Danach schilderte er sehr anschaulich, was er den Tag über sich hatte ergehen lassen müssen. Beiden war klar, dass heute ein besonderer Abend war. Es lag nicht daran, dass Timo weg war. Sie waren vielmehr auf dem Weg der Besserung. Seit einer gefühlten Ewigkeit war keine gemeinsame Mahlzeit mehr so ungezwungen gewesen. Innerlich atmeten beide auf. Es schien, als sei der Schock erstmal verwunden. Sie glaubten sogar, dass es jetzt wieder bergauf gehen konnte, wenn es mehr solcher Momente gab. Letztendlich brauchten sie alle Zeit, sich von dem Drama zu erholen und wieder auf die Beine zu kommen. Charlotte fand, dass sie nun auf einem guten Weg waren. Dennoch erzählte sie ihrem Vater nichts von der Onlinebekanntschaft mit Karl. Sie wusste selbst nicht warum.

Nachdem sie gemeinsam ab- und aufgeräumt hatten, verzog sich jeder in sein Zimmer. Ihr Vater musste morgen wieder früh raus, hatte aber versprochen, dass er am späten Nachmittag wieder da wäre. Es gefiel ihm nicht, dass seine älteste Tochter so viel allein war. Ihm war bewusst, dass sie stark war, stärker als sie selbst es vermutete. Aber auch starke Menschen brauchen ab und an mal eine Pause und Ablenkung. Er war nicht sicher, ob sie die bekam, wenn sie immer allein mit ihren Psychothrillern in ihrem

Bett saß, aber er wollte sie auch nicht zu sehr bedrängen. Timo hing zwar ständig hinter seinem Bildschirm, aber wenigstens war er dann nicht allein, im Gegensatz zu seiner älteren Schwester.

Hätte jemand Charlotte mal persönlich gefragt, wie es ihr mit der Situation ging, sie hätte wohl mit den Schultern gezuckt und gesagt: „Es geht. An manchen Tagen besser als an anderen, aber es ist schon machbar." Und das war die Wahrheit. Sie kam mit der Situation von Tag zu Tag besser zurecht, auch wenn es noch viel Zeit brauchen würde, bis sie wieder die alte war. Ganz so wie früher würde es nicht werden, da gab sie sich keinerlei Illusionen hin.

Es war halb zehn als sie erneut den Computer startete, diesmal aber mit dem direkten Ziel herauszufinden, ob es was Neues von Karl gab. Wie so oft in den letzten Tagen startete sie die Seite des Scheidungsforums und meldete sich an. Und siehe da, eine neue Nachricht, wie sie sich gedacht hatte. Sie klickte auf das Briefsymbol, öffnete die Mail und begann zu lesen:

« **pm:** Juni 01, 2016, 22:15:07 Nachmittag »

„Hallo Carlyle,

danke für Deine Nachricht. Deine Worte haben mich sehr zum Nachdenken gebracht, auch über mich.

1976, ich war vier Jahre alt, als meine Mutter meinen Vater und uns drei Kinder verlassen hatte. Mein Vater war jähzornig und meiner Mutter gegenüber gewalttätig. Sie hat zwei Jahre später wieder geheiratet und ich habe noch zwei Stief-Geschwister bekommen, habe aber bis heute wenig Kontakt zu Ihnen.

Damals war das Scheidungsrecht sehr moralisch und, was die Erziehungsberechtigung betrifft, besonders an der Versorgungssituation der Kinder orientiert. Es galt: Wer den Ehegatten "böswillig" verlässt, wird schuldig geschieden. Mein Vater war Steuerberater und wir hatten materiell kein schlechtes Leben. Gesprochen hat er ganz wenig mit uns über die Situation. Seine Schwester, meine Tante Kerstin, hat sich um uns gekümmert. Ich bin jetzt müde und habe morgen Frühdienst. Beim nächsten Mal werde ich Dir mehr über meine Kinder erzählen.

Ja, Du hast Recht, als Kind fühlt man sich irgendwie schuldig, wenn die Ehe der Eltern zerbricht. Dieses Verlassenheitsgefühl begleitet mich das ganze Leben und jetzt bin ich selber der SCHULDIGE.

Karl"

Was sie da zu lesen bekam, ließ sie stutzen. Der Mann war als Kind in der gleichen Situation gewesen? Und dann auch noch so jung? Mit den von ihm geschilderten Begleitumständen sah sie sein Handeln plötzlich anders. Klar, sie fand es immer noch nicht gut, dass er seine Kinder im Stich gelassen hatte. Aber augenscheinlich war es ihm selbst mal nicht besser ergangen, deshalb ging sie davon aus, dass diese Entscheidung für ihn weitaus schwerer gewesen war, als sie bisher vermutet hatte. Sie wurde von einer Welle von Mitgefühl überschwemmt. Erst für das kleine Kind, dass diese Gewalt seiner Mutter gegenüber hatte mitansehen müssen und noch viel zu klein war, als dass es verstehen könnte, warum seine Mama plötzlich verschwand. Dann für den Mann, der diese Situation sicherlich nie wieder hatte erleben wollen und sich dann auf einmal gezwungen sah, es wieder durchzumachen, nur diesmal aus der anderen Perspektive. Sie erschrak. Was wäre, wenn es ihr später mal genauso gehen würde? Wenn sie auch eine Familie hätte und dann das Ganze beenden müsste? Man las doch immer wieder, dass Leute die selbst Scheidungskinder waren, sich oft scheiden ließen und so in die Fußstapfen ihrer Eltern traten. Um Gottes Willen, sie wollte das nicht! Aber Karl hatte das bestimmt auch nicht gewollt... Verwirrt saß sie vor dem Bildschirm und überlegte, was sie auf diese sehr offene und ehrliche Nachricht antworten sollte. Sie überlegte so lange, dass sie den Laptop zweimal davon abhalten musste, in den Ruhemodus zu fallen. Da ihr nichts einfiel, wollte sie den Computer schon ausschalten, um eine Nacht drüber schlafen zu können. Doch sie besann sich eines anderen und machte sich daran, eine ebenso ehrliche Antwort zu verfassen:

« **pm:** Juni 03, 2016, 21:23:50 Nachmittag »

„Hallo Karl,

ich muss sagen, Deine Nachricht hat mich ganz schön umgehauen. Ich habe einige Zeit überlegt, wie ich darauf reagieren soll und die Antwort ist: ich weiß es nicht. Deshalb habe ich beschlossen, Dir ehrlich zu schildern, was ich während der Lektüre Deiner Nachricht gedacht habe. Nach dem ersten Lesen war es, entschuldige meine Ausdrucksweise, nur ach du Scheiße. Denn ganz ehrlich, in Deiner Haut möchte ich ja nicht gesteckt haben, als Du den Entschluss zur Trennung gefällt hast. Ich sehe das jetzt auch in einem ganz anderen Licht.

Zunächst einmal tut es mir aufrichtig um das Kind leid, dass die Gewalt an seiner Mutter miterleben musste und dann nicht verstehen konnte, warum die Mutter geht. Du warst ja noch viel zu jung, das muss Dich doch ziemlich geprägt haben, oder? Dass deine Mutter gegangen ist, kann ich nur verstehen, auch wenn ich das Scheidungsrecht nicht in Ordnung finde. Ich bin froh, dass es zwischen meinen Eltern nicht zu Gewalt gekommen ist und sich das Recht verändert hat.

Das Verlassenheitsgefühl von dem Du sprichst, kenne ich nur zu gut, aber Dir wird doch klar sein, dass Du bei den Umständen keine Schuld an der Trennung Deiner Eltern trägst, oder?

Des Weiteren habe ich großen Respekt davor, dass Du dich zu Deiner Trennung entschieden hast. Ich kann mir nicht vorstellen, wie schwierig es gewesen sein muss, genau zu wissen, dass man seine Kinder in die gleiche unangenehme Situation bringen muss, die man selbst erlebt hat. Auch das Ganze aus der anderen Perspektive zu sehen war doch sicherlich nicht leicht.

Vielleicht erzählst Du mir ja noch von Deinen Kindern, aber ich denke, dass Du sie besser verstehen kannst, als Dir aktuell bewusst ist und es bei den meisten Eltern der Fall ist, einfach weil Du die Situation persönlich kennst.

Wie dem auch sei, ich kann nur wiederholen, dass ich großen Respekt habe. Carlyle"

Charlotte war immer noch etwas verwirrt, als sie eine halbe Stunde später schlafen ging. Karl hatte mit seiner Entscheidung Mut bewiesen, dass wusste sie jetzt. Ihr war auch klar, dass sie vielleicht mal darüber nachdenken sollte, wie die Entscheidung und deren Folgen für ihre Eltern war, besonders für ihre Mutter.

Das bedeutete wohl, dass sie über ihren Schatten springen musste und sich mit ihrer Mutter in Verbindung setzen sollte. So richtig wohl war Charlotte mit dem Gedanken ja nicht, aber vermutlich war es besser, diesen Schritt zu gehen. Sie schloss die Augen und entschied, ihrer Mutter morgen eine SMS zu schreiben, schaden konnte es ja nicht. Dann fiel Charlotte in einen tiefen Schlaf und dachte nicht mehr an das persönliche Familiendrama.

***

Sonnabend, 4. Juni
Es blieb nicht bei einer Flasche Bier. Irgendwann musste er auf seiner Bettcouch eingeschlafen sein. Nur schemenhaft stiegen die Traumfetzen hoch, als er aufwachte. Er schielte zum Schreibtisch rüber. Auf dem Boden die Chips-Tüte und zertretene Kartoffelchips, die leere Bierflasche und die Wodkaflasche, halbleer. Das konnte doch nicht sein, es ging ihm beschissen. Was war das für ein Traum? Er ging in der Justizvollzugsanstalt runter ins Archiv, im Kellergewölbe irrte er von Raum zu Raum, immer weiter, die Räume wurden immer dunkler und bedrohlicher, er fand den Ausgang nicht mehr, geriet in Panik. Von Ferne grölendes Gelächter, es klirrte, er wachte auf. Ganz langsam realisierte er die Situation. Er hatte geträumt, aber das Gegröle war immer noch zu hören. Wieder klirrte es. Er schleppte sich zum Fenster. Da sah er sie, die Glatzen, in der Hand die Bierflasche. Einer schwenkte die Reichskriegsflagge. Nacheinander warfen sie den Kopf in den Nacken und ließen den Stoff in die Kehle rinnen, dann zielten sie mit den Flaschen auf die Plakatwand. Eine kirchliche Hilfsorganisation warb um Unterstützung. Sie johlten, wenn einer den kleinen, abgemagerten Jungen mit den großen Augen traf. Draußen wurde es langsam hell. Karl Weber wusste nichts mit sich anzufangen.

Früher, wenn er am Sonnabend keine Schicht hatte, war es sein Tag gewesen. Das gemeinsame Frühstück damals mit der Familie war zu einem stummen Ritual erstarrt. Die wenigen Worte drehten sich um Alltäglichkeiten. In Gedanken war er dann immer schon in seiner Garage, bei seinem nächsten Projekt gewesen. Es gab immer was zu tun und der Baumarkt hatte ihm dazu die Ideen geliefert.

Eigentlich hatte er sich vorgenommen, die längst fällige Einkommensteuererklärung zu erledigen. Die Unterlagen dazu hatte er alle mitgenommen. Es schien ihm absurd, die sorgsam sortierten Ausgabenbelege für sein Haus zu sichten und zugleich in einer billigen Mietwohnung zu hausen. Er kam nicht recht voran. Morgen, Sonntag hatte er wieder Frühschicht. Es war ihm nicht unrecht. Es lief sonntags alles etwas entspannter, das Mittagessen in der JVA war auch besser und da war noch Wiebke Mertens. Wiebke Mertens mochte Mitte Vierzig sein, als Pastorin leitete sie seit wenigen Wochen den Gefängnis-Gottesdienst. Früher war die Veranstaltung an ihm vorbeigerauscht, er hatte halt die Gefängnis-Insassen zu beaufsichtigen. Der Gefängnis-Gottesdienst war bei den Gefangenen immer eine gute Gelegenheit für Aktivitäten, die oft die Grenze des Erlaubten überschritten. Meist waren es die kleinen Knast-Deals die getätigt wurden. Weber kannte seine Pappenheimer und wusste, wann er eingreifen musste. Die wohlklingenden Worte der sich im Knast-Gottesdienst abwechselnden Kirchenleute hatten ihn früher unberührt gelassen... Bei Wiebke – ja, schon beim zweiten Gottesdienst bot sie Ihm das DU an –, hörte er zu, war dabei und nicht mehr nur der Aufseher. Sie schaffte es immer wieder, dass sich der ein oder andere von den hartgesottenen, voll tätowierten Typen verschämt über die Augen strich. *Was hat Wiebke wohl morgen auf Lager?'*, sinnierte Karl Weber.

Er schob die Steuerunterlagen zur Seite, er hatte die Abgabe-frist verlängern lassen, weil ihm seit seinem Weggang alles über den Kopf wuchs. Mit dem Blick auf den PC fiel ihm Carlyle ein und sofort dachte er an seine beiden Kinder. Noch vor dem Frühstück fuhr er den Computer hoch. Da war sie, eine Nachricht von Carlyle. Weber überflog den Text von Carlyle, nein! er sog ihn richtig auf.

« **pm:** Juni 03, 2016, 21:23:50 Nachmittag »
Hallo Karl, ... ehrlich schildern was ich gedacht habe ... großer Respekt ... aufrichtig um das Kind leid ... Verlassenheitsgefühl ... Schuld an der Trennung ... gleiche Situation .... die man selbst erlebt hat. "

„Was ist in die gefahren, schreibt da von *„großem Respekt"*, dachte er laut, die steckt doch selbst in der Scheiß-Situation in die ich meine Kinder geworfen habe. *,Dass dieses Mädchen glaubt, sich so in meine Kindheit versetzen zu können?'* Ungläubig schüttelte Weber den Kopf, da kam sie wieder diese, stille Trauer, die er seit so vielen Jahren kannte. *,Wie hat sie es genannt? Verlassenheits-angst! Ich und Angst, da sollte Carlyle mal sehen, wie ich mir die schweren Jungs im Knast zur Brust nehme.'"* Karl Weber spürte wie ihn die Nachricht von Carlyle berührte, ja sogar verunsicherte.

***

Sonntag 5. Juni
Karl beobachtete den großen Zeiger der Uhr an der Wand. Ge-nau um zehn Uhr nahm er das Mikrofon in die Hand: „Abrücken zum Gefängnis-Gottesdienst" schallte es laut durch die Stationen bis in die Zellen. Jetzt galt es, die Gefangenen in den zu einem An-dachtsraum umgestalteten Multifunktionsraum zu begleiten.
„Moin, moin Karl" klang es fröhlich durch den Gang der Station, als Weber gerade die Gittertür zum Stationsflur aufschloss. Wiebke Mertens winkte lachend vom unteren Gang zu Karl hoch.

187

Lässig lehnten sich die Gefangenen über das Flurgeländer und beobachteten dabei Pastorin Mertens genau. „Da isse ja wieder die Küsten-Tussi" hörte es Karl hinter sich und, als er die langsame, tiefe Stimme von Kalle, dem schwergewichtigen Obermacker der Hells Angels hörte: „Gelobet sei der Herr über mir!". Jetzt johlte der ganze Flur. Karl kochte innerlich: *„Die Arschlöcher wissen doch gar nicht, was das für ein feines Mädchen ist!"* In scheinbar dienstlicher Sachlichkeit absolvierte er seine Morgenroutine, bevor der Gottesdienst begann.

Pastorin Mertens legte in dem kleinen Nebenraum des Multifunktionsraums den schlichten, schwarzen Talar an. Aus der Handtasche nahm sie den kleinen Taschenspiegel und prüfte sorgsam ihr Gesicht. Sie nickte zufrieden beim Anblick ihres Konterfeis mit den kurzen, lockigen, blonden Haaren und den wachen blau-grauen Augen. Dann ging sie durch die Seitentür in den großen Raum.

Sie freute sich immer, wenn Karl Weber an ihren Gottesdiensttagen Dienst hatte. Alles war gut vorbereitet, Lautsprecheranlage, Projektor und PC. Ihre unkonventionelle Art, den Gottesdienst im Knast zu gestalten, hatte sich herumgesprochen. Zügig ging sie zur großen Eingangstür vor der sie Stimmengewirr und vereinzelt lautere Ansagen der Vollzugsbeamten hörte.

Beim Eintreten gab sie jedem Insassen die Hand und begrüßte ihn mit einem stillen, warmen Lächeln. Im Raum waren nur noch acht Plätze unbesetzt, als die Pastorin zum Altar, einem einfachen Holztisch mit Kruzifix, einem Pfingstrosenstrauß und Laptop, ging. Dahinter war eine große Projektionswand herabgesenkt.

Die Pastorin verneigte sich mit dem Rücken zu den Gefangenen vor dem Gekreuzigten. Eine respektvolle Stille ergriff den Raum. Pastorin Mertens drehte sich um. Mit einem feinen Lächeln und einer langsamen Kopfbewegung ließ sie ihren Blick über die

Gottesdienstbesucher kreisen. „Schön, dass ich Sie alle wiedersehe!" sprach sie knapp und klar in den Raum. Mit einem Klick startete sie das vorbereitete power-point-Programm. Das Bild eines strahlenden kleinen Jungen, der seinen Plüsch-Affen der Kamera entgegenstreckte. Dazu erklang eine langsam lauter werdende, traurige Gitarren-Musik und eine zart-hoch klingende Männerstimme, die schon nach kurzer Zeit alle im Raum ergriff:

„Would you know my name
If I saw you in heaven?
Would it be the same
If I saw you in heaven?"

Kein Quasseln, keine flachsigen Bemerkungen, kein Kichern wie es sich beim Gottesdienst sonst einige nicht verkneifen konnten, erfolgte. Als die Musik leiser werdend endete, kam mit verhaltener Stimme von der Pastorin: „Das war Eric Clapton mit *tears in heaven*. Den Song schrieb er nachdem sein vierjähriger Sohn 1991 aus dem 53.Stock über das Balkongeländer eines Apartments in New York gefallen ist."

Dann schilderte sie mit wenigen Sätzen Claptons Lebensgeschichte, die 16jährige Mutter, seine Heroinsucht, seine musikalischen Erfolge und privaten Katastrophen.

Wiebkes Worte ergriffen auch den Justizvollzugsbeamten Karl Weber, vor allem als sie mit den Worten endete: „Wir haben alle unsere Geschichte, die uns bis heute prägt..." eine Atempause. Zögernd, fuhr sie fort: „...und die wir uns alle anschauen sollten, wenn wir wollen, dass sich was in unserem Leben ändert. Ein berühmter französischer Philosoph hat einmal gesagt: *Dein Leben verläuft so, was Du aus dem machst, was sie aus Dir gemacht haben.*" Karl Weber atmete schwer, er dachte an seine Kinder, an die Urlaubsfahrten mit vollgepacktem Auto, an die Kindergeburtstage mit Schnitzeljagd, an die weihnachtlichen Geschenk-Orgien.

Die große gemeinsame Sorge um den kleinen Ronald, als er Lungenentzündung hatte.

Als ob die Pastorin seinen Schmerz bemerkte, traf ihn ihr ernster, prüfender Blick. Der weitere Gottesdienst bekam dann immer mehr den Charakter einer durchaus geordneten großen Talk-Runde. Aus dem Publikum kamen Fragen: „Frau Pastorin haben Sie auch was von Bushido?" „Von Sido?", kam es von anderer Seite. „Na, klar" lachte Wiebke Mertens, „aber nicht heute!" Ganz hinten in einer Gruppe von Gefangenen mit offensichtlichem Migrationshintergrund meldete sich einer, ohne gleich in den Saal reinzurufen, mit erhobener Hand. Nach einem „Bitteschön!" von der Pastorin, stand der Gefangene langsam auf um mit deutlichem Akzent zu fragen: „Frau Mertens kennen Sie auch *Xatar?*" Wiebke Mertens schaute den Gefangenen fragend an. „Das ist doch der Rapper mit dem Gold Raub!" kam es von anderer Seite. Karl Weber kannte die Geschichte von dem deutschen Rapper Giwar Hajabi mit dem arabischen Künstlernamen *Xatar,* was *Gefahr* bedeutet. Er hatte ihn auch in einer Talkshow im Fernsehen erlebt. ‚*Das ist einer von den ganz Harten*', ging es ihm durch den Kopf. Nach dem gemeinsamen *Vaterunser* und dem Segen der Pfarrerin, verließen die Häftlinge unter dem Klang des von Leonard Cohen mit rauchiger Stimme gesungenen *Halleluja* den Raum.

Karl machte sich an den Abbau der Gerätschaften, da wandte sich Wiebke Mertens an ihn: „Karl, kann es sein, dass es Ihnen nicht so gut geht?" Wieder war da der ruhige, prüfende Blick von der Pastorin, der aber auch ihre Besorgnis spüren ließ. Mechanisch seine Arbeit weiter verrichtend, antwortete er leise: „Ich habe mich von meiner Familie…, ich meine … von meiner Frau getrennt." Wiebke Mertens nickte nur, dann nahm sie Karl in den Arm.

Für einen Moment strömte so was wie Glückseligkeit durch ihn, dann durchfuhr es ihn: „Wenn jetzteiner von den Kollegen käme, was würden die denken?"

Er löste sich von Wiebke. Bittere Ironie kam durch als er sagte: *„Bis dass der Tod Euch scheide!* so heißt es doch bei Ihnen ..., bei dir in der Kirche. "Ich weiß, was Sie ...", dann lachte sie, „du meinst, Karl." Sie richtete einen Blick nach unten, nahm Karls beide Hände in die ihren und begann leise: „Da war ein Versprechen, das du glaubst, gebrochen zu haben, und jetzt fühlst Du dich schuldig. Aber wer sagt denn, dass das mit dem Tod physisch gemeint ist. Eine Ehe stirbt, wenn sie nicht genährt wird." Mit dieser Antwort hatte Karl nicht gerechnet. Die Pastorin fuhr fort:

„Ich habe auch meinen Mann verlassen, weil ich ihn nicht mehr erreicht habe! Tja und das haben meine Kirchenoberen gar nicht gerne gesehen und dann war nichts mehr mit eigener Kirchengemeinde. Natürlich wurde das nicht als Grund angegeben. Ich wurde sozusagen strafversetzt, hierher in den Knast. Und jetzt bin ich sehr glücklich, dass ich mit Ihnen, mit Dir und den Gefangenen hier arbeiten darf. In jedem Argen liegt was Gutes. Ich wünsche noch einen guten Sonntag lieber Karl...und pass auf Dich auf."

Mit diesen Worten verschwand sie im Nebenraum um sich umzuziehen. Karl schaute auf die Uhr. Zeit für die Aufsicht der Essensausgabe.

Nach der Schichtübergabe, als sich Karl von den Kollegen der nächsten Schicht verabschiedete, sprach ihn Franz, sein Freund, noch allein an: „Hör mal, Karl, wollen wir nicht mal zusammen ein Bier trinken oder Grillen bei uns?" Mit einem knappen „Ja, wär' nicht schlecht!" ließ Karl seinen Freund stehen.

***

191

An der Ausgangskontrolle vorbei und durch die stark gesicherte Ausgangspforte, empfing ihn ein warmer, sonniger Frühsommertag, für den Nachmittag waren Gewitter und Schauer angesagt. Die Justizvollzugsanstalt hinter ihm, sah er sich einer merkwürdigen Gefühlswelt gegenüber. Ein Empfinden von Freiheit überkam ihn, dieses sogleich abgelöst wurde von Leere und Trauer, um dann die Schwere der vermeintlichen Schuld zu spüren. Die Schuld, seiner Verantwortung gegenüber den Kindern, Frederike und den wohlmeinenden Schwiegereltern nicht nachzukommen. Dann wieder eine Erleichterung, eine Eigenbewunderung für den Mut den ersten Schritt aus der Ehe, die keine mehr gewesen war, gewagt zu haben. Tatendrang beflügelte ihn, er würde kurz zur Wohnung gehen, den Laptop in den Rucksack packen und dann die knapp zwei Kilometer nach Herrenhausen zu den Gärten gehen.

Er löste das Ticket für den Berggarten, schon von weitem sah er die überwältigende Blütenpracht riesiger Pfingstrosen-, Rhododendron- und Azaleengebilde. Dort in der Nähe suchte er sich eine Bank und packte den Laptop aus, so wie er es immer bei den Studenten sah, um sich dann der Verbindung ins Internet zu versichern. Er rief die letzte Mail von Carlyle auf, um dann zu antworten:

« **pm:** Juni 05, 2016, 17:30:11 Nachmittag »
„Hallo Carlyle,
auch Deine Nachricht hat mich sehr überrascht. Ich hoffte zu erfahren, wie es Dir jetzt als Scheidungskind so geht. Stattdessen spürte ich so eine Art Verständnis von Dir für mein Weggehen aus der Ehe. Müsste da bei Dir nicht eher Wut auf einen Elternteil aufkommen der die Familie verlässt? Gerne möchte ich Dir auch von meinen Kindern erzählen. Ronald, mein Erster, ist vor vier Wochen achtzehn geworden. Das ABI rückt näher und er ist ganz schön im Stress. Er möchte später in Richtung Biomechanik studieren. Und jetzt kommt etwas, was mir als Vater nicht ganz einfach fällt zu erzählen. Ronald hat keine feste Freundin, aber einen älteren Freund. Ich kann damit schwer umgehen. Franziska ist mit ihren sechzehn Jahren

192

voll in der Pubertät und wächst ihrer Mutter über den Kopf. Auch da bin ich ziem-
lich ratlos. Sie hat sich in den letzten zwei Jahren sehr verschlossen und besonders
gelitten, wenn ich mich mit meiner Frau gestritten habe, eben manchmal auch über
Franziska. Ich habe mich dann meist grollend zurückgezogen ohne in die offene
Konfrontation zu gehen, so dass immer wieder so eine gespannte Situation
herrschte. Oft brach der Streit dann wieder auf, wenn wir es uns schön machen
wollten, zum Beispiel auf der Fahrt in den Urlaub.

Heute habe ich zum ersten Mal seit meiner Trennung einen kleinen Lichtblick
erfahren. Ich hatte ein kurzes, aber gutes Gespräch mit unserer Gefängnis-Pasto-
rin, was das Ende einer Ehe betrifft.

Ich würde mich sehr über eine Antwort von Dir freuen, um vor allem auch davon
zu erfahren, wie Du jetzt mit Deiner Mama und Deinem Papa umgehst und wie es
Deinen Geschwistern und Dir geht.

Viele Grüße
Karl"

Sorgfältig packte Karl seinen Laptop in den Rucksack, um gleich auf dem Smartphone neue Nachrichten abzusuchen. Sein Herz schlug schneller, er las:

Heute 17:08, Franzi:
„Hi Paps,
sorry wegen gestern, Ronnie und ich hatten null Bock auf Erlebnispark. Er hat
übrigens heute seinen Freund Gregor mitgebracht, der ist voll süß. Wir haben zu-
sammen Mittag gegessen. Wie geht's Dir?
Franzi"

Karl schluckte, in Gedanken sah er sie alle am Esstisch sitzen. Vielleicht gab's *Cordon bleu,* da freuten sich immer alle darauf, wenn Frederike die goldbraun-knusprigen, gefüllten Schnitzel auf der großen Anrichteplatte von der Küche hereinbrachte.

Vielleicht würde er nachher beim Griechen in der Nähe seiner Wohnung einen Gyrosteller essen. Umgehend tippte er, aufgeregt immer wieder Fehler korrigierend, ein:

„Hallo Franzi,
ich habe mich riesig über Deine SMS gefreut. Muss ganz viel an Euch denken.

Ihr habt doch bald Ferien, da könnten wir vielleicht was unternehmen.
Grüß mir Ronni ganz lieb.
Papa"

Dann ging es ihm durch den Kopf: Hätte er nicht auch Frederike, seine verlassene Frau grüßen sollen? Sein Gemüt verdüsterte sich. Nein, was sollte das, wie oft ging sie ihm mit ihrem penetranten Kontrollfimmel auf den Sack! Er stand auf um den Rucksack von der Bank aufzunehmen, drehte sich um, da sah er sie: Wiebke Mertens, die Gefängnis-Pastorin.

„Das is' ne Überraschung! Sie...äh Du hier?" „Hi Karl, was machst Du denn hier?" kam es mädchenhaft fröhlich von ihr. „Mir fällt die Decke in meiner Bude auf den Kopf und hier kann man mal richtig durchatmen." Weber dachte nicht mehr daran, wegzugehen. Ohne eine Einladung abzuwarten, setzte sich die Pastorin. „Wollen wir ein bisschen plaudern?" Der Handbewegung seitwärts zur Bank hatte Karl nichts entgegenzusetzen. Unverblümt: „Karl, wunderst Du Dich nicht manchmal über meinen Gottesdienst?" Karl Webers Überraschung über diese Frage war nicht zu übersehen. „Na ja, irgendwie kenn' ich es etwas anders?" „Wie anders?" fragte sie behutsam zurück. „Wie soll ich sagen, frömmer, gottesdienstmäßiger, halt so wie's draußen in der Kirche gemacht wird", kam die unbeholfene Antwort. Weber hörte ein leises: „Ich verstehe, Karl". Dann ging er zum mutigen Gegenangriff über, um gleich das noch neue DU zu gebrauchen: „Wie geht das, dass so jemand wie Du, ich meine so eine weltoffene, patente Frau Pfarrerin wird?" Genauso direkt kam es zurück: „Willst Du es wirklich wissen?" Wiebke blickte nachdenklich auf den Boden dann begann sie wie im Telegrammstil ihr Leben zu schildern:

„1988, ich war sechzehn, hatte ich meine Eltern satt. Für mich waren sie damals Spießer. Das Gymnasium konnte mich mal, wir hausten mit ,ner Gruppe irgendwo in der Südstadt. Darunter

waren auch etliche junge *Russen*, damals nannten wir die Volks-
deutschen so. Die meisten davon waren auf Drogen. Ich fing auch
damit an. Entsprechend ging's bergab. Bis ich am *Bauwagen* unter
dem City Ring landete. Das war die Initiative von Eberhard Ruß,
der uns Junkies helfen wollte. Bei mir hat's geklappt." Karl Weber
erkannte ein gequältes Lächeln im Gesicht der Pastorin. Sie fuhr
fort: „Ich hab das Abi dann doch noch gepackt und mich entschlos-
sen, Theologie zu studieren. Tja und jetzt bin ich bei Euch. An der
Uni hatte ich Eberhard kennen gelernt, wir hatten eine gute Zeit,
auch noch die ersten Ehejahre. Es hat lange gedauert bis ich fest-
gestellt habe, dass Eberhard als diskreter Trinker tiefer in der
Sucht war, als ich vermutet hatte. Ich habe dann die Reißleine ge-
zogen."

Karl nickte nur, dann standen beide auf und gingen schwei-
gend zum Ausgang. Wiebke Mertens wollte die Straßenbahn neh-
men. Eine stille Umarmung. Beim Einsteigen dreht sich Wiebke
um: „Bis in zwei Wochen, ich freue mich auf Dich!" Dann wander-
ten seine Gedanken zu Carlyle, wie würde sie auf seine Mail rea-
gieren?

***

„*Aua*', dachte Charlotte. Sie saß mal wieder vor ihrem Bild-
schirm und hatte das Scheidungsportal aufgerufen. Gerade las sie
die neue Nachricht und wenn sie ehrlich war, fand sie Karls Reak-
tion auf die ihre nicht so klasse. Sie hatte sich doch nur in seine
Situation versetzt, war das so schlimm? Warum wollte er denn,
dass sie ihm wütende Nachrichten schickte? Das war etwas, was
sie nicht verstehen konnte.

Charlotte als Älteste von drei Geschwistern, war immer die
Verständnisvolle, die sich in andere reinversetzte. Das war

schließlich ihre Aufgabe, oder nicht? Dieses Verhalten war über die Jahre zu einem ihrer Charakterzüge geworden. Charlotte fragte man, was sie an der Stelle eines anderen tun würde. Man fragte sie nicht, wie es ihr persönlich mit dem Sachverhalt ging, man wollte nur einen Rat und verstanden werden. Ihr dämmerte, dass sie dieses Vorgehen wie eine Art Schutzmechanismus anwendete. Sie hatte es bereits öfter vermutet, aber der Text von Karl öffnete ihr dahingehend die Augen. Wenn sie ehrlich zu sich selbst war, dann hatte sie eigentlich nicht darüber reden wollen, wie genau die Situation sich für sie anfühlte. Ob und warum sie auf jemanden sauer war. Das waren alles Sachen, die sie normalerweise immer mit sich selbst ausmachte. Dass jetzt ein völlig Fremder sie darauf hinwies, passte ihr mal so gar nicht in den Kram. Schlagartig stellte sie laut fest: „Das war eine unglaublich dumme Idee! Ich hätte es ja wissen müssen! Wie kann ich auch erwarten, sowas mit einem Fremden zu besprechen? Wieso mache ich das überhaupt?? Da versucht man doch nur, den anderen zu verstehen und dann das! Dieser Karl kann mir gestohlen bleiben und seine dumme gescheiterte Ehe auch!" Charlotte war viel zu wütend, um zu verstehen, dass Karls Einwand durchaus berechtigt war. Sie musste sich dringend damit auseinandersetzten, wie ihre Gefühle bezüglich des Familiendramas waren, aber das tat sie nicht. In Wahrheit hatte sie nämlich genau davor Angst. Sie wollte nicht wissen, wie es in ihr aussah. Sie wollte nicht alles nochmal durchmachen. Sie wollte das hinter sich lassen und einfach weitermachen. Dass sie aber um weitermachen zu können sich ganz dringend mit sich selbst auseinandersetzen musste, dass verstand sie nicht, vielleicht wollte sie es auch nicht.

In ihrer unglaublichen Wut hämmerte sie in die Tasten und schrieb eine Antwort, die nicht sehr höflich war. Sie beschwerte sich, dass sie nur hatte helfen wollen und es ihr leidtue, dass sie gedacht hatte, es könnte Karl ähnlich gehen. Was sie damit an möglichen Schaden anrichtete, begriff sie nicht. Jemand hatte Charlotte herausgefordert, aus ihrer Komfortzone zu kommen und Farbe zu bekennen. Das war etwas, womit sie – zumindest in diesem Thema – nicht umgehen konnte. Nachdem sie ihre wutentbrannte Nachricht fertig verfasst und abgeschickt hatte, knallte sie den Laptop zu und ging nach draußen. Die Sonne schien und sie hatte eh nichts Besseres zu tun, also konnte sie zum Abregen genauso gut ein paar Bahnen im örtlichen Schwimmbad ziehen, die hatten nämlich ein hübsches Außenbecken.

***

Etwa drei Stunden später, am frühen Nachmittag, war sie wieder zuhause und hatte geduscht. Charlotte mochte es nicht, die öffentlichen Duschen des Bades zu benutzen. Es war ja nicht so, dass sie eine Spannerin war und anderen unterstellte sie das auch nicht pauschal. Aber sie fühlte sich einfach unwohl dabei.

Nachdem sie den Badeanzug mit dem Handtuch in die Wäsche geschmissen hatte, machte sie sich etwas zu essen. Vom Schwimmen bekam sie immer einen Riesenhunger und bei den vielen Bahnen war das auch kein Wunder. Timo war noch immer nicht zuhause und ihr Vater hatte heute einen Termin beim Anwalt, danach wollte er noch einkaufen. Es hatte also keinen Sinn, auf die anderen zu warten und in der Zwischenzeit zu verhungern.

Das Schinkensandwich war verspeist, da erinnerte sie sich wieder an ihre zornige Mail. Sie bekam ein schlechtes Gewissen. Karl hatte es nicht verdient, so abgekanzelt zu werden, nur weil er ihren wunden Punkt berührt hatte. Woher sollte er das auch wissen? Sie hatte es ja nie erwähnt. Außerdem gehörte es sich nicht, jemanden so etwas zu schreiben, schon gar nicht einem Erwachsenen. Das verbot ihr ihre Erziehung. Seufzend startete sie den Computer. Die Nachricht konnte sie eh nicht mehr löschen. Aber wenn sie Glück hatte, dann hatte Karl arbeiten müssen und keine Zeit gehabt, das zu lesen. Und wenn doch, dann sollte sie sich zumindest entschuldigen und sich erklären.

Mit klopfendem Herzen öffnete sie den Chat. Sie hatte Angst vor dem Echo, dass ihre Nachricht auslösen musste. Charlotte hatte noch nie gut mit Streit umgehen können, hatte regelrecht Panik vor Auseinandersetzungen. Deswegen vergriff sie sich sonst auch nie so im Ton oder schmetterte anderen ihre Wut entgegen. Sie konnte sich nicht erinnern, dass sie sich schon mal so hatte gehen lassen und deshalb auch das schlechte Gewissen, weil sie ein solches Verhalten von sich selbst nicht kannte. Charlotte hatte Glück. Wenn Karl es schon gelesen hatte, dann hatte er ihr zumindest noch keine Strafpredigt gehalten. Als ihr Blick wieder auf den Mist fiel, den sie ihm entgegengeschleudert hatte, bekam ihr schlechtes Gewissen wieder Auftrieb. Also begann sie zu tippen:

« **pm:** Juni 05, 2016, 19:20:50 Nachmittag »

„Lieber Karl.

Ich muss mich ernsthaft bei Dir entschuldigen. Was ich da geschrieben habe ist gemein und nicht gerechtfertigt. Es tut mir außerordentlich leid, eigentlich ist das auch gar nicht meine Art.

Genau das ist aber der Punkt. Es ist nicht meine Art, wütend zu werden und mich dann zwangsläufig damit auseinander zu setzen. Deswegen hat mich Deine Nachricht auch so aufgeregt. Ich setze mich fast nie damit auseinander, wie es mir in irgendwelchen Situationen geht. Ich kümmere mich viel mehr darum, wie es anderen geht. Durch meine beiden jüngeren Geschwister bin ich es gewohnt, dass ich mich in andere versetze und Verständnis aufbringe. Wie ich mit solchen Situationen umgehe, steht dabei oft so sehr im Hintergrund, dass ich einfach vergesse, mich darum zu kümmern. Nicht sehr klug, ich weiß. Dass ich so viel Verständnis für Deine Situation aufgebracht habe, kommt auch daher. Ich habe einfach mein typisches Muster auf unsere Konversation angewendet, dabei ging es gar nicht darum.

Also, Du willst wissen, ob ich sauer bin? Und wie! So sehr, dass ich Angst habe, mich damit zu befassen. Ich bin sauer auf meine Eltern, weil sie es einfach nicht

198

schaffen, zusammenzuhalten und unsere Familie am Leben zu halten. Ich bin sauer, weil es so unglaublich egoistisch wirkt, auch wenn es das nicht ist, wie ich mittlerweile weiß. Ich bin sauer, dass meine Mutter einfach so meine kleine Schwester mitgenommen hat, ohne zu fragen, ob diese das überhaupt will. Ich bin sauer, dass sie sich nicht meldet, um zu fragen wie es uns geht. Ich bin auch sauer auf meinen Vater, dass er meinen Bruder und mich so viel allein lässt und ich dafür sorgen muss, dass der Haushalt läuft. Und meinen Bruder muss ich dazu bringen, dass über seine Sicht der Dinge redet. Er ist mir darin nämlich sehr ähnlich, er würde sonst alles in sich reinfressen. Und ich bin so sauer, dass ich hier für alle, vor allem für mich selbst, die Starke spielen muss, die damit schon klarkommt und meint, dass die Zeit schon dafür sorgt, dass es besser wird. Ich kann es mir einfach nicht leisten, das kleine Kind in mir los zu lassen und mich darüber zu beschweren, wie ungerecht das alles ist. Ich habe das Gefühl, dass ich dafür keine Zeit habe, weil ich mich kümmern muss, dass alles läuft. Wer macht es sonst? Papa ertränkt seinen Kummer in Arbeit, aber auch, weil Mamas Einkommen ja jetzt fehlt. Mein Bruder kompensiert es durch irgendwelche Computerspiele, die auf Strategie beruhen, sodass er seinen Kopf anderweitig beschäftigen kann.

Mit meiner Mutter gehe ich insofern um, dass ich kaum Kontakt zu ihr habe, weil es einfach noch zu sehr wehtut. Ich rufe sie nur an, um zu fragen, wann ich mal was mit meiner kleinen Schwester machen kann und wann ich sie zurückbringen muss. Mehr reden wir momentan nicht. Mit meinem Vater, tja, wie man es aus der Schilderung vermuten kann, leben wir eher nebeneinander her. Wir haben mal darüber gesprochen, aber meist gehen wir dem Thema aus dem Weg. Es ist dann leichter so.

Was meine Geschwister angeht, kann ich Dir sagen, dass meine Schwester noch zu jung ist, um alles ganz zu verstehen. Sie weiß, dass Mama und Papa sich nicht mehr liebhaben und nicht mehr zusammenwohnen können. Sie genießt es, dass nicht mehr ständig gestritten wird. Aber das ist für sie auch das Einzige, was daran gut ist. Eigentlich leidet sie sehr darunter, dass sie Papa und uns nicht jeden Tag sieht, auch wenn Mama viel für sie da ist. Dass Timo und ich jetzt nicht jeden Tag zum Spielen da sind, gefällt ihr nicht. Timo hat am Anfang sehr gelitten, jetzt aber kommt er gut mit der Situation aus. Er konzentriert sich auf seine Spiele und meinte neulich, dass er die Schule dann im neuen Schuljahr als Ablenkung nutzen will, um seinen Notenschnitt zu verbessern.

Tja, und wie genau es mir damit geht, kann ich Dir nicht sagen. Ich habe diesen Teil einfach vernachlässigt. Wie Du sicherlich gemerkt hast, bin ich ziemlich sauer. Ich lenke mich viel durch Hausarbeit und Schwimmen ab. Naja, wenn ich denn mal fürs Schwimmen Zeit habe.

Ich muss an dieser Stelle aber aufhören, weil es sonst an einen Punkt kommt, der noch etwas zu persönlich ist.

Ich bitte Dich erneut aufrichtig um Entschuldigung und lasse Dir gerne Zeit, darüber nachzudenken. Wenn Du nun keinen Kontakt mehr willst, kann ich das verstehen – und da ist es wieder, das Verständnis.

Carlyle"

Charlotte las den Text noch ein-, zweimal, dann sendete sie ihn ab. Sie war sich nicht sicher, wie Karl reagieren würde. Ob er reagieren würde. Sie war sich auch nicht sicher, was jetzt mit ihr war; wie es ihr ging und wie sie weitermachen wollte. Sie war vom Schwimmen müde und wollte schlafen.

Charlotte wischte die nasse Spur auf ihrer Wange fort und dachte über die Zukunft nach. Sie hatte Angst.

***

Als Karl seine kleine Wohnung betrat und die angebrochene Wodkaflasche sah, nahm er sie und kippte sie im Spülbecken aus um sich dann einen Kaffee zu brühen. Er schaltete den Fernseher ein um bei RTL hängen zu bleiben. Ein Formel-1-Rennen wurde übertragen.

Einige Zeit später, er musste eingeschlafen sein, wurde er von einem lauten Wortgefecht in der Nachbarwohnung geweckt: „Dann hau doch ab Du Arschloch!" hörte er eine Frau kreischen. Das machte ihm schmerzlich bewusst, dass er zur Miete wohnte. In blinder Gewohnheit checkte er den Mail-Eingang im Handy:

« **pm:** Juni 05, 2016, 19:20:50 Nachmittag »

„Lieber Karl.

Ich muss mich ernsthaft bei Dir entschuldigen. Was ich da geschrieben habe ist gemein..."

Schnell überflog Karl die ersten Zeilen. Dann nahm er das Handy mit zur Toilette und begann dort langsam und sorgfältig jede Zeile zu lesen, er wurde sehr nachdenklich. Das war mehr als ein unverbindlicher Forum-Kontakt. Er hatte in Carlyle ein *Scheidungskind* gesehen, was er las kam aber von einer jungen, stark verunsicherten Frau die niemanden verletzen wollte und versuchte, es jedem recht zu machen. Er dachte an seine ältere Schwester Gerlinde, die sich damals vor achtundvierzig Jahren auch so für den kleinen Karl verantwortlich gefühlt hatte und das bis heute. Karl Weber hatte keine Vorstellung von der Person Carlyle. In Gedanken konstruierte er Zusammenhänge von ihrem übergroßen Verantwortungsgefühl, das aus ihren Zeilen sprach, zu ihrem Erscheinungsbild.

Sie hatte sicher kein Tattoo, vielleicht wünschte sie sich eines, aber traute sich nicht. Die meisten seiner Insassen in der JVA hatten Tattoos, mit größter Raffinesse wurden im Knast unerlaubt Tätowier-Maschinen gebastelt. Dabei zeugen Tattoos in unserer Gesellschaft eher von geringem Selbstwert und Selbstverletzung, wie sich Karl an den Vortrag eines Psychologen im Rahmen einer Fortbildung erinnerte. Diese dritte Antwortmail ging tief in ihn rein, in den so korrekten, gefühlsvermeidenden Justizbeamten des Mittleren Dienstes Karl Weber.

Diese Carlyle, dieses Mädchen, diese junge Frau hatte sich ihm so offenbart, dass er fast beschämt war über das große Vertrauen, das ihm diese Person entgegenbrachte. Sie erteilte ihm auch unbewusst eine Lektion, wie er seine Kinder Franziska und Ronald betrachten sollte.

Er spülte die Toilette, wusch sich die Hände und schlurfte in sein kleines Wohnzimmer und aktivierte den PC unten rechts sah er: *19:22*

5.06.2016.

Bis zu den Tagesschau-Nachrichten hatte er eine knappe halbe Stunde Zeit, das reichte für eine Mail an Carlyle:

« **pm:** Juni 05, 2016, 19:22:59 Nachmittag »

„Liebe Carlyle,

gerade habe ich Deine Mail gelesen und möchte mich aufrichtig bedanken, vor allem für Dein Vertrauen, das du mir entgegenbringst. Nichts davon was Du geschrieben hast war gemein, es war alles sehr ehrlich und hat mich sehr bewegt, weil Du mir damit auch meine Kinder nahegebracht hast.

Wir Beide haben derzeit viel zu bewältigen durch den Crash in unseren Familien. Du übernimmst sehr viel Verantwortung bei Dir Zuhause. Solltest du dabei nicht auch ein wenig an Dich denken. Gibt es denn jemand in Deinem Umkreis mit dem Du alles besprechen kannst?

Ich habe es heute erlebt, wie so was guttun kann. Zufällig habe ich die Gefängnispastorin im Berggarten in Herrenhausen getroffen. Zu erfahren, dass es ganz viele Menschen in unserem Land gibt, die seelische Probleme haben, gibt einem das Gefühl, dass man nicht alleine damit ist. Ich glaube es gibt nur wenige Menschen, die von sich sagen können, ihr Leben ist immer Sonnenschein. Im Knast erlebe ich das besonders intensiv.

Ich habe mich oft in meinem Haus, in meiner Familie danach gesehnt mal Ruhe zu haben und für mich sein zu können. Immer hatte ich das Gefühl nur liefern zu müssen: Karl hast Du Dich schon um den verstopften Badewannenabfluss gekümmert? Karl wann gehst Du endlich mal wieder zum Zahnarzt? Papa können wir nicht mal irgendwo in den Urlaub hinfliegen, anstatt immer stundenlang im Auto zu sitzen? Papa mein Handy ist total out!

Immer mehr habe ich das Gefühl bekommen, dass ich gar nicht mehr in meinem Leben bin, dazu andauernder Frust im Justizvollzug. Und immer der meist unnötige Streit miteinander.

Vielleicht hätten wir schon vor vielen Jahren mal eine Paar-Therapie machen sollen, wir hatten uns einfach nichts mehr zu sagen. Am meisten macht mir immer noch das Schuldgefühl wegen der Kinder zu schaffen. In einem Zeitungsartikel in unserer Gefängnisbibliothek habe ich gelesen, dass Kinder sehr stark vom nicht gelebten Leben der Eltern geprägt werden und dass es ein Riesenproblem ist, wenn die Eltern die Kinder nicht loslassen können.

Carlyle, jetzt habe ich aber ein schlechtes Gewissen, das ich zu sehr mit dem „Eingemachten" gekommen bin.

Ich wünsche Dir eine gute neue Woche.

Karl"

***

Charlotte öffnete die neue Nachricht von Karl. Das was sie da zu lesen bekam, ähnelte dem, was ihre Mutter bei einem kurzen

202

Gespräch über ihre Beweggründe für die Trennung gesagt hatte. Natürlich konnte sie Karls Situation nicht einfach mit der ihrer Mutter gleichsetzten, das war immer noch etwas anderes. Aber sie verstand ihn. Wenn sie ehrlich war, dann verstand Charlotte irgendwie auch ihre Mutter, auch wenn sie das eigentlich nicht wahrhaben wollte. Vielleicht sollte Charlotte ihr etwas Zeit geben. Charlotte überlegte, dann machte sie diesen Entschluss für sich fest. Sie würde abwarten, was die Zukunft brachte. Ihr war schon klar, dass es dauern würde und nicht alles toll laufen würde, da machte sie sich gar keine falschen Vorstellungen. Aber mit etwas Zeit und Geduld würde das schon werden, irgendwie. Charlotte war sich nicht mehr schlüssig, ob sie als Carlyle den Chat mit Karl weiterführen sollte. Bisher hatte sie niemandem davon erzählt. Wie würden wohl ihre Freunde reagieren, wenn sie ihnen von Karl erzählte?

***

In der kommenden Woche hatte Karl keine Frühschicht. Obwohl er länger schlafen hätte können, war er am Montag schon früh wach. Immer wieder ging ihm Wiebke durch den Kopf. Er konnte es immer noch nicht fassen, was sie ihm erzählt hatte.

Dann ging er zum Dienst. Zu Beginn schaute er in sein Nachrichtenfach im Personalraum. Der übliche Papierkram, obenauf einer der meist unangenehmen Blockvordrucke seines Dienstvorgesetzten:

Herr Weber,
Bitte um Rücksprache betr. Vorgang in Zelle 72 am 1.06.2016
Justizoberinspektor Vollmer

„Hat ja lange gedauert" grummelte Weber, dann fiel ihm ein, dass sein Vorgesetzter letzte Woche Urlaub gehabt hatte. Nun ja, er hatte seinen jungen Kollegen, der mit ihm die Zellenkontrolle machte, schon so eingenordet, dass der seine Unschuld bezeugen würde. Am Schreibtisch ging Karl die Neuzugänge durch. Meist die üblichen Eigentumsdelikte, dann stockte er: *Max Zielow, geb. 14.09. 1984, 4 Jahre, § 227 StGB, 5 Monate Hafte wegen Körperverletzung mit Todesfolge nach einem Ehestreit.* Karl schluckte, früher wäre bei diesem Fall der Täter einer der üblichen Verbrecher für ihn gewesen. Dann fraßen sich Gedanken und Erinnerungsfetzen in seinen Kopf wie er einmal müde und leer nach der Spätschicht von Frederike zu hören bekam: „Karl, die Gebauers haben eine neue Küche bekommen und wollen in den Sommerferien eine USA-Tour machen. Na ja… zwischen Besoldungsstufe A11 und A15 ist halt doch ein Unterschied." Er hätte ihr an die Gurgel gehen können als er das hörte.

Auf dem Weg in sein Dienstzimmer kam ihm sein Freund und Kollege Egbert entgegen: „Was ist Dir denn für ne Laus über die Leber gelaufen?" hörte er. Ohne zu antworten öffnete er achselzuckend Tür seines schmucklosen Dienstzimmers. Die dürre, nekrotische Draceena-Pflanze, die er vor vielen Jahren von seinem Vorgänger übernommen hatte, erschien ihm wie eine Mitgenossin vertaner Lebenszeit. Gedankenverloren nahm er seinen Notizblock und kritzelte …

Wiebke

Carlyle um dann……

Karl daneben zu setzen.

Langsam verband er die drei Namen mit seinem Stift zu einem Kreis…dann wusste er was er zu tun hatte!

Hansi Sondermann
Das Rosenblatt–Quartett – eine Familie?

Wie ihre Mienen und Gesten erkennen lassen, sind die Musiker des Rosenblatt-Ensembles mit ihrer Wiedergabe des Streichquartetts Nr. 3 B-Dur von Johannes Brahms nicht zufrieden. Aber selbst für Profis wäre dieses Brahms-Quartett ebenfalls ein schwerer Brocken.

Von der Intensität ihrer Darbietung ergriffen, lassen sie die letzten Takte zum Ende hin sanft ausklingen. Als ihre Hände die Instrumente loslassen, wirken sie ebenso erleichtert wie erschöpft.

Nachdem sie sich, vom Applaus umspült, mehrmals verbeugen – nicht so tief wie manche Künstler, bei denen es so aussieht, als würden sie gleich den Boden küssen, sondern nur kurz aus der Hüfte heraus – und als der Beifall nach der kurzen Zugabe verebbt, umarmt der Erste Geiger den Cellisten und küsst ihn auf den Mund, ebenso umarmen und küssen sich die Violinistin und Bratschistin, wobei ihre Küsse noch intensiver wirken als die ihrer männlichen Partner.

Dieses Outing ihrer Lebens- und Liebesverhältnisse erhält von den hinteren Reihen des Konzertsaales Applaus, während einige Zuhörer auf den Erste-Reihe-Plätzen sich stirnrunzelnd anblicken. „Müssen Invertierte ihr Anderssein unbedingt so veröffentlichen?" „Als Provokation inzwischen total überholt." „Die können doch heute machen, was sie wollen." „Ob so was letztlich gut ist für diese Leute, das bezweifele ich sehr."

Die Mitglieder des *Rosenblatt*-Quartetts bilden – liberal gesehen – eine äußerst interessante, nach konservativer Sicht jedoch eine *auf ganzer Linie völlig unnormale* Lebensgemeinschaft.

Vier Menschen – unterschiedlichen Glaubens, in verschiedenen Berufen tätig, dazu Freizeitmusiker – in einer Kommunität eigenen Zuschnitts:

Hannah, Modedesignerin, sehr eng mit der Bildkünstlerin Julia liiert, und die beiden schwulen Freunde Pascal, Lektor und Übersetzer, und der Kunst- und Modefotograf Karim.

Dazu Pascal: „Wenn ein Schriftsteller eine Story über unser doppelt gemixtes Lebensquartett schreiben würde...“ „Denkst du dabei an unseren Freund le Duc?“ „... käme von den *Reich-Ranickis* mit Sicherheit das literarische Urteil: *Überkonstruiert! Gewollt kompliziert. Wenig glaubwürdig.*

Kaum dass sie im Künstlerraum sind und etwas Luft holen, stürzt die Reporterin Inga Schwerthoff herein. „Großartige Leistung!“ „Sind Sie Musikkritikerin?“ „Nein, ich mache Künstlerinterviews.“ „Dann sollten sie mit ihrem Lob vorsichtiger sein.“ „Zunächst meine Frage: Wo und wann haben Sie sich kennen gelernt?“ „Wir haben uns gefunden wie Blinde! Dem Gehör nach!“ sagt Pascal, mit ernster Miene. Als er sieht, dass Inga Schwerthoff damit nicht zufrieden ist, schiebt er nach: „Wir sind uns bei einem Musikfestival begegnet, haben dort unsere Personalstile kennengelernt und uns liebgewonnen.“ „Liebgewonnen – mein Stichwort!“ „Ein Wort aus alter Zeit“, sagt Hannah, die *Zweite Violine*, lachend, „Deshalb leben Sie alle zusammen, wie man hört.“ „Genau!“ „Entschuldigen Sie – aber geht so was?“ „Ein Schwulen-Lesben-Mix?“ „Ich denke an das multireligiöse Quartett?“ „Und dazu fragen Sie sich, ob sich Jüdin, Moslem, Protestantin und Katholik die Köpfe einschlagen?“ fragt Julia, die Bratschistin „So hab ich das nicht...“ „Unsere Unterschiede trennen nicht, sie schaffen Zusammenhalt. Und das trotz oft wechselndem Seelenwetter“, sagt Hannah. „Sie denken sicher mehr an ein sexuelles Durcheinander", tönt Pascal, „wo alle überkreuz malnehmen." „Unterstellen Sie mir bitte nicht diese Denkweise!" „Dann schreiben Sie doch etwas Gutes und Schönes über uns. Und damit, Frau Schwerthoff, würden wir uns, wenn Sie erlauben, gern entspannen. Wir sind nämlich ziemlich fertig... Nicht nur mit Ihnen!" Worauf die Reporterin des *Nordwest-Kurier* sichtbar konsterniert den Raum verlässt.

„Unsere Sprüche werden sicher einen Sauartikel bewirken!" „Auf so ´ne Fragen durfte auch nichts anderes kommen!" „Wir brauchen aber die Journalisten, wir wollen eine positive Presse", sagt Julia. Pascal lacht. „Michael Kremer, Berufs-Kritiker, wird wie immer sachlich und gut über uns schreiben."

Was der vor einer Woche in seiner Besprechung über ihre Wiedergabe des F-Dur-Quartetts von Mozart auch getan hat.

„Ein lockeres, heiteres Werk, mit einem feingestichelten, kontrapunktierten Humor; ein Feuerwerk musikalischer Geistesblitze. Was vom *Rosenblatt*-Quartett adäquat wiedergegeben wurde: Wie Tonseide, filigran wie eine Elfenbeinminiatur, aber auch kraftvoll; wobei ein erstaunlicher Grad von Perfektion zu hören war. Für diese nebenberuflichen Musiker beeindruckend."

Pascal und Karim haben bisher in einer Zweizimmerwohnung mit Küche und Bad gelebt. Ihre bei aller Zuneigung differierenden Lebensgewohnheiten haben jedoch das Miteinander sehr beeinträchtigt. Karim schläft schnell ein und schnarcht sehr laut. Pascal liest gern länger und flüchtet vor Karims *Holzfäller-Geschrei* auf die Wohnzimmercouch. Auch hat es oft wegen der Übungsgeräusche mit anderen Mietern Zoff gegeben. Beide waren deshalb auf der Suche nach einer größeren, auch preiswerteren Wohnung.

Hannah, bisher mit Julia auch in einer kleineren und engen Wohnung mit dem ebenfalls typischen Nachbarknatsch, hat von der Christlich-jüdischen Gesellschaft erfahren, dass ihre verstorbene Großtante, die Schriftstellerin Lea Rosenblatt, ihr eine Villa am Rande der Stadt vermacht hat.

Dieses Haus bietet ausreichend Platz für ein familienartiges Zusammenleben. Die Villa – laut Pascal „reizvoll morbid" – wurde schnell renoviert, wobei der Kristalllüster im Entree seinen Platz behalten hat. Hannah, die *Handwerkliche*, hat dabei den Hauptpart übernommen – Presto, Musikanten! – leicht verschwitzt im knallroten Overall. „Dem Vorgarten lassen wir das leicht Verwilderte!". Weshalb sich der unveränderte dunkelgrüne Mantel wie bisher dort weich, dort herb, um den Villenkörper legt.

Ihr bisher *KARO* genanntes Mini-Ensemble wurde passend zum Haus in Rosenblatt-Quartett umgetauft.

Es gibt einen gemeinschaftlichen Wohn- und Musikraum, und für jede/jeden ein separates Zimmer; für ´s Individuelle, zum Üben, zum Schlafen. Die beiden Frauen schlafen jedoch zusammen in einem großen Bett. „Ich will nicht eine Minute allein sein!", sagt Julia. Was Pascal mit dem Lied kommentiert: „Eine kleine Frau allein in einem großen Bett, das find ich gar nicht nett...!" Wonach es ihm nicht gelingt, dem Pantoffel auszuweichen, den sie ihm an den Kopf wirft.

Die Männerzimmer sind bauhauscool gestaltet; Farben überwiegend blaugrau, zart Flieder; die Bilder an den Wänden sind den Bildern von Piet Mondrian und Ben Nicholson auffallend ähnlich.

Die Wohnräume der beiden Frauen sind dagegen farbphantasievoll, was auch Hannahs Lebens- und Kleidungsstil entspricht. Wände und Vorhänge: Orange, regenbogenfarben, sonnengelb. „Unser Schlafzimmer burgunderrot!" hat Hannah gefordert.

Julia und Pascal arbeiten im Haus, Hannah und Karim haben separate Studios. Während Karim, vom vergangenen und gegenwärtigen Job geprägt, nicht vom Auto loskommt, benutzen Pascal und Julia das Fahrrad, Hannah fährt tapfer ihr BMW-Kraftrad R 1150; dazu trägt sie die braune Lederkappe ihres Vaters. „Siehst aus, wie 'ne Pilotin!" Die *Schwerlasten* werden mit Karims Jeep transportiert. Pascal ist ein Fahrradphilosoph; der Titel seines letzten Traktates: Die *Renaissance der Langsamkeit*. Tempo ist für ihn ein Feindwort; obwohl er selber auf dem Fahrrad nicht langsam ist.

Julia neigt – wie ihr *Mater Dolorosa*-Gesicht andeutet – zu Depressionen. Die fatale Nachwirkung des moralengen Klimas, das in ihrer streng puritanischen Pastorenfamilie herrschte, und Folge ihrer lebensfeindlichen Erziehung. Sie sieht sich als eine „von meiner monotonen Kindheit verwüstete Seele." Seit dem Outing ihrer gleichgeschlechtlichen sexuellen Neigung und der trotz elterlicher Aufforderung nicht aufgelösten lesbischen Beziehung zu Hannah hat der Patriarch sie aus dem Haus geworfen. Statt Altsprachen zu studieren, wie vom textfixierten Vaterpastor gefordert, hat sie sich schöpferisch wie auch lehrend der bildenden Kunst zugewandt. Ihr Äußeres lässt ahnen, dass sie der Magersucht nahe ist; deshalb auch halbkonsequente Vegetarierin. Ebe nso halbkonsequent trägt sie – auch außerhalb des Podiums –Schwarz. Ihre Haare, oft zum großen Knoten gebunden, liegen wie ein nachtdunkles Kissen in ihrem Nacken, manchmal rauschen sie auch wie ein schwarzer Wasserfall über ihren Rücken.

Die korpulente Jüdin Hannah bildet, was ihr Aussehen, ihr Temperament und ihren Lebensstil betrifft, den vitalen Gegensatz zu ihrer Freundin. Nach jüdischer Lebensart ist sie eine Liebhaberin wie auch Kennerin guten Essens und Weins. Sie ruht in sich selbst, lebt und bejaht ihre sexuelle Andersartigkeit als naturgegeben; was liebevolle Kontakte zu Männern einschließt, wie am harmonischen Zusammenleben mit Pascal und Karim deutlich wird.

Hannahs lebensbejahende Art war für Julia so etwas wie ein Rettungsanker; auch jetzt ist sie für die anorexiegefährdete und oft PMS-gequälte Geliebte das *Stabile*; wogegen ihre *expressionistischen* Eskapaden von der disziplinierteren Julia energisch-sanft abgebremst werden. Wobei aber auffällt, dass Hannah oft ein kleingroßes Pflaster auf Nacken, Hals oder Schulter hat. „Julias Küsse sind wie Bisse!", sagt sie. Äußerlich die Asketin, ist Julia, geht es um Liebe und Sex, von enormer Leidenschaft.

Hannah kleidet sich, ihrer barocken Gestalt und ihrem Gewerbe nach, phantasievoll farbenreich. Weite, fließende, tief ausgeschnittene, oft auch engsitzende Gewänder oder Hosenanzüge, die deutlich ihre üppigen Körperformen zeigen. „Wenn du, wie heute, dieses mittlere Orange trägst, geht von dir ein Sonnenstrahlen aus!" sagt das Trio unisono. „Danke, meine geliebten Lügner". Das kurzgeschnittene aschblonde Haar sitzt wie ein Silberhelm auf ihrem Kopf. Sie raucht gern Zigarillos, trinkt ebenso gern schwertrockene Bordeaux. In ihren Augenwinkeln und Wangengrübchen nistet der Schalk.

Zu den Vorführungen ihrer Kreationen werden *Laufsteg-Giraffen* verbannt. „Diesen Hungergerippen setze ich *satte* Kontrapunkte entgegen; weshalb ich gern Mode für die reife oder gereifte Frau mache!" Karim ergänzt Hannahs Vorführungen mit dazu passenden Fotos, wofür er sich auch *satte* Models in sein Atelier holt. Hannahs Hauptfarben, nach Monaten wechselnd, sind zurzeit Safrangelb, Flieder, Tomatenrot.

Hannah gehört zu den liberalen Juden, die ihre Religion nur dann deutlich machen, wenn in der Gesellschaft antisemitische Tendenzen zunehmen. „Als Kind und noch als Jugendliche habe ich Beleidigungen erlebt, wurde als fette Judensau beschimpft und körperlich angegriffen. Weshalb ich weiterhin am Judo- und Karatetraining teilnehme." Mit Erfolg, wie ihre Oberarme, Schenkel und Waden, aber auch ihre handwerklichen Tätigkeiten zeigen.

In der oft nervlich überreizt wirkenden Gruppe ist sie ebenfalls das *Stabile*. Obwohl es auch Situationen gibt, in denen sie *Nerven zeigt:* Zurzeit fehlen ihr Stoffmuster. „Mein Flickenteppich ist zu mager, Stoffe gibt s genug, aber keine interessanten Dessins, nicht meine Farben. Fahrt doch mal rum, Pascal, Karim, Jule. Zu allen Schneidereien, Restestuben. Bringt alles her, was ihr ergattert; sortiert wird hier."

Pascal ist ein Sanguiniker, wie man ihn oft im katholischen Süden Europas findet. Sein Humor ist, trotz seines frivol wirkenden Habitus, tief in seinem – nicht unbedingt kirchlichen – Glauben gegründet. Wenn jemand in deutschängstlicher Manier sagt: „Es hätte nicht schlimmer kommen können", zitiert er gern den portugiesischen Sinnspruch: *Das Schlimmste trifft nicht immer zu.*

Das oft bewusste Zwinkern seines linken Auges und die bewegungsempfindliche Haartolle geben seinem Gesicht etwas Humorvolles, oft aber auch scharf Ironisches.

Er ist der musikalisch am weitesten Gereifte. Von ihm kommen die meisten interpretatorischen Vorschläge; wie auch Kritik am Spiel seiner Partner, wobei er sich gegenüber am unerbittlichsten ist. Aufgrund seiner musikalischen Überlegenheit wird er von den anderen als Autorität anerkannt.

„Etwas mehr Swing, ihr Liebsten; das ist klassische Unterhaltungsmusik, Tafelmusik. Wobei unsere musikalischen Vorfahren den verfressenen Barocksäcken einige Dissonanzen hätten in die Suppe spucken müssen." „Haben sie vielleicht sogar getan", sagt Hannah, „und die adeligen Trottel haben es nicht bemerkt." „Wie wir es bei den blasierten Hörern mit Alban Berg und von Webern auch machen", sagt Karim. „Moment mal! Der Adel damals war oft musikalisch hochgebildet. Einige von ihnen haben selbst komponiert; um nur an Friedrich Zwei in Sanssouci zu denken, mit seinen Flötensonaten und Konzerten dort", sagt Julia, die alles Verallgemeinernde nicht mag. Sie bekommt dafür denn auch stillen Applaus. So geht das oft bei den weniger angestrengten Proben des *Rosenblatt-* Quartetts.

Karim ist, seinem früheren wie aber auch gegenwärtigen Beruf nach, der Rastlose, der Hektiker. Sein Viertagebart, die schwarzdichten Augenbrauen, die steile Stirnfalte und das *Sturmwindhaar* geben seinem Gesicht etwas Gequält-Düsteres. Er ist innerlich noch immer von den furchtbaren Erlebnissen als Kriegsfotograf besetzt. Das nervöse Zucken seiner Lippen nennt er „Erbe des Schreckens". Eine im Irak eingefangene Verletzung am linken Fuß lässt ihn ein wenig hinken; was er durch einen besonders flotten Schritt auszugleichen versucht – nur selten perfekt.

Jahrelang hat er an vorderster Linie und im Umfeld des Krieges eine Unmenge an Leid und Tod gesehen und gefilmt. „Wenn du die Katastrophe, real, fleischlich erlebst, dann hört das Leiden auf, im literarischen Sinn romantisch zu sein. Da schrumpft unser individuelles Wehweh auf ein Minimalmaß zusammen." Sagt er, wobei er Julia anblickt, die vorher wieder Depressionsansätze gezeigt hat.

Das Bild, das ihn immer noch quält: *Eine Frau hängt Wäsche auf. Vom Fotografen gesehen steht sie hinter den Laken. Plötzlich sinkt sie zusammen, wobei sie ein rotdurchgefärbtes Betttuch mit sich reißt.*

Weit vor seiner Zeit als Kriegsbildberichterstatter war er Cellist in Daniel Barenboims Orchester *West-östlicher-Divan*; daher seine Qualität. Als seine Eltern bei einem Massaker in Beirut getötet wurden, ist er sofort Kriegsfotograf geworden. „Um die Gräuel des Krieges als Dokument des Wahnsinns festzuhalten. Das, was mich noch immer zornig macht, ist die vor Ort gewonnene Erkenntnis, dass alle Kriege bei gutem Willen zu vermeiden wären, wogegen ich jedoch überzeugt bin, dass das Morden und Zünden weitergehen wird."

Dieses hat ihn bewogen, sich aus dem *Scheißgeschäft*, wie er sagt, zurückzuziehen. Seine traumatisch begründete Umkehr kam nach dem Ereignis, das in einer seiner Fotografien eine makabre Karriere gemacht hat: *Ein schwer verwundeter, tränenvoll brüllender Mann hält seine tote Tochter in den Armen.*
Der Bruch mit seinem Job.

Worauf er sich der zivilen Fotografie zugewandt hat – der Welt der Mode und Kunst, als Cellist weiter der Musik. „Kein Blut, keine Tränen, kein Tod, kein Verderben mehr! Nur noch dem Schönen will ich mich widmen!" Sagt er pathetisch.

Nach seiner unruhigen Soloexistenz ist in ihm die Sehnsucht nach einer stabilen familienähnlichen Gemeinschaft aufgekeimt, die er jetzt in diesem Lebensquartett gefunden hat.

In dem jeder Morgen mit „allem, was morgenliedsingbar ist" beginnt. Und so tönt Pascal auch heute wieder: „Jeden Morgen geht die Sonne auf! Frühstück fertig, Mädels. Triogesang!" Karim ist seit Tagen in Wien auf Foto-Tour. Eine Opern-Diva „will es von vorn oben hinten; hat aber Kohle, die Lady"!

Pascal geht an die Schlafzimmertür der beiden Frauen. Er klopft, ruft erneut, etwas kräftiger. Kein Laut. Worauf er sehr leise die Türe öffnet. Was für ein Bild:
Hannah und Julia ineinander verschlungen wie Initialen. Wobei Pascal überlegen muss, welches Körperglied zu wem gehört.

Hannahs Oberschenkel zuckt wie ein schlafendes Tier. „Bei all ihren Unterschieden – was für schöne Frauen!"

Er schließt die Tür, zieht sich leise zurück, setzt sich auf die Terrasse und genießt die Morgensonne.

Plötzlich muss er lachen. „Scheiße! Scheiße!", hatte Hannah am Vorabend gerufen. „Ich musste heute fast alle Entwürfe in die Tonne treten."

Nach ihren jeweiligen Tagesgeschäften versammeln sie sich am Abend zum gemeinsamen Musizieren; klassische Streichquartette, aber auch Musik des 20. Jahrhunderts. Julia stöhnt. „Das Atonale geht mir zunehmend auf den Keks!" „Die Schönheit der Moderne liegt in ihren Widersprüchen, und in ihrer teilweisen Unzugänglichkeit", entgegnet Pascal.

Die Interpretationsphilosophie des Quartetts: Ein Stück so zu spielen, wie es der Komponist hören und spielen würde, und! zugleich die Musik so zu interpretieren, wie sie in ihnen, in ihrem Inneren klingt.

„Wichtig ist: In dieser Musik lebendig zu sein und nicht tot", sagt Pascal.

„Was heißt das denn wieder?", fragen die anderen.

„Lebendig bedeutet hier: Mit jeder Tempoveränderung, jeder Disharmonie Fragen zu stellen, aber auch infrage zu stellen; weshalb du recht hast, Julia... Jetzt bitte Harfenton, ihr Lieben, subtil, leises Flüstern. Dafür dann – Takt 112: Schlagwerk, Sturm, Unwetter, Blitzgewitter."

So Pascal, wenn es bei den Proben gut läuft. Nicht selten sehen seine Partner sich aber auch von seinem Fanatismus überfordert. Wobei auch das Seelenwetter eine große Rolle spielt.

„Weniger drücken, Leute, den Bogen leicht über die Saiten gleiten lassen. Die polyphonen Passagen sind gefährlich. Also höllisch aufpassen, dass wir dabei nicht auseinanderfliegen... Karim, du schrubbst zu sehr, nimm die Power etwas mehr zurück, kraftvoll ja, aber nicht zu hölzern... deine Bratsche, Julia, muss mehr singen, ein echtes cantabile formen... Nein, Hannah, dieses Vibrato, geht nicht; zartes Beben ja, aber nicht dieses babababa..." „Und du, Maestro?" „Ihr hört doch, dass es auch bei mir nicht das ist, was es ein sollte, sein muss; insgesamt fehlt uns die letzte Perfektion." „Hören wir auf!" „Nein! Das kann es doch nicht gewesen sein!" „Doch!" ruft Hannah; „Holz weg, Brötchen her, Wurst her!" „Bist du verfressen, Tochter Sions!" „Ich brauch jetzt erst mal meinen Sapphire!"ruft Julia. „Ohne Gin geht die Julie nirgends hin!" In der Tat: Julia liebt, ihrem asketischen Habitus entgegen, nicht nur Süßes, sondern auch Gin-Fizz und Pernod. „Pernod hat eine erogene Wirkung", sagt sie. „Macht aber impotent." „Nur Männer." „Wer sagt denn so was?" „Pascal spricht aus Erfahrung." „Du Blödmann!"

Alle leben ihren Glauben nach eigener Fasson, und zugleich in Gemeinschaft. Karim hat in den relativ friedlichen Zeiten in Beirut erlebt, wie verschiedene Glaubensarten problemlos nebeneinander und miteinander existiert haben. „Weil alle Religionen Zweige desselben Baumes sind! So hat Einstein es formuliert." Inzwischen steht allein das Humane, das allen Glaubensarten eigen ist, im Mittelpunkt ihres religiös-profanen Denkens und Tuns. Außer ihren trotzdem kontroversen Diskussionen, die jedoch nicht den Todernst vieler Streitgespräche haben – Allah würfelt nicht! Sagt Einstein auch. Falsch. Jahwe würfelt. Stimmt! Gott ist der Erfinder des Zufalls! und so weiter – treffen sie sich bedürfnisgemäß zu Meditationen und kurzen Morgenfeiern; mit Gesängen und Gebeten aus der universalen Quelle jüdisch–christlich-islamischer Mystik, auch mit Texten internationaler Lyrik.

Der Gesang ist dabei oft jazzrhythmisch; es wird geklatscht, und die Hüften wiegen sich im Tanz.

„Shiru haleluya l´Adonai!" Durch die geöffneten Fenster darf jeder ihre Freude hören.

„Apropos, Leute: Ein Abgesandter des angeblich progressiven Bischofs hat bei mir angefragt, ob ich nicht ein neues Messgewand entwerfen könnte, etwas Ausgefallenes! Stellt euch vor: Eine Jüdin arbeitet für einen römischen Episkopaten. Jetzt bist du dran, Messdiener!" „Ich bin ein atheistischer Katholik!" „Quatschkopp! Sag mir trotzdem etwas über die katholische Liturgie und deren Abläufe!" Julia sagt: „Unsere schwarz-düstere Pastorenkleidung hatte für mich immer etwas von einem Richter. Ich aber hatte immer ein Faible für die römischen Messkostüme. Wie wär´ s mit einer regenbogenfarbenen Kasel?" „Regenbogen?" „Ist eines der ältesten interreligiösen Symbole in Kunst und Mythologie, auch im Narrativen. Steht für Harmonie, Ganzheitliches, Naturschutz und so weiter. Wär doch was für den progressiven Oberhirten." „Was für ´ne Predigt, Jule!" „Dann man los, Schwester Hannah!"

Die Abendgespräche drehen sich oft auch um ihre berufliche Arbeit. Hannah stöhnt: „Selbst meine lammfriedlichen Näherinnen drohen mit Streik. Irgend so´ n Gewerkschafts-Fuzzi hat ihnen einen Gehaltserhöhungsfloh ins Ohr gesetzt. Dazu kommt heute auch noch: René, mein süßer Assistent hat sich mit der langen Nadel in den Finger gepikst, hat darauf wie n Ferkel geschrien." „Du hast ihn doch sicher an deine tröstenden Titten genommen, Baby!" „Siehe Ferkel, Pascal!"

Karim erzählt von aktuellen unangenehmen Erfahrungen mit einem Auftraggeber. „Wäre er nicht ein TV-Star, hätte ich diesen Gecken längst rausgeschmissen."

Darüber hinaus kann er es noch immer nicht lassen, über seine Erfahrungen als Kriegsfotograf zu berichten. Was von den anderen akzeptiert wird, weil sie spüren, dass er sich nur durch die

Wiederholung seiner Berichte von dem erlebten Grauen befreien kann. Nur, wenn er dabei überdreht, Zeichen starker Erregung zeigt, stoppen sie ihn unsanft sanft. Seine positiven Erfahrungen mit den *Ärzten ohne Grenzen* sind für sie jedoch der Anlass, einen großen Teil ihrer Konzerthonorare dieser Organisation zur Verfügung zu stellen.

„Schwester, Brüder! Ein Anschlag auf euch: Hab ein Kleid aus Kordeln entworfen, das heißt: Jule hatte die Idee!" Julia zeichnet oft Entwürfe für Hannahs Kollektionen, meist nur minimalistische Skizzen. „Die Naturfarbe passt nicht. Das Ganze müsste nachgefärbt werden. Bei meinen Schneiderinnen dauert so etwas Tage, Wochen. Wie sieht es aus, meine Lieben…?" Julia: „Wer kann Nein zu dir sagen." „Und du Karim?" „Ich bin voll, komme kaum nach. Was ist mit unserem Sprachkünstler?" Pascal: „Ich habe den Reventlow–Roman *Von Paul zu Pedro* in der Pipeline…" „So 'n alten Schinken?" „Du sagst es. Doch der Termin drängt… Aber, gut, mit meinen linken Händen; nur wenn die Abendglocken läuten." Hannah: „Du bist ein Schatz, Pascal."

Im Hause, im System Rosenblatt herrscht inzwischen – auch nach dem Selbstbild der Gruppe – so etwas wie eine wohldosierte anarchische Harmonie. Wobei alle jedoch fürchten, in eine gefährliche Selbstisolation zu geraten, und damit das gesellschaftlich Problematische aus dem Auge zu verlieren. Deshalb sind sie sich einig, dass ihre Villa „so sehr wir unsere splendid isolation auch genießen" ein offenes Haus werden soll.

„Wobei wir über das Konkrete noch zu reden und sicherlich auch zu streiten haben."

„Zunächst müssen wir unsere Aufmerksamkeit wieder mehr von innen nach außen richten."

„Was für 'n Satz! Hast du s nicht etwas bescheidener, Pascal!"

„Was hast du gegen ein ehrliches Pathos, Bruder?"

Trotzdem gibt es im Familienquartett aktuell einen Konflikt, der alle berührt. Pascal ist allein nach Gotland gefahren. „Muss unbedingt raus! Natur! Natur! Diese Texte bringen mich um!" Karim konnte wegen eines lukrativen Auftrages nicht mit. Pascal hat dort, wie Karim einer fremden Grußkarte entnimmt, einen jungen schönen Sänger kennengelernt und, wie Karim vermutet, auch Sex mit ihm gehabt. Er stellt ihn, im Beisein der Frauen, zur lauten Rede; wobei sein libanesisches Temperament in beinahe drohender Weise zutage tritt. Pascal gibt die Zuneigung zu, aber nicht den ihm unterstellten Sex. „Warum glaubst du nicht, was er sagt?" „Weil er diesen Kontakt mir gegenüber verschwiegen hat!" „Seit wann müssen wir alles von uns äußern?", fragt Julia. „Von je her ist das so, wenn man sich liebt, wirklich liebt – woran ich jetzt meine Zweifel habe!" „Das ist egoistisch hochgejazzt, Karim. Was meinst du, wie oft Hannah mich mit ihrer alten Freundin wie auch mit ihren Ex-Männern betrogen hat." „Und, wie hast du darauf reagiert?" „Ich habe ihr den Schädel eingeschlagen, was man heute noch sieht", sagt Julia, wobei sie Hannas Kopf küsst. Den Frauen gelingt es, Karim und Pascal miteinander zu versöhnen.

Obwohl es auch zwischen ihnen hin und wieder heftig knallt. Dauerthema: Essen und Trinken.

„Sieh mal, Julia, was ich mitgebracht habe!" Hannah wirft, vom Studio zurück, ein sattes Stück Roastbeef auf den Küchentisch. „Fein marmoriert, zart und mager!" „Nein!" ruft Julia. „Mach mich nicht wütend! Ich habe nichts gegen ein temporäres Vegetariat, aber kein Ewig, keinen Ismus!" „Du weißt, dass sich schon beim Anblick mein Magen..." Julias Gesicht wird blass. „Das ist doch eine Falle, die dir deine Psyche stellt. Karim hat alle moslemischen Gebote gebrochen. Und seine Zunge und sein Magen haben es ihm gedankt. Dieses Stück Fleisch wird eine so köstliche

Verbindung mit krossen Crostinis eingehen, dass sogar dein Jesus seine Freude daran gehabt hätte; denn der war kein Vegetarier. Wenn du dich weigerst, das Mahl mit uns zu teilen, werfe ich den Batzen vorher in die Tonne." Hannah wird sehr laut dabei. „Dazu, mein geliebtes Schmaltier", setzt sie schnell sanft nach: „Mein Gericht hat einen Nährwert von 144 Kilokalorien, 13 Gramm Kohlenhydrate, 8 Gramm Eiweiß, 6 Gramm Fett. Also etwas zum Mästen. Danach – leck dir die Lippen – zarte Marzipan-Wallnuss-Pralinen mit Arrak, Florentiner aus gehackten Mandeln mit Haselnüssen; dazu für dich noch Sahnelikör mit einer feinen Rum-Note."

Als Karim die Küche betritt, schnuppert er sofort, dass ein appetitanregendes Stück „Schweinebacke!" auf ihn wartet. „Bist du geruchstaub, Karim, das ist keusches, junges Rind! Deshalb züchtige bitte unsere pseudo-keusche Schwester, treib ihr den puritanischen Irrsinn aus!" Julia ist schnell im Wohnzimmer, Hannah bereits in der Küche. Karim folgt ihr. Es interessiert ihn, wie Hannah das Roastbeef zubereitet. In seiner Zeit als Kriegsfotograf hat er sich oft selbst bekochen müssen.

Die Küche ist grundsätzlich das Reich aller, eine locker verabredete Teamarbeit, wobei Hannah jedoch das Sagen hat. Pascal braucht meist längere Zeit zum Karottenschaben. Dafür singt er oft gern dazu: *Mariechen saß weinend im Garten...*

„Sieh' mir zu, Karim: Ich schneide das Ciabatta-Brot in 6 Scheiben und lasse es im Backofen bei 220 Grad 6 bis 8 Minuten rösten. Nachdem du die roten Paprikaschoten in Würfel geschnitten hast, lasse ich sie 6-8 Minuten in Olivenöl dünsten, wonach ich sie fein püriere. Danach wird das Paprikapüree mit 100 Gramm Frischkäse glatt gerührt, mit Pfeffer und Cayennepfeffer kräftig gewürzt. Auch die Frühlingszwiebeln darfst du würfeln und unterrühren. Die Brotscheiben bestreichst du gleichmäßig, während ich die Scheiben Roastbeef aufrolle, in Streifen schneide und auf den Crostinis verteile, wonach du jede Brotscheibe mit einem Zweig Basilikum garnierst... Mann, Karim, das machst du ja professionell!"

„Ich spüre förmlich, wie dieser obszöne Gemüsecocktail in meinem Mund explodiert. Was war drin?" fragt Pascal zur Vorspeise. „Geheime Kräuter. Das meiste aus unserem Garten, mein Freund!" „Ach?"
So wird dieses halb-keusche Menü plus „Oberrotweiler Eichberg" – selbst für Julia – zum Genuss.

Kurze Zeit danach zeigt Pascal – für ihn ungewöhnlich – Zeichen von Niedergeschlagenheit, die schnell wieder mit erregter Aktivität wechselt, wobei sich auf seiner Stirnmitte eine senkrechte Ader bildet.
Hierzu gehört, dass er unbedingt die späten Beethoven-Quartette spielen will. Was die anderen aber vehement ablehnen. „Sei ehrlich, Pascal: Der komplizierten Polyphonie, vor allem der Großen Fuge Opus 130 sind wir nicht gewachsen, auch nicht der philosophischen Tiefe dieser Werke." So Julia, Karim und Hannah im Chor.

Auch gibt es von Pascal, seinem sanguinischen Wesen völlig entgegengesetzt, von jetzt auf gleich aggressive Ausfälle gegen jeden im Quartett. Wie oft beim Musizieren. So auch heute. Karim kommt zu spät zur Probe, er wirkt angespannt. „Ein goldwerter, dafür aber zähflüssiger Fototermin hat mich viel Zeit gekostet." Pascal ist kurz vorm Explodieren. Als er jedoch Karims Stressgereiztheit spürt, lässt er ihn in Ruhe. „Komm erst mal runter, Karim," sagt Hannah. „Im Moment macht die Probe keinen Sinn; dein Cello würde vor Wut heulen." Karim flucht: „Geld verdienen ist eine harte Sache, Fronarbeit. Dieses Wahnsinnstempo bringt mich noch um." „Wem sagst du das", sagt Hannah. „Ich empfinde ähnlich, mein Lieber", sagt Pascal, plötzlich friedlich gestimmt. „Am liebsten möchte auch ich von heute auf morgen aussteigen! Ich könnte mir gut vorstellen, in der Toskana oder in der Provence zu leben." Karim sieht ihn verstört an. „Alle Tage siebter Tag: eine Welt voll Licht, Wärme, Ruhe, Oliven und Wein; ab und zu 'ne kühle Brise, und einen kultivierten Liebesakt!" Wobei er Karim zärtlich anblickt und dessen Knie streichelt. „Du Hedonist!", ruft Hannah. „Leider ist für uns noch nicht Sabbat", klagt Julia, „Lasst uns doch, wie oft schon, das Notwendige mit dem Lustvollen verknüpfen!", ruft Hannah, wobei ihre Hand auf ihren nackten Oberschenkel klatscht. „Nicht Das oder Das. Immer ein Zugleich!"

Das ist der Auftakt zur längst geplanten Wanderung. „Raus aus dem Stress! Raus aus der Stadt."

Pascal schlägt sofort, überaktiv in den Knien wippend, eine Harzwanderung vor. Von Bad Harzburg Richtung Torfhaus soll es gehen, mit einem kurzen Abstecher zum Ecker-Stausee. „Der Teich war vor der Wende längsgeteilt. Der Stacheldrahtverhau mitten auf dem Damm. Das war so irre wie das ganze System drüben! ... Jetzt alles frei!"

So geht es dann auch an diesem sonnigen Septembertag los. Alle in individueller Wanderkluft; die Rucksäcke gefüllt mit Proviant, wobei Hannah geräucherten Schinken und resches Bauernbrot dabei hat. „Gehört zu jeder Brotzeit!" Auch hat sie eine Flasche Bordeaux in ihrem Rucksack. „Aber ärrs nach dä Arrbäit!" ostpreußet Pascal, indem er seine Baskenmütze auf den Hinterkopf schiebt.

Die Tour fordert nicht nur musischen Talmenschen eine Menge Power ab. „Die Wanderwege im Harz haben eine epische Struktur", sagt Pascal, „sie erlaubt keine Ermattung, nur Sekundenschwäche. Jede Kurve ist wie eine neue Strophe eines langen Liedes." Hannah pustet heftig. „Wer nimmt denn auch eine Weinflasche im Rucksack mit!" Während Julia, „unser Reh", kaum Anzeichen von Anstrengung zeigt. Karim kommt sein Körpertraining als Kriegsfotograf zugute. „Pascal mimt wieder mal den Vorgeiger!" Weil er den Fordernden spielt. Obwohl auch jetzt auf seiner Stirn wieder eine senkrechte Ader sichtbar wird. „Ungewöhnlich. Kürzlich schon bemerkt." Denkt Karim.

In der Nähe der Muxklippe machen sie Rast. Und schnell öffnet Hannah ihren „Harzer Riesenrucksack" und hält das Fleischige und Gebackene empor. „Aber nicht so gierig!" „Wer sagt das?" „Die Asketin von Judäa!" „Huuuh!" Trotz der schweißtreibenden Wandermühe ist die Stimmung prächtig.

Weshalb Pascal zum Brocken hochblickt, die Haartolle aus der Stirn streift und seinen wohlklingenden Bariton über die Täler schallen lässt: *„Wer hat dich, du schöner Wald... aufgebaut da droben..."*

Er stockt. Muss schwer atmen. Trotzdem schnell weiter: *„So lang noch meine Stimm' erschallt..."* Plötzlich werden seine Augen zu einem Strich. Er wischt sich den Schweiß von der Stirn.

„Lebe wohl, lebe wohl... lebe..." Wie vom Blitz getroffen bricht er zusammen. Seine Freunde stürzen entsetzt zu ihm hin. Versuchen, seinen Kopf weich zu betten und Erste Hilfe zu leisten; wobei Karim in solchen Fällen geübt, sich ans Routinewerk macht.

Nach einiger Zeit öffnet Pascal die Augen. Aus seinem Mund kommt leise: „du...schöner..." Stopp. Sein hochgelegter Kopf liegt in Karims Schoß, von ihm sanft gestreichelt. „Pascal... mon cher!" Ihm versagt die Stimme.

Hannah ruft per Handy den Notarzt, nennt den Standort, „unweit der Muxklippe!" und erklärt den Sachverhalt, worauf der Arzt bestätigt, dass Karim das im Moment Richtige tut.

Es geht schneller, als erwartet. Pascal wird von einer nahen Lichtung aus mit dem Hubschrauber ins Harz-Klinikum Wernigerode gebracht. Karim begleitet ihn. In der Luft bereits Untersuchung und Soforthilfe. In der Klinik dann das schnelle Routineprogramm. Vorläufige Diagnose: Hirntumor.

Sofort mit dem Helikopter weiter in die Neurochirurgie der Göttinger Universitätsmedizin. Dort MRS-Diagnose: *Gioblastom* – die hochgradigste und aggressivste Form bösartiger Tumoren. Nimmt schnell an Größe zu und wächst zerstörerisch in das umgebende Gewebe ein *(infiltratives Wachstum)*. Schnellstmögliche OP.

„Wobei jedoch schwierig zu erkennen ist, wo der Tumor endet und wo gesundes Gewebe beginnt. Dadurch bleiben manche Tumorzellen im Gehirn. Hierzu brutal gesagt: Gliome sind nicht heilbar. Lebensdauer bei OP maximal 5 Monate, bei OP mit Radiotherapie 12 Monate." So der Leitende Oberarzt. Zunächst.

Für Hannah, Karim, und Julia steht sofort fest: Sie wollen – soweit ärztlich erlaubt – im Wechsel bei ihm sein. Was ihr Leben radikal verändert. Pascals Verlag wird über die Situation informiert; alle Aufträge werden storniert. Karim sagt alle Termine ab, schließt sein Atelier für unbestimmte Zeit. Hannah *cancelt* eine wichtige aktuelle Präsentation ihrer neusten Kreationen. Julia fällt es nicht schwer, sich bis auf weiteres von ihren Lehrveranstaltungen freistellen zu lassen.

Einige Tage nach der OP bekommen sie Besuchserlaubnis. Sie sitzen gemeinsam an seinem Bett. Ein stilles Zusammensein. Nur ein sanftes Berühren seiner Hände. Sie fahren täglich im Wechsel zur Besuchszeit von der *Villa Rosenblatt* zur Klinik; wobei Karim mehr oder weniger Dauergast sein wird.

Kaum dass Pascal, schmerzstillend versorgt, wieder etwas sprechbereit ist, zeigt er auf seine weißen Kompressionsstrümpfe. „Deine neueste Kreation, Hannah. Klasse!" Womit er schnell wieder der Alte, der Spaßvogel sein will. „Meine Gesundheit war nie gut; ich habe es so gut es ging überspielt. Wenn ich an die Pillen denke, die ich geschluckt habe; an die eiskalte Milch, die ich nach den Saufnächten in der Frühe getrunken habe, um meinem Kater zuvorzukommen. Mit der Wirkung: Höllenschmerzen. Dauerleiden im Ulkus-, Darmbereich." Schon stockt er. „Lass es gut sein, Lieber!" tröstet ihn Karim.

Auf gemeinsamem Beschluss des Quartetts soll Pascal nach der OP nicht in eine Reha-Klinik, sondern in der Rosenblatt-Villa bleiben. Wo er bei regelmäßiger Betreuung durch eine Caritas-Schwester, die ihm auch die Schmerzmittel verabreicht, von seinen Partnern gepflegt wird. Das im schmerzhaften Bewusstsein, dass er nie wieder gesund werden wird.

In ärztlich verordnetem Takt wird er in die Onkologie gefahren. „Keine Zystostatika! Keine Chemo!" hat er vorher gerufen. Sein *Metastasen-Vater* habe wie ein Zombie ausgesehen und auch so geredet. Also nur Strahlentherapie, um seine Schmerzen zu lindern, die Lebensqualität etwas zu verbessern und – vielleicht, vielleicht – seine Lebenszeit etwas zu verlängern.

„Überleben! War mein Satz! Jetzt ist mir klar, dass mein Finale eingeläutet ist. Womit ich wieder eine Vorstellung davon habe, was Leben bedeutet. Wobei ich zugeben muss, dass ich es nie so gut gehabt habe wie jetzt. Mit euch. Wobei ich jedoch nicht die Charakterstärke habe, das dankbar zu ertragen!"

„Es geht wieder bergauf... blauer Himmel... Sonnenlicht! ... So-fort aber rollt die Zuversicht mir wie eine Kugel aus der Hand. Aber keine Panik, Leute. Innerlich gelöst gehe ich tief in mich hin-ein, dahin wo es dunkel ist, wo es auch finster werden kann. Dort ist der Ort der unverrückbaren Wahrheit. Auch der Ort meines kreisenden Trotzes. Hoffnung ist dabei – ich muss vor Weinen la-chen – ein Fremdwort."

„Sterben will ich in deinen Armen, Karim. ... Nein, leben will ich mit dir. Hör mal!" Pascal drückt auf die Playertaste: „Dieses Trost-Dur in C... der Mittelsatz... ein Mozart-Juwel"!

Da ihm das Reden oft schwerfällt, bedient er sich oft des Wie-dergabegerätes. CDs gibt es im Haus *Rosenblatt* in Fülle. Er hört, hört, hört so viel Musikwerke wie er will und kann. Manchmal bricht er aber wütend weinend ab.

Nach einigen Monaten hat Pascals Zustand – trotz der schmerzbegründeten Intervalle – so etwas wie ein Gleichmaß der Schmerzen und auch resignativ Routineähnliches bekommen. Was seiner ärztlichen Betreuung wie auch der liebenden Geduld seiner Partner entspricht.

Auf Pascals Wunsch kommt der ihm von früher bekannte Ex-Jesuitenpater Rupert Vesper zu Besuch. Das Einzelgespräch ist nur von kurzer Dauer. „Jedes Sterben ist ein grauenhaftes Ringen. Pascal kämpft sich aus dem Leben heraus!", sagt Vesper, als er geht. Wobei dieser sicher hartgesottene Seelsorger seine Tränen nicht wegdrückt.

Nach diesem Gespräch, und nach einer erneuten Strahlenthe-rapie schmerzfrei – plötzlich luzide Momente bei Pascal, in denen er Rilke-Texte zitiert, Zwölftonlinien zu singen versucht, und über Hegels „Ästhetik" zu philosophieren beginnt. Dann ebenso plötz-lich wieder der Absturz.

„Karim, ich kann nicht mehr! Gib mir – verdammt – eine Spritze. Damit´s vorbei ist. Bitte!"

Gleich danach schreit, brüllt er: „Nein! Ich muss…ich will durch diesen Vorhof der Hölle!"

Schnell in die UMG. Erneutes MRT. Ergebnis: Rezidiv. „Der Tumor ist so groß, dass er jederzeit auf das Atemzentrum drücken kann. Nichts mehr zu machen! Leider! Nur noch Analgetika, in Ihrer Sprache: *Morphin fortissimo*. Wenn´s geht, bleibt er dabei klar im Kopf."

Seine Lebenspartner wissen also, dass es mit ihrem Freund nicht mehr lange dauert. Dennoch haben sie Angst vor dem „Wie" des Sterbens, und Angst, dass Pascal trotz der massiven Schmerzmittel furchtbar leiden wird. Aber sie wollen alle gemeinsam bis zu seinem letzten Atemzug bei ihm sein; wobei sie hoffen, dass er es mitbekommt.

„Wenn es zu Ende geht, meine Lieben, bitte: Gustav Mahler Zwei… Bernstein und die Londoner…nur den Chorschluss des fünften Satzes…. seht in der Partitur nach." Pascal will keinen Kopfhörer.

„Nicht so viel Licht dabei. Mehr Schatten, bitte."

Sie erfüllen ihm diese letzten Wünsche. Schließen Jalousien und Vorhänge. Legen die CD in den Player. Sitzen im Kreis um ihn herum. Die Augen geschlossen. Berühren gemeinsam seine Hände. Hören das Finale der *Auferstehungssinfonie*. Hören das Orchester, den Chor, den Klopstock-Mahler-Text. Und stehen auch vor allen furchtbaren Fragen. Doch dann:

„Glaube, du warst nicht umsonst geboren, hast nicht umsonst gelebt, gelitten…Sterben werde ich, um zu leben… Auferseh´n wirst du, mein Herz… in einem Nu…"

Als sie die Augen öffnen, ist Pascal eingeschlafen. Ruhig. Sie haben es nicht bemerkt.

Früher wollte er nur auf klassische Weise beerdigt werden. Jetzt aber, „diesen Satan in meinem Hirn", wollte er unbedingt ins Feuer. Er hat verfügt, dass die Trauerfeier, „falls ihr so was überhaupt wollt", auf einen Literaturpunkt reduziert wird; „ohne einen Fetzen Musik!" Was seinen Partnern sehr schwer fällt. Weshalb sie auch ihre Instrumente in der Friedhofskapelle dabeihaben.

Die Urne ist von Spätherbstblüten übersät. Nur wenige Trauergäste. Nur ein kurzer Bildtext. Von Pascals Verlagspartnerin vorgetragen: *Ein Segelboot, das sich immer weiter entfernt, bis es hinter der Sichtlinie verschwindet...*

Ob es dahinter von jemandem erwartet wird, bleibt – nicht nur im Text – offen.

Hannah, Karim und Julia wollen den Streichtriosatz von Anton Webern spielen, obwohl sie wissen, dass dies gegen Pascals letzten Willen geschieht. Kurz nach dem Beginn brechen sie jedoch wieder ab. Und nichts kommt mehr nach. Ende der Trauerfeier.

Nachdem der letzte fremde Trauergast die Kapelle verlassen hat, schleudert Karim sein Cello wütend in die Ecke. Er ist *nicht mehr zu halten.* Julia und Hannah dagegen packen tränenlos stumm ihre Instrumente ein. Sie sehen weder sich noch Karim an, bevor sie gehen.

Wenige Tage danach verlässt der Libanese die Villa Rosenblatt. In der Folgezeit entsteht zwischen Hannah und Julia eine ihnen selbst unerklärliche Kälte und Entfremdung. Sie führt letztlich auch bei ihnen zur Trennung.

Hannah verlagert die Atelierräume ihrer Modefirma *Sappho* in die *Villa Rosenblatt.*

„An kreativen Mitarbeiterinnen, auch an privaten Gespielinnen ist zurzeit kein Mangel."

Der Hausmeister der *Heinrich-Schütz-Schule* in Kassel, findet in der Ecke des Podiums ein fast vergilbtes Programmblatt:

Das ROSENBLATT-QUARTET spielt heute Abend in der Aula folgende Streichquartette: *Antonin Dvorak: Nr. 12 –in F-Dur op. 98/Maurice Ravel: in F-Dur op. 35/Ludwig van Beethoven: Nr. 7 in F-Dur op. 59/Franz Schubert: Nr. 14 in d-Moll op.post. D 810 „Der Tod und das Mädchen"*

Christine Herbold-Ohmes

Hansi Sondermann
Holy Family

Bartholomäus Kern, Alleininhaber der alteingesessenen KERN-Porzellanmanufaktur in Schlättstatt, mit 76 noch auf der Kommandobrücke seines Unternehmens, ist während einer Informationsreise plötzlich und unerwartet aus dem Leben geschieden. Er hinterlässt zwei Söhne und eine Tochter.

Kern war auf dem Gebiet der Porzellan- und Glasherstellung ein äußerst innovativer, international tätiger, und sehr erfolgreicher Unternehmer.

Stadt und Landkreis verlieren mit diesem Mann einen großzügigen Förderer sozialer, sportlicher und kultureller Institutionen und Verbände. Auch seine üppigen Parteispenden sollen nicht unerwähnt bleiben. Die Menschen unserer Region sind ihm zu großem Dank verpflichtet.

Eine gesonderte umfangreiche Personen- und Firmen-Biografie wird in den nächsten Tagen in dieser Zeitung folgen.

(Bericht im *Merkur*, Regionalzeitung des Landkreises Schlättstatt.)

Die Trauerfeier zum Tod des Familien- und Firmenpatriarchen Bartholomäus Kern findet in der Eingangshalle der schlossähnlichen Familienvilla statt. Große Traueroper. In der Mitte der opulent ausgestatteten Halle der mit vielen Fahnentüchern umrahmte Katafalk. Der Sarg verschwunden unter einem Trauerkranzgebirge.

Das Ableben dieses bekannten Porzellanfabrikanten hat überregional, vor allem in der deutschen Porzellanindustrie ein großes, auch unterschiedliches Echo gefunden. Deshalb auch der gewaltige Prominenten-Auftrieb. Wirtschafts-Staatssekretär Dr. Vogelherd, Leopold König, Präsident des Verbandes der Porzellanmanufakturen, sämtliche Honoratioren der Stadt und des Landkreises, Abgeordnete des Landtags, Repräsentanten ausländischer Geschäftspartner. Und...und...und...

Ein Schwarm schwarzer *Trauervögel*.

Auf der linken Seite der Halle die Familie: Vera Kern, geb. von Anschütz, die dritte Ehefrau des Patriarchen; nicht die Mutter der Kinder. Alexander (Alex), der älteste Sohn und künftige Geschäftsführer der Produktionsfirma, neben ihm seine seit Monaten von ihm getrennte Frau, die nur deshalb anwesend ist, um in diesem Trauerspiel – wie sie es nennt – die Noch-Gattin zu mimen, danach aber sofort wieder abzureisen. Daneben die Bartholomäus-Tochter Maria-Theresia und ihr Gatte, Ministerialdirektor Dr. Norbert Assmann, am Reihenende Constantin (Con), geschieden. Rüstungslobbyist (Kauf/Verkauf von Hubschraubern und Spürpanzern.) Er gilt als enfant terrible der Familie.

Alle Kinder stehen in einer Reihe; das jedoch, sehr auffällig, mit deutlicher Distanz zueinander.

Während die Musiker des Streichorchesters sich bemühen, ihre Instrumente mit dem Kammerton in Einklang zu bringen, betreten zwei trauerschwarz gekleidete, offenbar unbekannte Männer mittleren Alters nacheinander den Saal, gehen vor den Katafalk, fügen dem Tannen-und Blumenwald jeweils ein großes Trauergesteck hinzu, bleiben, sich tief verneigend, vor dem Sarg stehen, blicken dann lange und ernst zum Riesenfoto des Toten hinauf, das oberhalb des Katafalks aufgestellt ist.

Wobei sie von allen Anwesenden, deren Blicke zwischen dem Kern-Foto und den beiden hin und her wandern, erstaunt angestarrt werden. Ihre Ähnlichkeit mit Bartholomäus Kern ist frappierend, wobei der größere und schlankere der beiden dem Toten wie aus dem Gesicht geschnitten ist:

Der eckige Schädel mit dem graublonden Stachelputz, die schweren Schlupflider, die rauchblauen Augen, der *durstige* Mund, das eckig-breite Kinn, dessen kerniger Ausdruck durch die Genussfalten um den Mund etwas gemindert wird.

Der andere fremde Trauergast hat nicht die Körpergröße des Vorgehenden und ist weniger schlank, er hat aber im Gegensatz zum anderen etwas weichere Gesichtszüge, dazu dunkles Haar mit einer bereits etwas höheren Stirn. Wobei die Lachfalten um seinen Mund ausgeprägter sind als beim anderen Spätankommenden. Insgesamt ist aber auch er eindeutig von bartholomäischer Prägung.

Während des Auftritts der beiden und wegen ihrer Ähnlichkeit mit dem Toten (die wesentlich auffallender ist als die der bekannten Bartholomäus-Kinder) verhärten sich sofort die Mienen und die Gestik dieser Familiengruppe, sie wirken verschlossen, angstaggressiv – mit einem Wort: böse.

Die beiden verspäteten Gäste versuchen höflich, sich der Familienreihe einzufügen, was aber sichtbare Abwehrreaktionen des Clans auslöst. Dessen Mitglieder rücken sehr eng zusammen, bilden eine schwarze Mauer; jede Lücke, jede Eingliederungschance vereitelt. Weshalb Guntram Melchior, zugleich Manager der von ihm inszenierten Trauerfeier, die beiden diskret an das eine und andere Ende des Familienpulks führt.

Vorher bereits hat es – den Trauergästen verborgen geblieben – am Portal der Villa Unruhe gegeben. Die beiden Fremden wurden von den Sicherheitskräften brutal am Betreten der Eingangsstufen gehindert; was aber auch da schon durch den schnell herbeigeeilten Melchior aufgelöst wurde; er hatte offenbar mit dem Erscheinen der beiden Trauergäste gerechnet.

Das Streichorchester beginnt mit dem Adagio in g-Moll von Tomaso Albinoni. Dieses Musikstück hat Melchior, der Privatsekretär und sehr enge Freund des Patriarchen bestellt, weil es, wie er sagt, den Verblichenen sehr berührt, ja, zu Tränen gerührt hat.

„Wie ergreifend!", flüstert Vera Kern denn auch, wobei sie mit einem trauerschwarzen Seidentuch eine Träne aus ihrem linken Auge wischt; das sehr vorsichtig, damit die Trauerwimpernstriche, die ihren Augen etwas Totenkopfähnliches geben, auf keinen Fall verschmieren. „Und die wundervolle Musik von Schubert", fügt sie hinzu. „Nicht Schubert, Vera", zischt Alexander höhnisch, „das ist von Albinoni, ein barockes Musikstück, zur Werbeschnulze pervertiert; weshalb Papa es so mochte."

Wonach der lutherische Pastor Dr. Winter seine bibeltextfixierte Predigt in routinierter Manier abspult. Eine kalte Ansprache, in der das, was der Tote als Mensch bedeutet hat, mit keinem Wort erwähnt wird. Dagegen überschlagen sich die folgenden pathetischen, vom *Tatenruhm des Toten* erfüllten Nekrologe in ihrem falsch-echten Lob, wonach Barthel Kern, wie man seinen Vornamen abkürzt, nicht nur fachlich, sondern auch in menschlicher Hinsicht einer der herausragenden Personen des Landes war. Über sein nicht gerade solides Privatleben kein Wort. Was Melchior vermutlich ebenfalls bewirkt hat.

Wie alle Familienfeiern findet auch das Trauerfeiermahl im Schlosshotel Falkenburg statt, wo sich nur der enge Familienclan und nähere Freunde des Hauses Kern, aber auch, aufgrund der Regie Melchiors, die beiden Fremden versammelt haben.

„Stellen Sie uns bitte der Witwe unseres Vaters vor." „Das ist die letzte Frau unseres Vaters, nicht unsere Mutter", sagt Alexander." „Das haben wir angesichts ihres Alters auch nicht erwartet."

Beide gehen an ihm vorbei. „Küss die Hand, gnä´ Frau!" flüstert Milan. Alte böhmische Schule.

Während des üppigen, langsam lauter werdenden Fellversaufens, wie es auch im Hause Kern heißt, treffen sich die beiden Fremden auf der Terrasse, um dort eine Zigarette zu rauchen. Wobei sie sich miteinander bekannt machen. „Milan Vesely", „Thor Carlsson." „Offenbar sind wir Bartholomäus Kern auffallend ähnlich." Vesely sieht sein Gegenüber genauer an. „Sie noch mehr als ich." „Ich bin ja auch sein Sohn!" „Ich auch." „Dann sind wir Brüder." „Halbbrüder." „So ist es!" „Wenn er unser Vater ist." „Er ist es, garantiert!" „Also: Milan..." „Thor." Wobei sie heftig lachen.

Und wozu der aus dem Park des Schlosshotels zu hörende Gesang der Amseln und anderer Luftsänger den liedschönen Kommentar gibt.

In Kurzform, wozu jedoch eine Zigarettenlänge nicht reicht, tauschen sie sich weiter über ihre Biografien aus.

Milan kommt aus Prag, stammt aber aus Böhmen, seine Mutter Donata war Designerin in den THUN-Porzellanwerken in Klösterle an der Eger. Während eines Kurztrips über die böhmische Porzellanstraße ist Barthel Kern ihr begegnet; wobei sie sich sehr nahe gekommen sind. „Intensiv einander zugeneigt, wie es heißt!" Kern hat Donata gebeten, sich sofort zu melden, wenn ihre Begegnung sich als folgenreich erweisen würde, und er hat sich, als das der Fall war, zu seinem Sohn bekannt und beide auf ganzer Linie unterstützt, auch die akademische Ausbildung seines Sohnes finanziert. „Was machst du?" „Ich bin Glasingenieur!" „Passt ja hervorragend zu Böhmen! Und du?" „Deutschlehrer!" „Na, wenn das nicht auch zu unserem Vater passt.!"

Die nie abgerissene Korrespondenz zwischen Barthel und Donata wie auch der Geldfluss liefen über Melchior, der von seinem Cheffreund genauestens informiert worden war.

Thor Carlssons Lebensbeginn verlief kaum anders. Auch hier war Bartholomäus Kern auf Informationstour, um bei der schwedischen Rörstrand-Porzellan-Manufaktur neueste Glasur-, Glattbrand- und Dekorbrandverfahren kennenzulernen und auch Kooperationsverträge mit der Firma abzuschließen. Hier war es keine Designerin, sondern die ledige Vertriebsdirektorin Ulla, mit der er eine folgenreiche Beziehung einging; das auch – wovon Thor den Erzählungen seiner Mutter nach zutiefst überzeugt ist – „mit großer Zuneigung und totaler Übereinstimmung". Weshalb, wie im Fall Donata und Milan, der Briefwechsel zwischen den Partnern und der Geldstrom – auch hier über Melchior – ununterbrochen weiterlief.

„Was wollen Sie hier… in unserer Familie?" Constantin kommt, hörbar alkoholgereizt mit einem Sektglas in der Hand auf die Terrasse. „Um unserem Vater die letzte Ehre zu geben, wie Sie gesehen haben", sagt Milan. „Vater? Was reden Sie da?" „Bartholomäus Kern ist… war unser Vater." „Das glaubt doch kein Mensch!" „Die Testamentseröffnung wird es erweisen!" „Vater ist kaum tot, da reden Sie schon vom Testament. Das ist wohl der wahre Grund für Ihr unverschämtes Erscheinen." „Wann ist der Termin?", schaltet Thor sich ein; „wir müssen schnell wieder nach Stockholm und Prag zurück!" „Der Notar-Termin wird stattfinden, nachdem Sie sich sattgefressen und vollgesoffen haben." „Sie verwechseln uns mit einem unbekannten Bekannten!" „Verlassen Sie jetzt unsere Trauerfeier!" „Willst du, dass wir vorher den Grund unseres Besuches bekannt geben?", fragt Milan. „Ich könnte dich…!" „Klar: Der Brudermord ist hergebrachte Sitte des alten

Stammes", sagt Thor; womit er auf ein dunkles Familiendrama anspielt, von dem er gehört, aber auch gelesen hat.

„Du unverschämter Kerl!" Damit schüttet Constantin den Inhalt seines Sektglases Thor ins Gesicht.

Der blitzschnell das Kavaliertuch aus dessen Brusttasche zieht, sich damit das Gesicht abwischt und es ihm zurückreicht. Die drohende Eskalation der Szene wird durch das Auftreten Alexanders verhindert, der Constantin energisch in den Speisesaal zurückführt. „Ich wusste, dass du wieder den Irren spielst!"

Thor und Milan stimmen sich kurz ab und gehen ebenfalls in den Saal zurück. „Verehrte liebe Trauergesellschaft!", beginnt Milan, „unser offensichtlich unerwünschtes Erscheinen in diesem Kreis veranlasst uns, Folgendes zu erklären: Mein Name ist Milan Vesely, ich komme aus Prag, Thor Carlsson kommt aus Stockholm. Wir beide sind Söhne unseres verstorbenen Vaters. Damit Mitglieder der Familie. Wir hoffen, dass dieses akzeptiert wird." Thor ergänzt: „Milan Vesely hat auch für mich gesprochen!" Die legitimen Mitglieder der Familie beantworten Milans Erklärung mit eisigem Schweigen. Aggressive Angst geht um im Hause Kern. Es geht um Firmenbesitz. Um Familiensitz.

Constantin geht ans Büffet, holt ein Glas Sekt und wird immer lauter. Er bringt einen Toast aus auf den lieben, großen, superpotenten Vater. Maria-Theresia bricht in Tränen aus. Alexander springt auf und fällt seinem Bruder in den Arm. Wer weiß, was der Idiot noch anstellt.

„Wo wollt ihr bis morgen wohnen?", fragt Melchior die beiden, als sie aufbrechen. „Im Hotel Eichholz", am Rande der Stadt." „Warum nicht im Gästehaus der Firma? Habe euch bereits avisiert!" „Danke, Melchior, aber im Haus Eichholz fühlen wir uns sicherer!" „Männer, seid ihr paranoid?"

Zur Fahrt ins Hotel nimmt Milan Thor in seinem Auto mit; der Schwede ist per Flugzeug und Taxi hergekommen.

„Plötzlich… unerwartet!…" Milan lacht laut los. „Na, wenn da nicht…" „Klartext, Bruder!" „… eine Hotelnymphe auf angenehme Art Sterbehilfe geleistet hat." „Sag das nicht laut!" „Brauche ich nicht. Wird nicht lange dauern, bis diese Version seines Todes die offene heimliche Runde macht." „Wir wollen uns aber nicht beklagen über das, was er für uns getan hat, und auch nicht darüber, was uns offenbar bevorsteht." „Da hast du Recht!"

Testamentseröffnung in der Kanzlei Dr. Cornelius Hübner, Bartholomäus Kerns Rechtsberater, Anwalt und Notar, und auch Freund aus alten, auch schlimmen Zeiten.

Die Teilnehmer, der Würde und Bedeutung des bevorstehenden Aktes bewusst, in feiner, noch immer schwarzer Schale. Constantin mit aggressivem Ausdruck im Gesicht, offenbar nicht ganz nüchtern. Alexander, sehr ernst, in sichtbar verkrampfter Haltung; offenbar im Hinblick darauf, was sicher auf ihn zukommt. Sein linkes Augenlid flattert etwas; Barthels sehr persönliches Erbe, wie er weiß. Maria Theresia ist ohne ihren Gatten erschienen. Dieses Familiendrama ist nicht nach seinem Geschmack. Zudem hat Barthel Kern den nach seiner Meinung bürokratischen Emporkömmling gehasst.

Melchior hat an Dr. Hübners Seite Platz genommen, um ihm zu assistieren oder, falls es nötig sein sollte, zu moderieren.

Guntram Melchior, Privatsekretär und sehr enger Freund des Patriarchen, wurde von ihm als Generalbevollmächtigter der Firma und auch als Treuhänder des Familienvermögens eingesetzt.

Dr. Hübner stellt die Anwesenheit sämtlicher erbberechtigten Personen fest. Alle wurden von Melchior zeitgerecht benachrichtigt.

Vera geb. von Anschütz ist bei der Testamentseröffnung nicht zugegen, sie ist vom Erbe ausgeschlossen, wird aber, wie Dr. Hübner erklärt, aus dem Privatfond der Familie eine recht üppige Apanage erhalten, die ihr bis zu ihrem Lebensende ein angenehmes Leben gewährleistet.

„Dafür hat sie dem Herrn auf ihre Art gedient", sagt Constantin, wobei er zwei gespreizte Finger in die Höhe hebt. „Du bist und bleibst ein Schwein!" Maria Theresia ist es, die das sagt. Sehr laut sagt.

Obwohl Dr. Hübner dokumentarisch belegt, dass Bartholomäus Kern der leibliche Vater der Herren Thor Carlsson und Milan Vesely ist, äußert auch Alexander plötzlich Zweifel an der Wahrheit der Dokumente. „Vater hatte... niemals hatte Vater neben seiner Ehe..." „Hier sind die Geburtsurkunden!" „Fälschungen, bei verschiedenen Standesämtern!" ruft Constantin dazwischen und bezeichnet die beiden weiterhin als Betrüger. Alexander, wie jetzt auch Maria-Theresia können, wie sie sagen, nicht glauben, dass ihr Vater den unehelichen Söhnen Geschäftsanteile übertragen hat.

Melchior schaltet sich ein: „Milan Vesely und Thor Carlsson sind leibliche Söhne eures Vaters, also eure Brüder... Halbbrüder. Damit rechtmäßige Erben. Weshalb Barthel Kern sie auch testamentarisch berücksichtigt hat."

„Na ja, dann hat der alte Barthel seinem Spitznamen Zeus alle Ehre gemacht.", schreit Constantin wütend. „Ist wie dieser Götterbulle durch Europa gerast, hat allen Weibern, die nicht bei drei auf den Bäumen waren, seinen Stempel aufgedrückt." „So redest du nicht über unseren Vater!" rufen Thor und Milan, wobei sie aufspringen. Auch Alexander und Maria Theresia zeigen deutlich ihre Empörung. „Wenn der Alte sich noch mehr europaweit durchgevögelt, den Kontinent besamt hätte", lärmt Constantin weiter, „wäre noch eine Römerin, eine Carmen, und noch andere hinzugekommen; und wir hätten heute das sexuelle Gesamtkunstwerk Kern, eine private EU-Familie."

Jetzt erfolgt Aufruhr von allen Seiten. Wieder ist es Melchior, der das sich anbahnende Schlimmere verhütet. Denn Thor und Milan wirken auf ihn nicht wie körperliche Leichtgewichte. Wonach auch zeitweise Ruhe herrscht. Auch hier auffallend die Autorität, die Melchior auf alle Beteiligten ausübt.

Laut Testament wird die Einzelfirma in eine Familiengesellschaft, eine Betriebs- und eine Besitzgesellschaft umgewandelt. Wobei Guntram Melchior zunächst wie bisher der Geschäftsführer des operativ tätigen Unternehmens bleibt, mit der Maßgabe, dass Alexander sein Nachfolger sein wird; und dieses dann, wenn Melchior seine Tätigkeit aufgibt oder diese mit ihm teilt.

„Sieh zu, dass du´s überlebst, Melchior!" sagen Milan und Thor mit einer Zunge. „Was soll das heißen?" ruft Alexander. „Die Luft in diesem Revier ist gifthaltig und bleihaltig." „Was unterstellt ihr uns, ihr Bastarde!", brüllt Constantin. „Wir wünschen nur dem lieben Guntram ein unversehrtes langes Leben…Okay, Bruder?"

Bei der jährlichen Gesellschafterversammlung soll über die Verteilung des Reingewinns beschlossen werden; dabei sind zunächst der Betriebsgesellschaft die erforderlichen Geldmittel zur Verfügung zu stellen, bevor die gleichmäßige Ausschüttung an die Gesellschafter erfolgt.

Die Liquidierung von Kommanditanteilen der Besitzgesellschaft ist, wie Hübner ausdrücklich betont, ausgeschlossen. „Eine familienpolitisch kluge und wirtschaftlich sinnvolle Verfügung", fügt er hinzu.

Constantin schäumt. Die von ihm erneut vorgebrachte Forderung nach vorzeitiger Auszahlung seiner Erbanteile wird jetzt vom gesamten Erbkollektiv abgeschmettert. „Das hast du uns eingebrockt, Melchior, vor allem du, Alex, als der Hauptnutznießer, auch ihr verdammten Bastarde habt von fern eure schmutzigen Hände dabei im Spiel gehabt."

Alle springen auf. Die mündliche Kontroverse droht erneut in eine körperliche Auseinandersetzung auszuarten.

„Was redest du für einen Schwachsinn, Con. Alex hat künftig die gesamte Bürde des Unternehmens zu tragen, unser Geschäft ist kein Konkurrenzspiel mehr wie früher, das ist inzwischen Weltkrieg. Du wirst doch, wenn das Unternehmen gut läuft, auch an dem Erfolg partizipieren." Melchior wird bei seinem Statement ungewöhnlich laut. „Was ich bestätigen kann!" fügt Dr. Hübner hinzu.

Über die Nutzung der Motor- und Segeljacht im Ostseebad Kühlungsborn und der Alpenvilla in Dorf Tirol, worauf Constantin wegen eines Verkaufserlöses besonders scharf war, hat Vater Barthel eine gerechte wie bösartige Verfügung getroffen: Bei der Gesellschafterversammlung soll einvernehmlich – dieses von allen Anwesenden als makabren Witz verstandene und belächelte Wort mehrmals unterstrichen – darüber abgestimmt werden, wer zu welcher Zeit welches Objekt nutzen darf.

Als Dr. Hübner diese Testamentspassage vorliest, branden sofort heftige Einsprüche dagegen auf.

Das kann nicht sein! Papa hat mir.... Nein uns!... Wir waren in Kühlungsborn im Urlaub, nicht ihr!... Du kannst doch gar nicht segeln... Aber Norbert...

„Das Beste: wir verhökern das Tiroler Haus und das Boot!" Brüllt Constantin. „Ist ausgeschlossen. Haste doch gehört!" „Da hat uns also der alte Sack..." „Hüte deine Zunge, Constantin!"

„...für alle Zeit zusammengebunden!" „So ist es! Und so sollte es auch sein." Sagt der Notar mit süffigem Tonfall.

„Lasst mich bitte draußen. Ich brauche weder Boot noch Alpenvilla", sagt Milan. „Dasselbe gilt auch für mich", fügt Thor hinzu.

Barthels höchstpersönliche Dinge – platinschwere Taschenuhr, goldene Rolex, Siegelring, wenige kostbare Bücher – gehen an Melchior, „meinen treuen Freund, der mit mir durch viele schwere Zeiten, durch Dickunddünn gegangen ist."

Die Gesichter Alexanders, Constantins und Maria Theresias versteinern. Zu groß ist jedoch ihre Wertschätzung Melchiors, um gegen diese Verfügung aufzubegehren.

Nach den doch noch erfolgten anerkennenden Unterschriften trennt sich die Erbengemeinschaft Bartholomäus Kern schweigend. Einer nach dem andern verlässt grußlos den Raum. Nur Milan und Thor bleiben noch kurz, um sich bei Dr. Hübner zu bedanken. Vor allem wollen sie Melchior für seine bisherige Unterstützung Dank sagen, wobei Thor ihn nach Schweden und Milan nach Prag einlädt. Melchior winkt dankend ab. Hier sei noch länger ein Riesenwerk zu erledigen. Vielleicht später; die *Goldene Stadt* sei die Lieblingsstadt seiner Frau gewesen, deshalb auch noch immer seine Stadt.

Der Morgen ist klar und kühl. Am Himmel zieht ein Düsenjet eine kurze weiße Linie hinter sich her. Auch aus diesem Park kommt der klangschöne Gesang der Amseln und Rotdrosseln. Der Gärtner ist dabei, den Koniferen wieder ein symmetrisches Gesicht zu geben.

Die beiden Halbbrüder aus Prag und Stockholm stehen auf ihren Balkonen, um zu rauchen.

„Wunderschöner Morgen, Bruder, trotzdem kein Grund zum Bleiben, oder?" ruft Milan zu Thors Balkon hinüber. „Um Himmelswillen, Milan, bin froh, bald von hier zu verschwinden", ruft der zurück; „allein der Klamottenwechsel war ´ne Wohltat." Beide haben ihr Trauergewand gegen sportliche Kleidung getauscht. Milan trägt unter seinem Sportsakko einen leichten Pulli, dazu Baskenmütze, Thor hat einen Norwegerpullover übergezogen, auf dem Kopf sitzt ein Golfschläger.

„Bist du startklar, Schwede?" „Längst!" Milan will Thor zum Flughafen fahren.

Als sie das Hotel verlassen um ihre Koffer zum Auto zu bringen, rast ein bordeauxrotes Porsche-Cabrio über den Eingangshof und stoppt kurz vor dem Portal.

Milan springt wie in Panik zur Seite und starrt erregt auf den staubaufwirbelnden 718er Boxter. Thor, keineswegs ängstlich wie Milan, blickt aber auch gespannt zu dem Fahrzeug.

Norbert Assmann, Maria-Theresias Gatte, steigt aus. „Gut, dass ich Sie noch erreiche. Dieses soll ich Ihnen von meiner Frau übergeben!", sagt er, noch etwas atemlos von der schnellen Fahrt, wobei er ihnen je ein Päckchen überreicht, jedes in blaugoldenem Umschlagpapier. Wonach er ohne erklärende Zusatzworte, jedoch mit kurzem Händedruck wieder in seinen Wagen steigt. „Gute Rückreise!", ruft er noch heraus, bevor er sein Cabrio mit Turbogeheul startet.

„Jetzt öffnen?" „Soll das nicht besser der Portier machen?" sagt Milan, wobei er kaum lächelt. Thor lacht laut los. „Jetzt sind wir aber total paranoid!" Sie gehen trotzdem zum Pförtner, der denn auch geschickt beide Päckchen öffnet, wobei er vorher – vermutlich ohne Absicht – auffallend lange mit dem dolchähnlichen Brieföffner rumspielt; was die beiden Päckchenempfänger erneut

zum Lachen bringt. Dann aber sind sie baff! Zwei schweinsleder-
gebundene Golddruckbände. Dünndruckpapier.

KERN-PORZELLAN
Firmengeschichte der Kern-Porzellanmanufaktur, Schlättstatt
1857 gegr. als Karl-August-Schlenker-Porzellan

Beide lesen das den Bänden beigefügte Blatt. „Lebt wohl, ihr
europäischen Brüder! Maria Theresia."

Mit dem *Lebt wohl* spielt sie offenbar darauf an, dass ein Wie-
dersehen kaum möglich sein wird, weil die beiden sich bei den
Gesellschaftermeetings anwaltlich vertreten lassen wollen.

Milan und Thor sehen sich verdutzt an. „Es geschehen noch
Wunder, Thor!" „Oder es ist der Versuch unserer lieben Halb-
schwester, das negative Familienbild zu revidieren!" „Kann auch
sein." „Wir sind in Deutschland. Also müssen wir unbedingt noch
darüber grübeln." „Wenn du meinst. Gehen wir rein. Zweites
Frühstück. Ich möchte ohnehin nicht gleich losfahren. Warum
weiß ich auch nicht! Wir haben doch ohnehin noch etwas Zeit bis
zum Abflug, oder?" „Okay, Prager!"

Sie gehen wieder in den Frühstücksraum des Hotels zurück
und bestellen beide zugleich, worüber sie ebenfalls lachen:
„Rührei mit Schinken, etwas Obst, und zwei Kännchen Kaffee!
Stark!"

„Revision des Familienbildes? Zum Lachen. Oder auch nicht.
Was wir hier erlebt haben, das war jedenfalls das Zerrbild einer
Familie."

„Wie du weißt, hat der Begriff Familie eine Bandbreite von der
Holy Family bis zu der sich selbst zerstörenden eigenen Brut. Die
mediterrane wie auch die nordische Antike ist voll davon."

„Ja, du Literat. Ich habe selber das Eine wie das Andere erfahren."

„Hier war wieder zu sehen: Dauerstreit beweist, dass beide Seiten unrecht haben!"

„Gottlob gibt es auch Familien, in denen der eine für den anderen da ist. Wobei ich an mir bekannte Töchter und Söhne denke, die ihre Eltern Jahrzehnte bis zu deren Lebensende gepflegt haben; und das oft unter Aufgabe ihrer eigenen vitalen Interessen", sagt Milan.

„Sehr oft sind es auch existentielle Extremsituationen, die in vielen Familien Krisen und Konflikte verursachen. Viele sind psychisch nicht fähig, die Lasten zu stemmen, die ihnen von außen oder von ihnen selbst auferlegt wurden. Sozial verwundete Familien."

„Was mich fragen lässt, warum so viele offensichtlich gut situierte Familien kaputt sind."

Thor beißt herzhaft in den rotbäckigen Apfel.

„Das materielle Hoch ist halt nicht der Garant fürs friedliche Familienwetter. An sich ganz schön pervers!"

„Als Bub hat mich immer angekotzt, wenn nach dem Tod eines Familienmitglieds der Erinnerungsaltar aufgebaut wurde und imaginäre Kerzen vor dem Bild des Toten brennen mussten; wobei ich schon damals wusste, dass dies eine verlogene Show war."

„Wie ich erlebt habe, sind es oft berufstätige Eltern, die selbst kleinste Belastungen nicht aushalten; weshalb sie nervös kurzatmig die Sachen hinschmeißen. Wobei heute die Frauen aufgrund ihrer materiellen Unabhängigkeit schneller als früher dabei sind, auszusteigen. Leider nehmen diese Eltern oft dabei in Kauf, dass die Trennungen oder Scheidungen für ihre Kinder krisenhafte Lebensereignisse darstellen, mit oft katastrophalen psychischen Folgeschäden."

Milan will sich eine Zigarette anzünden, steckt sie aber schnell wieder ein. Auch hier Rauchverbot.

„Ich möchte die Vergangenheit nicht verklären, Thor. Trotzdem denke ich: Die in früherer Zeit überwiegend religions- oder auch nur traditionsfundierten Familien hatten mehr innere Stabilität; weshalb sie durch Spannungen oder gar Zerreißproben nicht so leicht zu erschüttern waren. Obwohl es – nicht nur literarisch – auch manche gegenteilige Beispiele gibt."

„Das klassische, idealisierte Bild der Familie ist längst fragwürdig geworden, mein Lieber, sogar out. Es gibt nicht mehr die Familie, sondern inzwischen eine Vielfalt an Modellen des Zusammenlebens. Aber mal abgesehen davon: Aufgrund meiner Erfahrung. die jetzt erneut bestätigt wurde, behaupte ich: In den meisten Fällen ist die Gier nach Geld, Macht und Anerkennung und die zunehmende Egozentrik vieler Menschen das diabolische Dynamit, das Familien auseinander sprengt."

„Was seit allen Zeiten so ist, wie du gesagt hast", sagt Milan, „aber bei allen guten bösen Gedanken darüber – wir müssen los. Damit dein Flieger dir nicht vor der Nase weg düst."

Sie verlassen das Hotel, gehen – jetzt etwas schneller – zu Milans schiefergrauem 730er BMW.

Der Geruch des Innenraums macht Thor deutlich, dass Milan ebenfalls ein starker Raucher ist.

Und dass Gauloises auch dessen Marke ist, das lässt ihn schmunzeln. Hat ja was Brüderliches.

„Übrigens: Warum bist du vorhin so schreckhaft zur Seite gesprungen?" fragt Thor, bevor Milan den Wagen startet.

„Wenn du schon danach fragst: Ich hatte in der Nacht einen furchtbaren Traum: Als wir unsere Koffer zum Auto bringen wollten, rasten zwei Jeeps auf den Parkplatz, vier vermummte Männer sprangen heraus und eröffneten mit ihren MPs unvermittelt das

Feuer. Als ich schweißgebadet aufgewacht bin, hatte ich das Gefühl, von den Schüssen total zerlöchert zu sein, worauf ich auch meinen Körper danach abgetastet habe. Deshalb sicher mein Reflex vorhin."

Was ihre eigene familiäre Situation betrifft, ist das Thema offenbar noch nicht erledigt. Deshalb geht es auf der Fahrt entsprechend weiter: „Bei aller Kritik am Hause Kern wollen wir nicht vergessen, dass der fürchterliche Barthel auch in uns steckt. Deshalb – wenn ich das fragen darf, Thor – wie sieht es familiär bei dir aus?"

„Ich bin in einer relativ gut funktionierenden Familie aufgewachsen, in der Sport eine große Rolle gespielt, auch deshalb einen engen Zusammenhalt geschaffen hat. In meiner eigenen Familie jedoch – nach alter Manier – permanenter Krieg ums Große und ums Kleingedruckte. Zum Glück gibt es, nachdem wir uns die skandinavischen Köpfe eingeschlagen haben, immer wieder die beidseitige Suche nach der kühlen, heilenden Stelle auf dem Nachtkissen."

„Wie hast du das wieder bildhaft schön formuliert, du Poet." Milan schüttelt lachend den Kopf.

„Jetzt du, Prager!"

Der erst nach einer seufzende Pause weiterredet: „Schon in meiner frühen Jugend war nicht mehr alles gut und schön. Der Prager Frühling hat das, was in unserer Familie vorher mal okay gewesen ist, auseinandergesprengt; da muss von heute auf morgen ein Hass aufgeflammt sein, der für mich nicht mehr vorstellbar ist, der leider aber noch bis heute nachwirkt!"

„Und: in deiner Familie jetzt?"

„Unser siebenjähriger Krieg fand bereits vor unserer Ehe statt. Ich glaube, als wir im Veits-Dom standen, waren die Blessuren noch zu sehen. Nun sind wir ausgekämpft; von kleinen

Scharmützeln abgesehen. Weshalb unsere nicht mehr gedachten Kinder auch nichts davon mitkriegen."

„Über das Thema Familie könnten wir unendlich lange nachdenken und reden."

„Weshalb wir denn auch unser Gespräch darüber beenden sollten und wollen. Oder?"

„Meine Erinnerung, auch meine Phantasie sind ohnehin erschöpft... Im Moment!" lacht Thor.

Milan drückt das Tempo seines BMW etwas herunter.

„Was ganz anderes, Wikinger: Hast du ´s vorhin auch geschmeckt und riechst du es nicht noch: Das Rührei und der Schinken waren übermäßig von Knoblauch durchtränkt. Für mich jedenfalls."

„Ach ja? ... Nee! Meine nordische Zunge ist durch Lachs versaut."

„Wenigstens ein erfreuliches Thema!"

„Was dich jetzt sicher wieder etwas schneller weiterfahren lässt!"

Iris Nicola Haferland
Lebenslänglich

Familie? Falsch war alles, einfach falsch, dröhnt es mir durch Kopf und Herz. Die falschen Menschen lernten einander kennen, bekamen das für sie falsche Kind, lebten Familie falsch, zur falschen Zeit am falschen Ort – Fremde, fast zufällig mit demselben Namen, derselben Anschrift. Und wenn sie nicht gestorben wären, hätten sie heute noch Zeit, zusammen alleine zutiefst unglücklich zu sein.

Aber, erwidert mein Alter Ego: Nichts im Leben ist falsch, nichts Zufall. Aufgabe ist alles, um zu wachsen und zu reifen. Wäre nicht meine falsche Familie gewesen, wäre mein richtiges Ich heute nicht hier.

Milde also, beschließe ich – den einst still leidenden Eltern gegenüber, ihrerseits im Bann einer großmäuligen Übermutter, Milde auch für all die Verwandten, die sich durch Kuchenberge fraßen, ohne je ihr Gegenüber zu sehen, geschweige denn zu verstehen.

Milde erhoffe ich mir einmal von meinem eigenen Kind. Denn:

Immer ist etwas falsch. Und meist sogar war alles gut gemeint. Weil:

Liebe ist so unterschiedlich wie die Individuen, die sie als Gefühl für sich reklamieren. Im Namen der Liebe werden nicht nur Kriege geführt, sondern eben sogar auch Familien gegründet, Kinder erzogen.

Ideal geht anders, ich weiß. Es existiert nicht einmal nur als Illusion. Und doch:

Einsam – manchmal gar lebenslänglich gemeinsam.

Auch das ist: Familie.

Die Autoren

Ruth

Jochen

Christoph

Claire

Brigitte

Petra

Gerhard

Sylvia

Katharina

Manfred

Martina M

Mareile

Albrecht

Helga

Martina S.

Eva

Lore

Iris

Nevena

Hansi

Carmen

Wilfried

Ateliergemeinschaft „Farbenkreis"

Ein Großteil der Illustrationen zu dieser Anthologie stammt von Mitgliedern aus der Ateliergemeinschaft „Farbenkreis" im Atelierhaus Göttingen, Hagenweg 2b.
Ein Kreis von Frauen mit unterschiedlichen künstlerischen Werdegängen und Ausbildungen haben sich zusammengetan, um in Gemeinschaft künstlerisch tätig zu sein, zusammen an Seminaren teilzunehmen und in Einzel- und Gemeinschaftsausstellungen ihre Arbeiten zu zeigen.

Christine Herbold-Ohmes   Ursula Buchhorn

Rita Schepp-Wohlgethan

Inhaltsverzeichnis